整数と小数

5年　組

答え→193ページ　月　日

時間 20分　合格 80点　得点　点

1 整数 34509145 について，次の問いに答えなさい。（12点）1つ4

(1) この数を漢数字で書き表しなさい。

(2) 百万の位の数は何ですか。

(3) この整数には 4 が 2 つあります。左側の 4 は，右側の 4 の何倍になっていますか。

2 次の数を書きなさい。（15点）1つ5

(1) 0.28 の 10 倍の数

(2) 3.67 の 1000 倍の数

(3) 2385 の $\frac{1}{100}$ の数

3 4837.2 は，1000×4＋100×8＋10×3＋1×7＋0.1×2 と式で表すことができます。次の数を上のような式で表しなさい。

（18点）1つ6

(1) 175341

(2) 6302798

(3) 57418.29

4 次の[　]に，偶数《ぐうすう》，奇数《きすう》のどちらかを書きなさい。（12点）1つ4

(1) 2 でわると，1 余《あま》る整数を[　　]といいます。

(2) 2 でわり切れる整数を[　　]といいます。

(3) 偶数と偶数の和は，いつも[　　]になります。

5 1 から 20 までの整数について，次の問いに答えなさい。

（18点）1つ6

(1) 偶数はいくつありますか。

(2) 偶数全体の和と奇数全体の和では，どちらがどれだけ大きいですか。

(3) 連続した 2 つの偶数の和が 26 になりました。この 2 つの偶数を求めなさい。

6 偶数をA，奇数をBとするとき，次の計算の答えはA，Bのどちらになりますか。[　]にAかBのどちらかを書きなさい。（16点）1つ4

(1) A＋B＝[　　]　(2) A×B＝[　　]

(3) (A＋B)×B＝[　　]　(4) A×B×B＝[　　]

7 2，3，4，5 の 4 つの数を 1 回ずつ使って，4 けたの整数をつくります。いちばん大きな奇数はいくつですか。（9点）

思考力トレーニング

算数 ①　計算パズル（＋と－）

答え→193ページ

月　日

問題　右の式では，1～9の数字が順にならんでいます。
□に＋・－を入れて，式を完成させなさい。

目標時間　8分

順にならんでいる1～9の数字の間に＋や－を入れて100にするような計算を小町算というよ。

(1) 123 □ 45 □ 67 □ 8 □ 9＝100

(2) 123 □ 4 □ 5 □ 6 □ 7 □ 8 □ 9＝100

(3) 12 □ 3 □ 4 □ 5 □ 6＋7 □ 89＝100

(4) 12 □ 3 □ 4 □ 5 □ 6－7 □ 89＝100

(5) 1 □ 23 □ 4 □ 56 □ 7 □ 8 □ 9＝100

算数 2

小数のかけ算

5年　組　なまえ

答え→193ページ　月　日

時間 20分　合格 80点　得点　点

1 次の計算を暗算でしなさい。（18点）1つ3

(1) 10×0.3　(2) 200×0.8　(3) 37.6×0.1

(4) 15.7×0.1　(5) 0.8×0.1　(6) 87×0.01

2 47×16＝752 をもとにして，次の積を求めなさい。（9点）1つ3

(1) 47×1.6　[　　]　(2) 4.7×1.6　[　　]　(3) 0.47×16　[　　]

3 次の計算をしなさい。（18点）1つ3

(1) 1.2 × 3 6

(2) 4.3 × 6 3

(3) 5.7 × 6.8

(4) 4.7 × 0.9

(5) 0.7 8 × 2.6

(6) 8.7 2 × 8.4 3

4 積が，かけられる数より大きくなるものには○を，小さくなるものには△を，同じになるものには□を，[　]に書きなさい。（9点）1つ3

(1) 3.6×1.0　[　　]　(2) 3.6×1.8　[　　]

(3) 3.6×0.4　[　　]

5 次のア〜エにあてはまる数を求めなさい。（16点）1つ4

(1)
```
    6.4
 ×  7.ア
 ------
   2 5 6
 5 7 イ
 ------
 6 0.1 6
```
ア[　　]　イ[　　]

(2)
```
   1 4.ウ
 ×   エ.5
 --------
     7 3 0
   2 9 2
 --------
   3 6.5 0
```
ウ[　　]　エ[　　]

6 計算のきまりを使って，次の計算をくふうしてしなさい。（12点）1つ4

(1) (3.6×2.5)×4

(2) 1.2×8.1＋1.9×1.2

(3) 1.5×7.1－3.1×1.5

7 あきひろさんの体重は，お父さんの 0.7 倍です。お父さんは，お母さんの体重より 15 kg 重いです。お母さんの体重が 48 kg のとき，あきひろさんの体重は何 kg ですか。（9点）

[　　　　]

8 紙テープを，12 人で同じ長さずつ分けると，1 人分が 0.9 m で，40 cm 残りました。紙テープは初め何 m ありましたか。（9点）

[　　　　]

算数②

タイル

答え→193ページ　月　日

問題　しゃ線部分の広さは，タイル（小さな正方形）何まい分ですか。

目標時間　5分

全体からしゃ線部分以外の広さをひくと求められるよ。

(1)

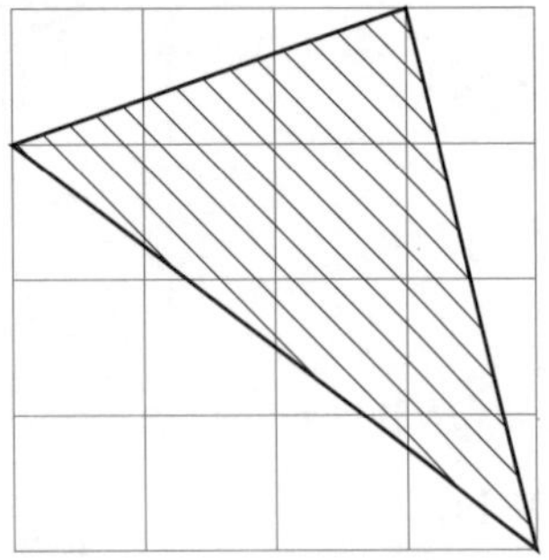

［　　　］まい分

(2)

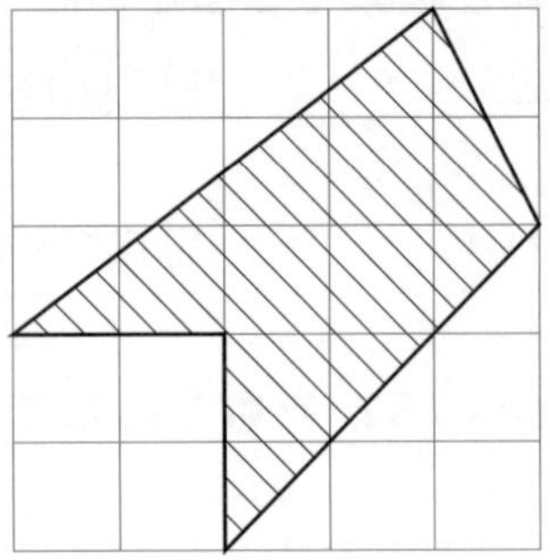

［　　　］まい分

(3)

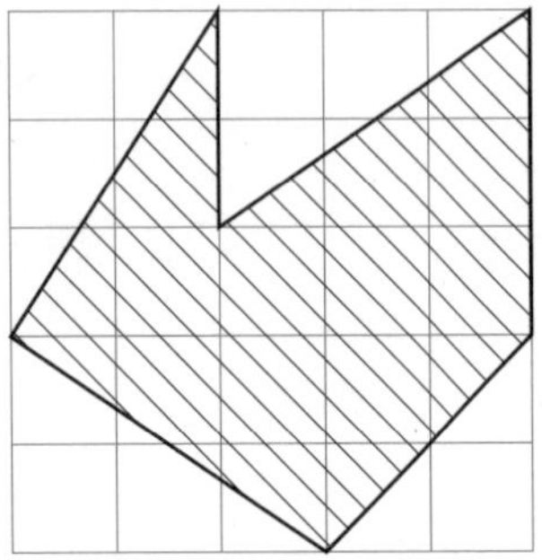

［　　　］まい分

(4)

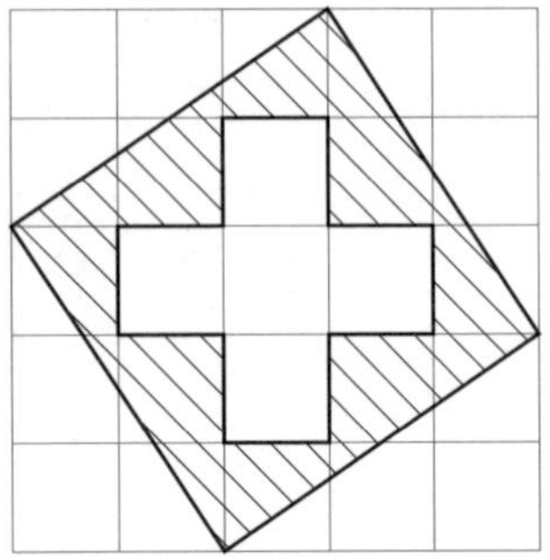

［　　　］まい分

(1)～(3)『パズル道場（トレーニングIII）』(受験研究社)

算数 3

小数のわり算 ①

なまえ　5年　組

答え→193ページ

月　日

時間 20分　合格 80点　得点　点

1 次の計算を暗算でしなさい。 (12点) 1つ4

(1) 8.4÷2　(2) 8.4÷0.2　(3) 306÷0.1

2 次の計算をわり切れるまでしなさい。 (24点) 1つ4

(1) 5)9.5　(2) 3)21.9　(3) 0.8)2.2

(4) 0.5)7.5　(5) 7.5)37.5　(6) 0.28)67.2

3 7.2 m のテープを 6 人に等しく分けます。 1 人分のテープは何 m になりますか。 (7点)

[　　　]

4 84 m のなわを 1.4 m ずつに切って，なわとびのなわをつくっています。何人分つくれますか。 (8点)

[　　　]

5 次の計算をし，わり切れないときは，小数第 1 位を四《し》捨《しゃ》五《ご》入《にゅう》しなさい。 (15点) 1つ5

(1) 5.3)4.29　(2) 4.2)67.2　(3) 3.8)6.46

6 次のある数を求めなさい。 (16点) 1つ8

(1) ある数に 0.4 をかけると，2.56 になる。

[　　　]

(2) ある数の 1.6 倍に 0.8 をたすと，7.36 になる。

[　　　]

7 1.8 L 入りのペンキが売られているとき，次のねだんを求めなさい。 (18点) 1つ9

(1) 810 円で売っているときの 1 L 分のねだん

[　　　]

チャレンジ

(2) 1296 円で売っているときの 2 L 分のねだん

[　　　]

算数③

ブロック分け①

答え→193ページ

月　日

問題 右のルールにしたがって、図をブロックに分けなさい。

目標時間 5分

ルール

① 全体を10個《こ》のブロック（かたまり）に分けます。

② 1つのブロックには、1～6の数字が1個ずつふくまれます。

③ ブロックは、辺どうしが接《せっ》していれば、どのような形でもかまいません。

同じ数字がとなり合っているときは、ブロック分けの線が必ず入るよ。

3	3	1	2	2	2	6	1	3	2
4	1	6	4	4	4	3	5	4	2
5	6	5	1	5	6	5	1	3	4
2	3	6	3	6	1	5	5	1	6
2	1	4	3	6	5	4	3	2	1
5	5	2	4	1	6	4	3	2	6

『パズル道場（トレーニングⅢ）』（受験研究社）

算数 4

小数のわり算 ②

なまえ　5年　組

答え→193ページ

月　日

時間 20分　合格 80点　得点　点

1 952÷34＝28 をもとにして，次の商を求めなさい。(9点) 1つ3

(1) 95.2÷34　(2) 95.2÷3.4　(3) 952÷3.4

[　　]　[　　]　[　　]

2 次の計算をしなさい。(36点) 1つ4

(1) $0.5\overline{)\,8}$　(2) $1.2\overline{)\,3.6}$　(3) $2.4\overline{)\,16.8}$

(4) $2.7\overline{)\,67.5}$　(5) $2.1\overline{)\,79.8}$　(6) $6.2\overline{)\,99.2}$

(7) $0.8\overline{)\,2.16}$　(8) $4.7\overline{)\,5.64}$　(9) $4.25\overline{)\,13.6}$

3 商が，6.2 より小さくなるものには○を，大きくなるものには△を，同じになるものには□を，[　]に書きなさい。(12点) 1つ3

(1) 6.2÷1.2 [　　]　(2) 6.2÷0.8 [　　]

(3) 6.2÷7.3 [　　]　(4) 6.2÷0.9 [　　]

4 次のア～カの式の中で，商が，93.8÷1.8 と同じになるものを 3つ選び，記号で答えなさい。(10点)

ア 938÷18　イ 9380÷1.8　ウ 9.38÷0.18

エ 93.8÷180　オ 9380÷180　カ 0.938÷0.18

[　　，　　，　　]

5 次の計算をしなさい。商は小数第1位まで求め，余《あま》りも出しなさい。(15点) 1つ5

(1) $1.8\overline{)\,61.4}$　(2) $3.7\overline{)\,1.8}$　(3) $4.9\overline{)\,58.29}$

6 ある数を 2.4 でわる計算を，まちがえて 4.2 でわったため，商が 2.8 で余りが 0.24 になりました。正しい答えを求めなさい。(9点)

[　　]

チャレンジ

7 落とした高さの 0.7 倍はね上がるボールがあります。このボールを□ m の高さから落とすと，17.78 m まではね上がりました。□にあてはまる数を求めなさい。(9点)

[　　]

計算パズル(×と÷)

答え→194ページ

月　日

問題 □にあてはまる×・÷を入れなさい。

目標時間 5分

(1) 24 □ 3 □ 2 □ 8＝18

(2) 24 □ 3 □ 2 □ 8＝2

(3) 24 □ 3 □ 2 □ 8＝32

(4) 24 □ 3 □ 2 □ 8＝288

(5) 24 □ 3 □ 2 □ 8＝0.5

(6) 24 □ 3 □ 2 □ 8＝1152

算数

5 平《へい》均《きん》

なまえ　5年　組

答え→194ページ　月　日

時間 20分　合格 80点　得点 点

1 次の平均《へいきん》を求めなさい。(30点) 1つ10

(1) 4 L，5 L，5 L，7 L，9 L

[　　　　　]

(2) 19 cm，20 cm，20 cm，16 cm，21 cm，18 cm

[　　　　　]

(3) 12.6，12.9，12.5，12.0

[　　　　　]

2 たまご6個《こ》の重さが，次のとおりでした。

56 g，60 g，57 g，56 g，61 g，58 g

このたまごの平均の重さを計算するのに，下のようにすることもあります。□の中にあてはまる数を書きなさい。(10点)

55＋(1＋5＋□＋1＋□＋3)÷□＝□

3 中田さんは，借りてきた288ページの本を12日間で読み終わりました。1日平均何ページ読んだことになりますか。
また，もし1日平均72ページ読んだとすると，何日で読み終わることができますか。(24点) 1つ12

[　　　　，　　　　]

4 たまご1個の平均の重さを49 gとすると，たまご50個では何kgになりますか。(12点)

[　　　　　]

5 5年生男子の体重を調べたら，右の表のようになりました。5年生男子全体の体重の平均を，$\frac{1}{10}$の位までの概数《がいすう》で求めなさい。(12点)

〈5年生男子の体重〉

	人数	体重の平均
1組	18人	33.8 kg
2組	20人	34.4 kg

[　　　　　]

チャレンジ

6 つばささんの1歩の歩はばは，平均すると0.63 mだそうです。つばささんが家から学校まで歩いたところ，720歩ありました。家から学校まで，何mありますか。上から2けたの概数で答えなさい。(12点)

[　　　　　]

算数⑤ 形づくり

答え→194ページ

月　日

問題 色板を何まいか使って，右側の図形をつくりなさい。

目標時間 5分

色板の向きをかえて考えよう。

(1)

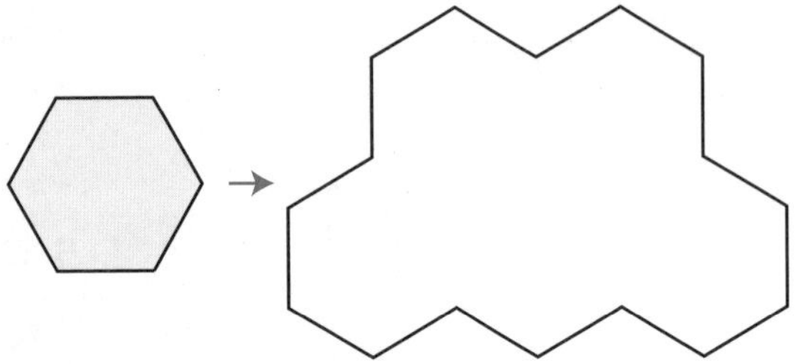

(2)

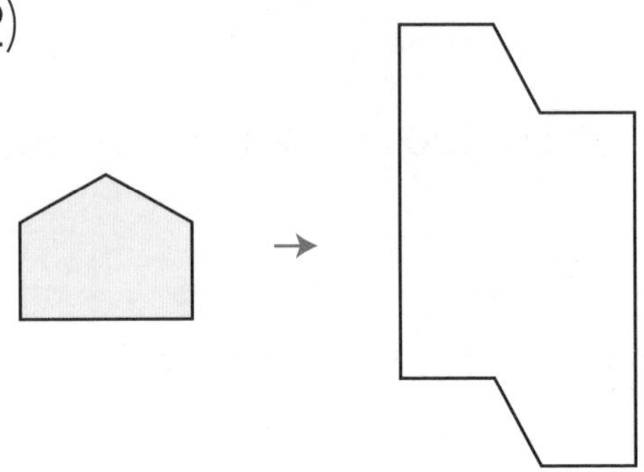

(3)

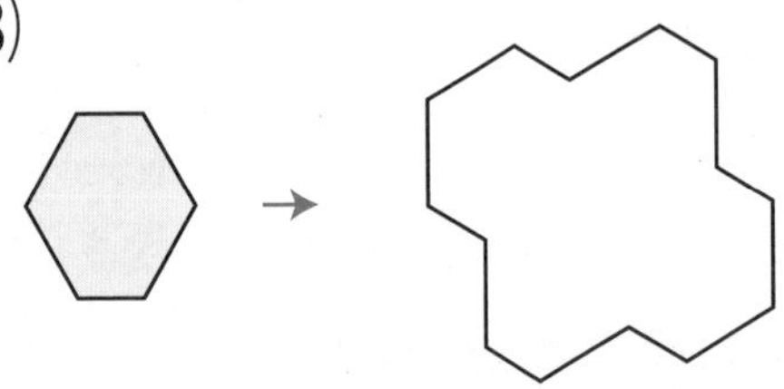

(4)

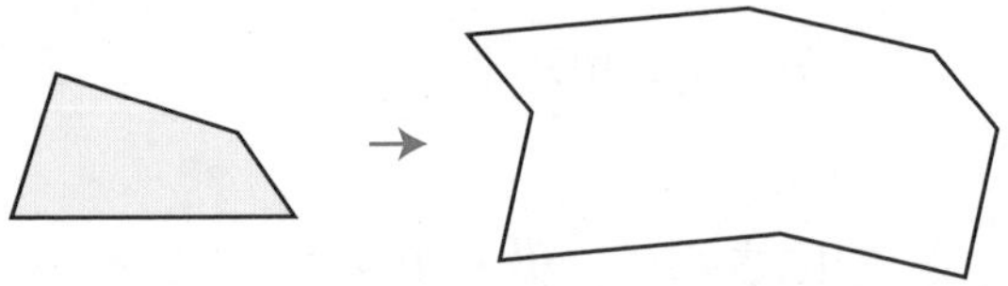

単位量あたりの大きさ

なまえ　5年　組

答え→194ページ

月　日

時間 20分　合格 80点　得点　点

1 **45 L のガソリンで 405 km 走る自動車をA，50 L のガソリンで 400 km 走る自動車をBとします。1 L あたりで走れる道のりは，どちらが長いですか。** (10点)

[　　　]

2 **ゆうとさんの学校の児童は 320 人で，運動場の広さは 5100 m^2 です。あきらさんの学校の児童は 547 人で，運動場の広さは 6600 m^2 です。次の問いに答えなさい。** (20点) 1つ10

(1) 児童 1 人あたりの運動場の広さは，それぞれ約何 m^2 ですか。四《し》捨《しゃ》五《ご》入《にゅう》して小数第 1 位まで求めなさい。

[ゆうとさんの学校　　　　，あきらさんの学校　　　　]

(2) 児童 1 人あたりの運動場の広さは，どちらの学校が約何 m^2 広いことになりますか。

[　　　の学校が　　　広い。]

3 **はるかさんの市の人口は，438115 人で，面積は 267 km^2 です。人口みつ度を，小数第 1 位を四捨五入して求めなさい。** (10点)

[　　　]

4 **水が 50 分間に 3 L ずつもれる水道のせんがあります。** (30点) 1つ15

(1) この水は，1 分間に何 dL ずつもれることになりますか。

[　　　]

(2) この水道は，1 日に何 L の水がもれることになりますか。

[　　　]

チャレンジ

5 **あるはり金は，4 m で 320 g の重さがあります。また，このはり金のねだんは，100 g が 60 円です。** (30点) 1つ15

(1) このはり金 45 m の重さは，何 g ですか。

[　　　]

(2) このはり金 140 m のねだんは，何円ですか。

[　　　]

数の列

答え→194ページ　月　日

問題　あるきまりにしたがって，数がならんでいます。
□にあてはまる数を書きなさい。

目標時間　5分

(1) 1，4，8，13，□，26

(2) 1，2，5，10，17，26，□，50

(3) 2，1，4，3，□，5，8，7，10，□

(4) 1，2，2，2，3，4，4，4，□，6，6，□，7

(5) 1，1，2，3，5，8，□，21，□，55

算数 7

合同な図形

なまえ　5 年　組

答え→194 ページ　月　日

時間 20分　合格 80点　得点　点

1 下の図の㋐と㋑の三角形は，合同な図形です。

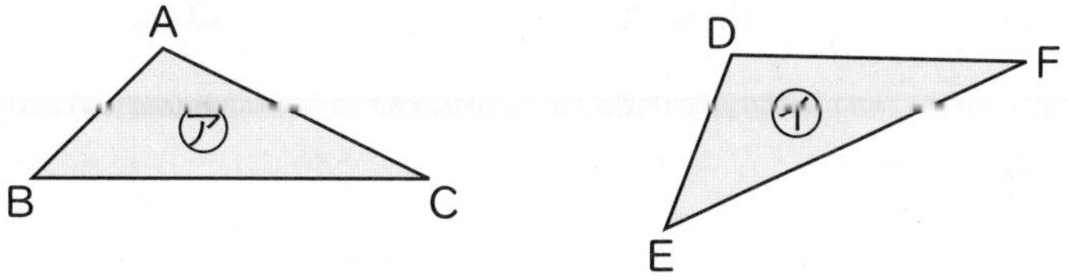

(1) 辺 AB は 5 cm，辺 BC は 11 cm，辺 AC は 8 cm です。次のそれぞれの辺の長さは，何 cm ですか。(15 点) 1 つ 5

① 辺 DF＝[　　]　② 辺 DE＝[　　]

③ 辺 EF＝[　　]

(2) 角 A に対応《たいおう》する角は，どの角ですか。(10 点)　[　　]

2 下の図の㋐と㋑の四角形は，合同な図形です。次のそれぞれの点・角・辺は，㋑の四角形のどこに対応しますか。 (35 点) 1 つ 5

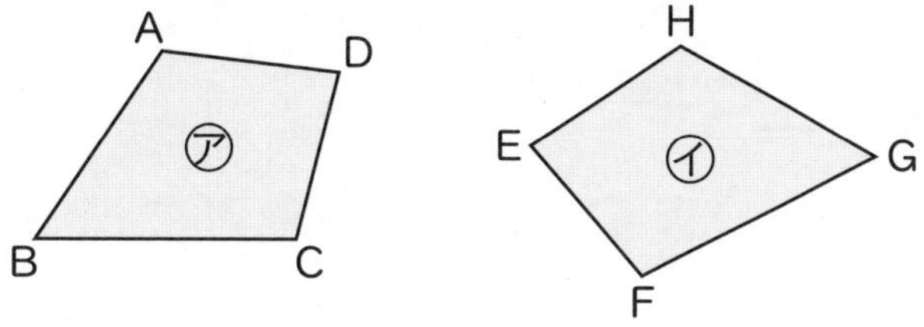

点 A → [　　]　点 B → [　　]

角 C → [　　]　角 D → [　　]

辺 AB → [　　]　辺 CD → [　　]

辺 DA → [　　]

チャレンジ

3 だれがかいても合同な三角形がかけるかき方をまとめています。正しいものに○を，正しくないものに×をつけなさい。 (20 点) 1 つ 4

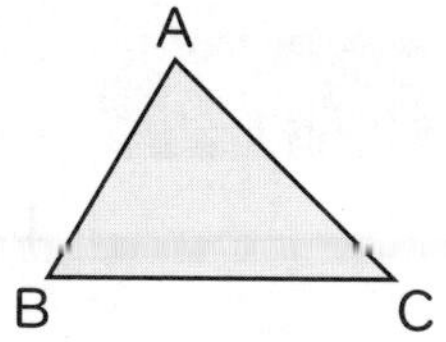

(1) 辺 AC と辺 AB の長さがわかればよい。　[　　]

(2) 角 A と角 B と角 C が 3 つともわかればよい。　[　　]

(3) 辺 AB と辺 AC の長さと角 A がわかればよい。　[　　]

(4) 辺 AC の長さと角 A と角 C がわかればよい。　[　　]

(5) 辺 AB と辺 AC と辺 BC の長さが 3 つともわかればよい。　[　　]

4 次の図形をかきなさい。 (20 点) 1 つ 10

(1) 平行四辺形

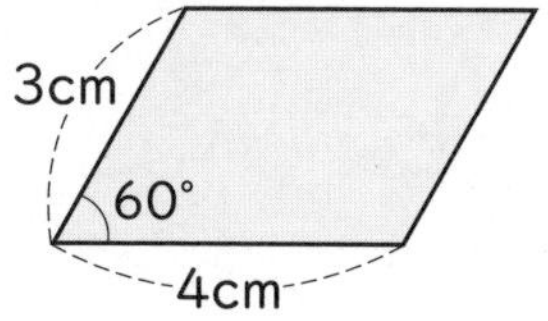

(2) 二等辺三角形

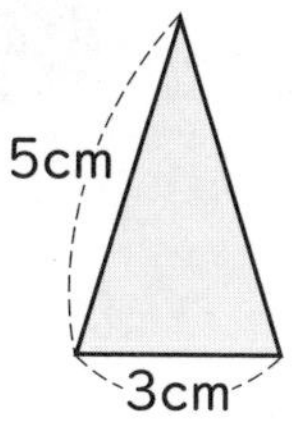

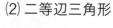

思考力トレーニング

算数⑦ 虫食い算（かけ算）①

答え→194ページ　月　日

問題 □にあてはまる数を書きなさい。

目標時間 6分

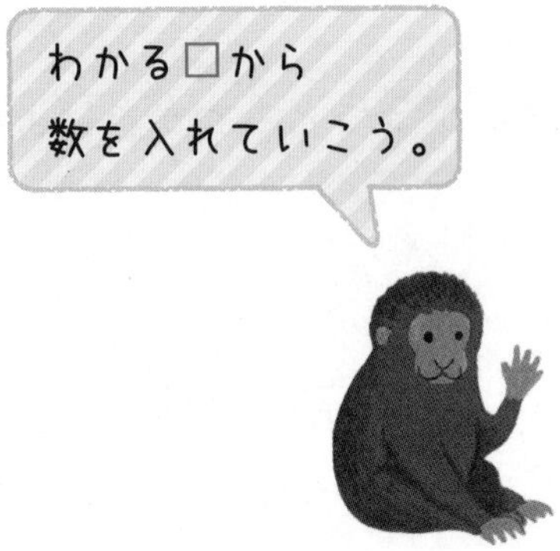

(1)

		1	0	□
×			6	4
		4	□	8
	□	□	2	
	6	8	□	8

(2)

		3	□	9
×			□	3
	1	0	4	7
1	□	4	5	
1	□	4	□	7

(3)

		2	6	5
×			□	□
	1	□	5	5
1	□	6	□	
1	□	4	5	5

算数 8

直方体や立方体の体積 ①

なまえ　5年　組

答え→194ページ　月　日

時間 20分　合格 80点　得点　点

1 1辺が1cmの立方体の積み木で，下のような形をつくりました。それぞれ，積み木を何《なん》個《こ》使っていますか。(16点) 1つ8

(1)

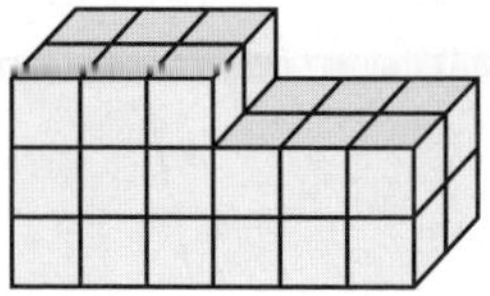

[　　　　]

(2)

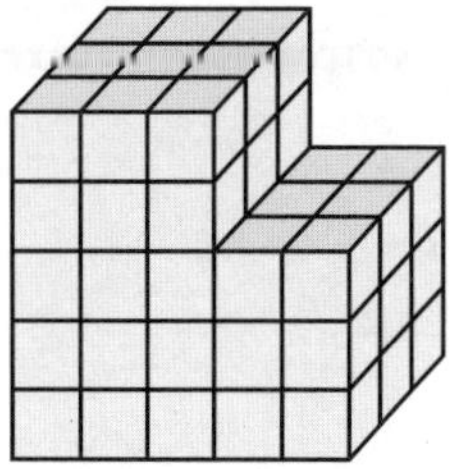

[　　　　]

2 次の□にあてはまる数を書きなさい。(20点) 1つ4

(1) 1 cm^3 は，1辺が□cmの立方体の体積です。

(2) 1辺が1mの立方体の体積は□ m^3 です。

(3) 1 L＝□ cm^3

(4) 1 m^3＝□L＝□ cm^3

3 次の□にあてはまる数を書きなさい。(16点) 1つ4

(1) 7 L＝□ cm^3　(2) 4 m^3＝□L

(3) 2500 cm^3＝□L　(4) 500 L＝□ m^3

4 次の形の体積をそれぞれ求めなさい。(24点) 1つ8

(1)

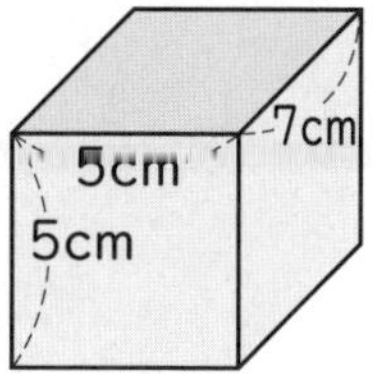

[　　　　]

(2)

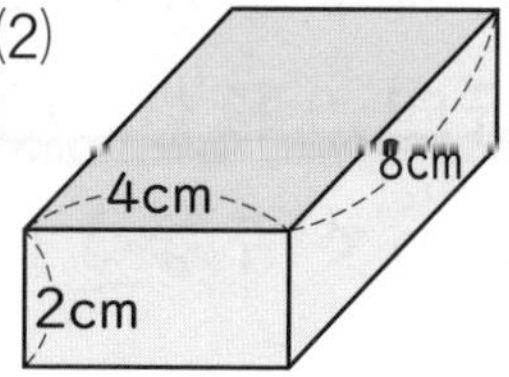

[　　　　]

(3)

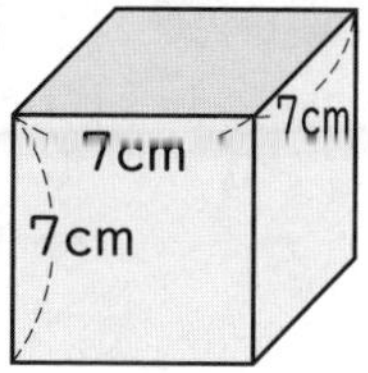

[　　　　]

5 たて2m，横2m，高さ1mの直方体の体積は何 m^3 ですか。また，何 cm^3 ですか。(14点) 1つ7

[　　　，　　　]

6 内のりが，たて22cm，横34cmの直方体の形をした水そうがあります。この水そうに，12cmの深さまで水を入れました。何 cm^3 の水が入りましたか。(10点)

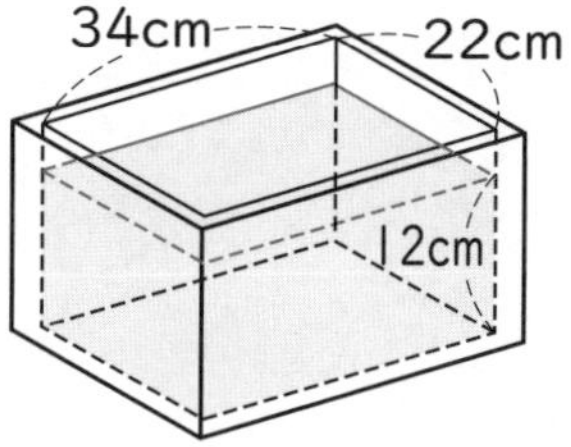

[　　　　]

答え→195ページ 月　日

図形をかく（ます目を使って）①

問題　右の図の続きをかいて，(1)・(2)は平行四辺形を，(3)・(4)はひし形をつくりなさい。

目標時間　3分

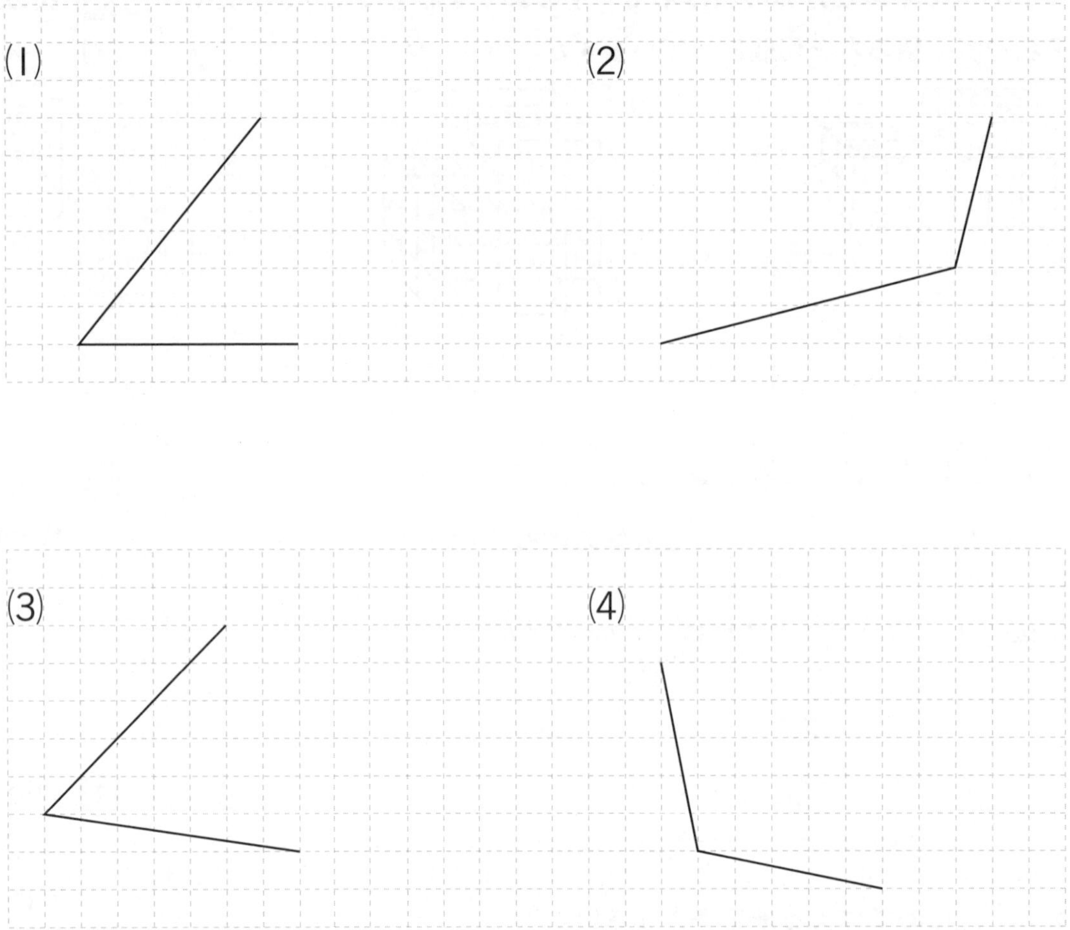

直方体や立方体の体積 ②

なまえ　5年　　組

答え→195ページ　　月　　日

時間 20分　合格 80点　得点　　点

1 次の形の体積をそれぞれ求めなさい。(40点) 1つ10

(1)

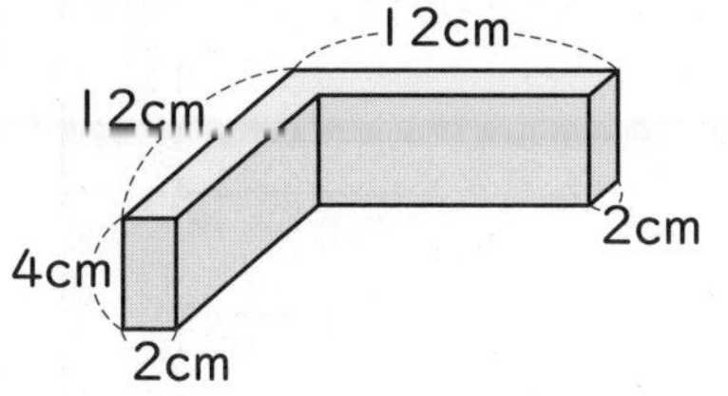

(2)　(単位 cm)

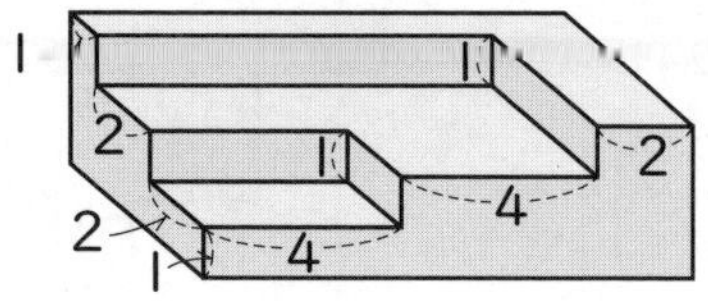

[　　　　] [　　　　]

(3)

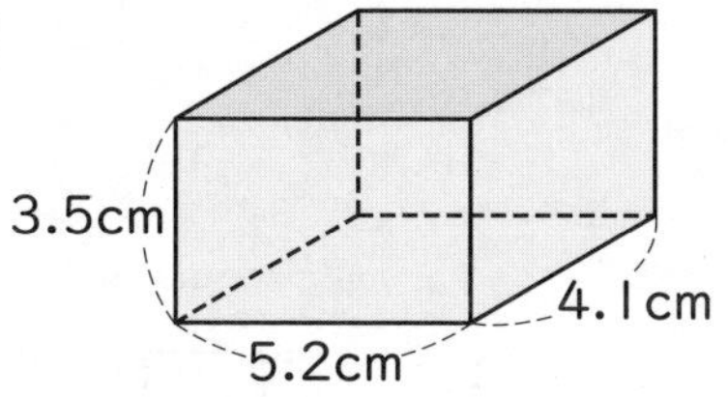

(4)

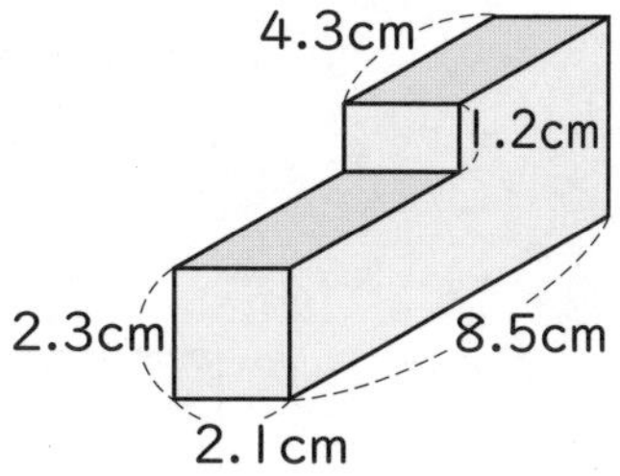

[　　　　] [　　　　]

チャレンジ

2 Aの容器《ようき》にいっぱい入っている水を，Bの容器に移《うつ》すと，水の深さは何cmになりますか。(15点)

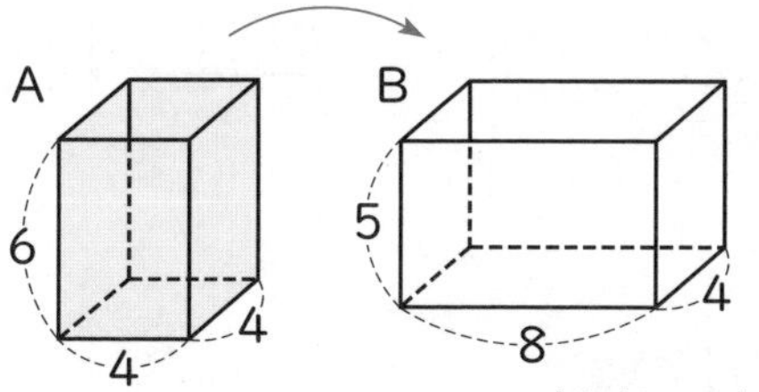

(単位 cm)

[　　　　]

3 1辺の長さが1.4cmのさいころがあります。このさいころの体積は，何cm^3ですか。(10点)

[　　　　]

4 厚《あつ》さ1cmの板で，右の図のような入れ物をつくりました。この入れ物の容積は何cm^3ですか。また，何Lですか。(20点) 1つ10

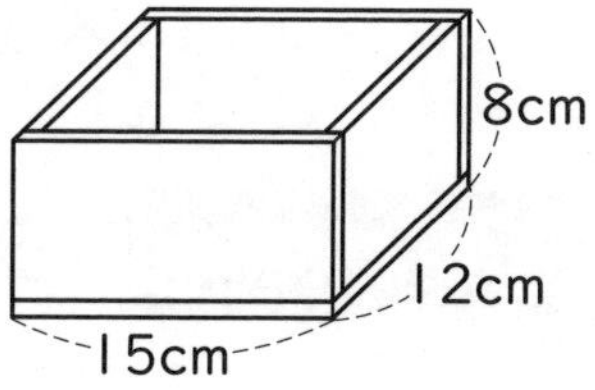

[　　　　，　　　　]

チャレンジ

5 内のりが，たて30cm，横20cmの直方体の水そうに，深さ13cmまで水を入れて，その中に石をしずめたところ，水の深さが18cmになりました。この石の体積は何cm^3ですか。(15点)

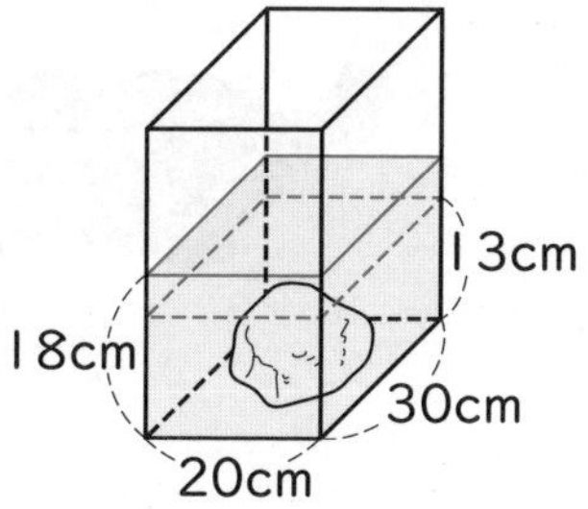

[　　　　]

算数⑨　立方体のてん開図

答え→195ページ　月　日

問題　右の図のようなてん開図があります。
立方体のてん開図になっているものに○，そうでないものに×をつけなさい。

目標時間　5分

立方体のてん開図は，11種類あるよ。
覚えているかな？

(1)

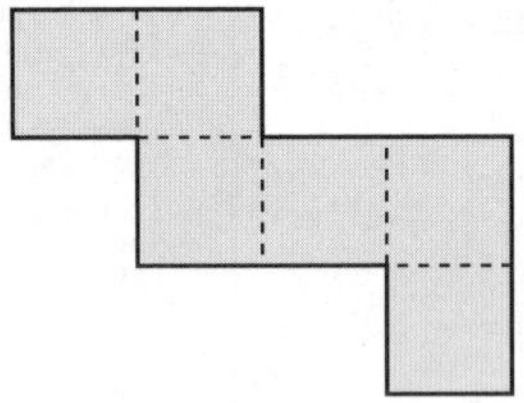

[　　]

(2)

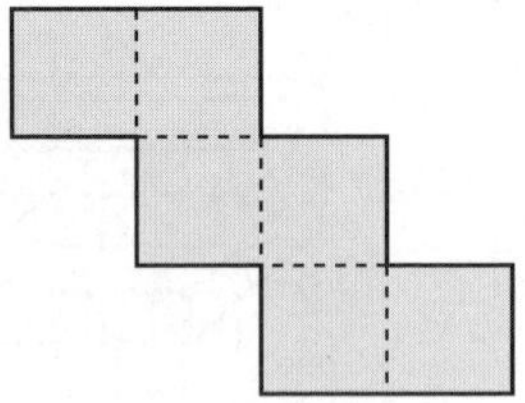

[　　]

(3)

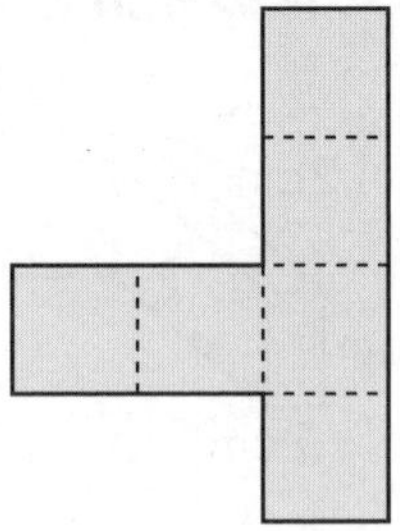

[　　]

(4)

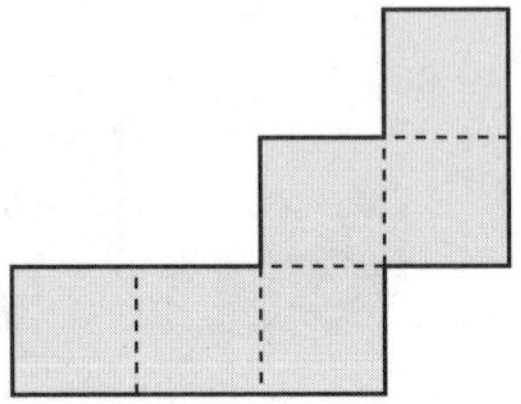

[　　]

(5)

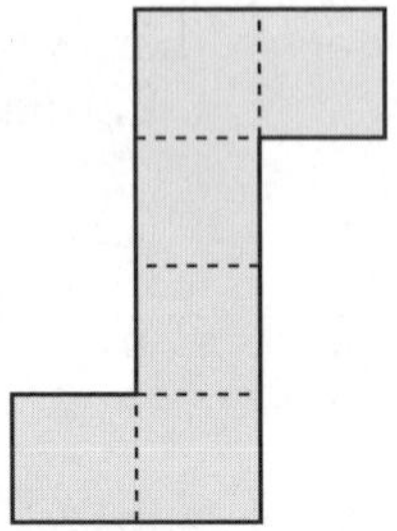

[　　]

(6)

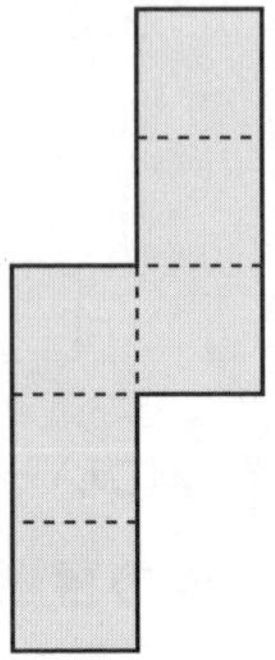

[　　]

チャレンジテスト 1

なまえ　5年　組

答え→195ページ

月　日

時間 25分　合格 80点　得点　点

1 次の計算をしなさい。(40点) 1つ4

(1) 7.4 × 3.8

(2) 5.8 × 7.4

(3) 0.3)2.94

(4) 0.5)0.8

(5) 4.3 × 0.8

(6) 0.57 × 8.6

(7) 9.63 × 3.84

(8) 0.36)97.2

(9) 6.4)89.6

(10) 4.25)9.775

2 □にあてはまる数を書きなさい。(20点) 1つ5

(1) 507.46＝100×□＋1×□＋0.1×□＋0.01×□

(2) 45.89＝□×4＋□×5＋□×8＋□×9

(3) 3.1÷7＝□ 余《あま》り 0.3

(4) 72.7÷34＝2.1 余り □

3 たて 15cm，横 20cm の直方体の水そうに，深さ 15cm まで水が入っています。この水そうに石をしずめたところ，図のように石がすっかりしずんで，水の深さが 17.8cm になりました。この石の体積を求めなさい。(容器《ようき》の厚《あつ》さは考えないものとします。) (12点)

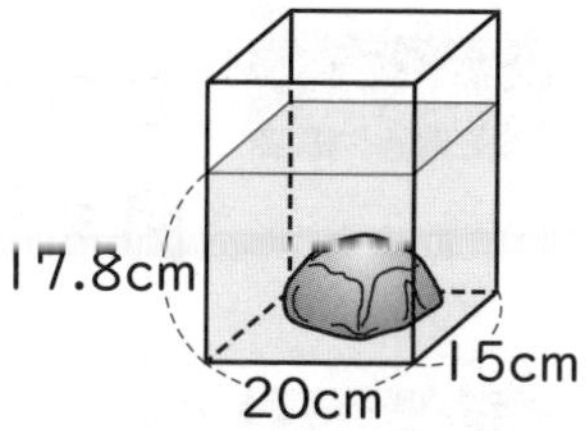

[　　　　]

4 算数のテストが 4 回ありました。みのるさんの平均点《へいきんてん》は 82 点でしたが，5 回目にがんばったので，5 回の平均点は 84.4 点になりました。5 回目には何点をとりましたか。(8点)

[　　　　]

5 右の図で，合同な図形は，どれとどれですか。(8点)

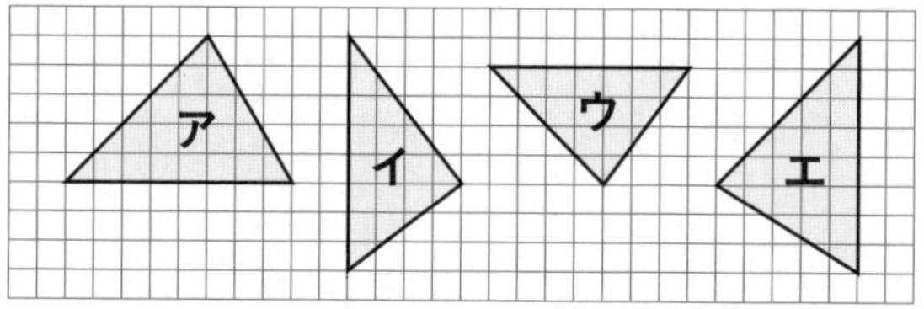

[　　と　　]

6 山では高さが 100m 上がるごとに，気温が 0.6℃ ずつ下がります。2000m の高さで気温が 3℃ のとき，1200m の高さでは何℃ですか。(12点)

[　　　　]

算数 ⑩

ブロック分け ②

答え→195ページ　月　日

問題　右のルールにしたがって，図をブロックに分けなさい。

目標時間　5分

ルール

① 全体を10個《こ》のブロック（かたまり）に分けます。

② 1つのブロックには，1〜6の数字が1個ずつふくまれます。

③ ブロックは，辺どうしが接《せっ》していれば，どのような形でもかまいません。

6	6	4	5	5	4	6	3	2	1
1	2	1	3	6	4	3	3	5	1
5	5	2	2	2	1	2	3	4	2
3	3	3	2	4	5	1	4	4	6
4	4	1	5	3	5	6	5	5	1
1	6	6	1	2	4	6	6	3	2

『パズル道場（トレーニングIII）』（受験研究社）

算数
11
約数と倍数 ①

なまえ　5年　　組

答え→195ページ　　月　　日

時間 20分　合格 80点　得点　　点

1 次の数の約数を全部書きなさい。（10点）1つ5

(1) 16　[　　　　]

(2) 18　[　　　　]

2 1から20までの整数について，次の問いに答えなさい。（20点）1つ5

(1) 2の倍数を全部書きなさい。[　　　　]

(2) 3の倍数を全部書きなさい。[　　　　]

(3) 2の倍数でもあり，3の倍数でもある数を全部書きなさい。また，それらの数は，何の倍数になっていますか。

[　　　　,　　]

3 下の□の中の数を見て，問いに答えなさい。（15点）1つ5

1，4，6，9，12，18，24，48，72，108，189，235

(1) 9の倍数を全部選び出しなさい。

[　　　　]

(2) 24の約数を全部選び出しなさい。

[　　　　]

(3) 24の約数のうち，□の中にない数を全部書きなさい。

[　　　　]

4 次の各組の公倍数を，小さいほうから順に3つずつ書きなさい。（20点）1つ5

(1) 4，5　[　　,　　,　　]

(2) 4，6　[　　,　　,　　]

(3) 3，7　[　　,　　,　　]

(4) 6，9　[　　,　　,　　]

5 次の各組の数の最小公倍数を書きなさい。（15点）1つ5

(1) 5，8　(2) 12，16　(3) 9，12，18

[　　]　[　　]　[　　]

6 27と36の公約数を全部書きなさい。（5点）

[　　　　]

7 次の各組の数の最大公約数を書きなさい。（15点）1つ5

(1) 16，24　(2) 56，63　(3) 42，63，105

[　　]　[　　]　[　　]

算数⑪

一筆がき

答え→195 ページ

月　日

問題　えん筆を図からはなさないで，どの線も１回だけ通るようにかきなさい。

目標時間　５分

(1)

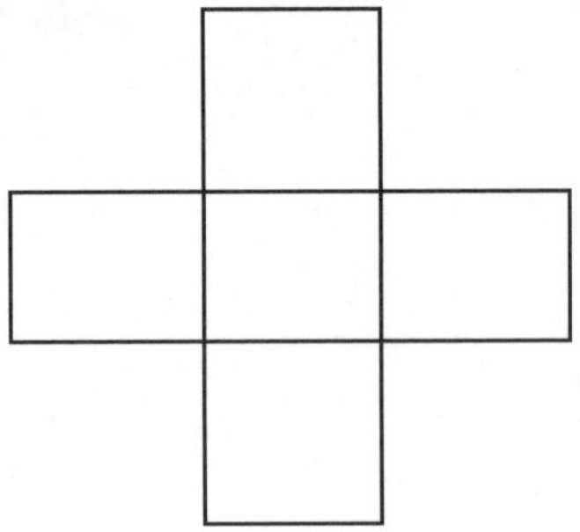

(2)

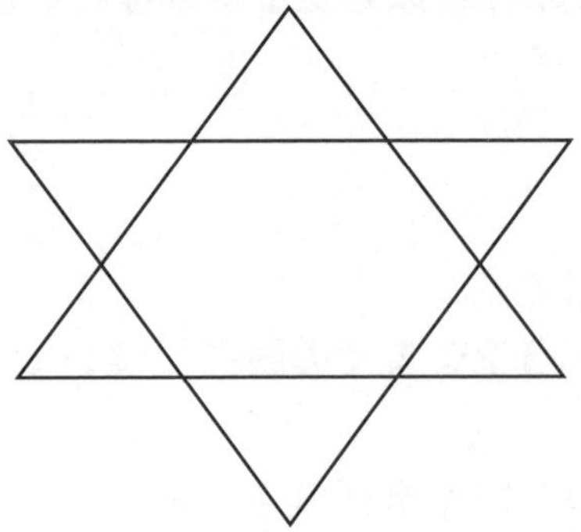

(3)

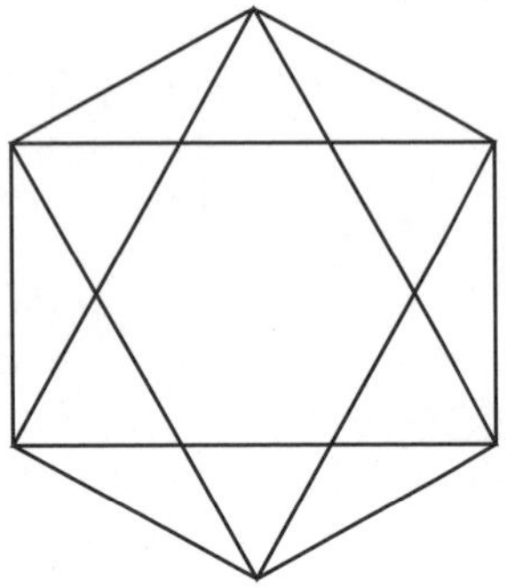

約数と倍数 ②

なまえ　5年　組

答え→195ページ　月　日

時間 20分　合格 80点　得点　点

1 **下の[　]の中からことばを選んで，［　］の中にあてはめなさい。[　]の中には，いらないものもあります。**(20点) 1つ5

倍数，約数，公倍数，公約数，偶数《ぐうすう》，奇数《きすう》

(1) いくつかの整数の共通の約数のことを［　　　］といいます。

(2) 2の［　　　］は，どんな数でもすべて偶数です。

(3) 2でわると余《あま》りが1になる数を［　　　］といいます。

(4) 奇数と奇数の和は，いつも［　　　］です。

2 **バスは15分おきに，電車は10分おきに発車します。最初の電車は午前6時に，最初のバスは午前6時30分に発車します。**

(1) 最初に同時に出発するのは，午前何時何分ですか。(12点)

［　　　］

(2) 次に同時に出発するのは，午前何時何分ですか。(11点)

［　　　］

3 **右の図のような長方形の紙があります。同じ大きさの正方形の色紙を，しきつめたいと思います。できるだけ大きい色紙にすると，1辺何cmの色紙になりますか。**(12点)

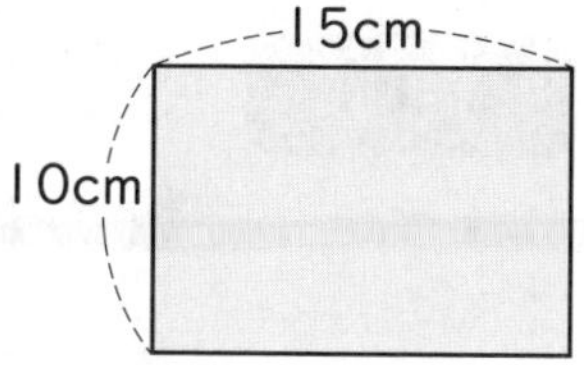

［　　　］

4 **キャラメルがあります。同じ数ずつ4人に分けても，6人に分けても，2個《こ》余ります。キャラメルは何個あるのでしょうか。考えられる場合を，数の少ないほうから2つ書きなさい。**(15点)

［　　　,　　　］

チャレンジ

5 **36でわっても，48でわっても3余る2けた以上の数のうちで，いちばん小さい数を求めなさい。**(15点)〔日向学院中〕

［　　　］

チャレンジ

6 **ある数で86をわれば2余り，63をわれば3余ります。その数のうちで最も大きい数を求めなさい。**(15点)〔広島大附属東雲中〕

［　　　］

算数 ⑫ さいころを切り開いた図

答え→196ページ

月　日

問題 さいころの向かい合った面の数の和は，7になっています。それぞれの面の目の数はいくつですか。
[　]に数字を書きなさい。

目標時間 5分

(1)

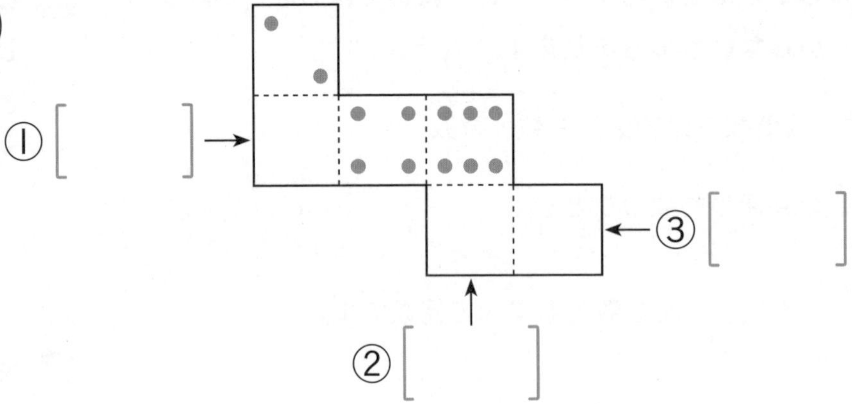

(2)

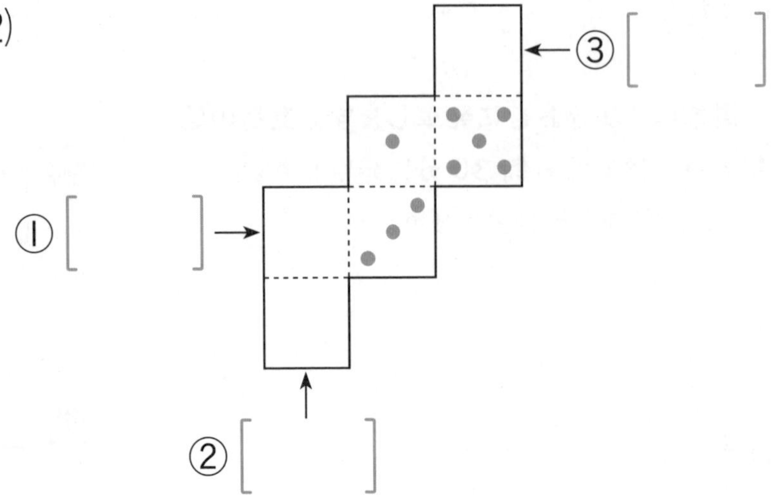

分　数

なまえ　5 年　　組

答え→196 ページ

月　　日

時間 20 分　合格 80 点　得点　　点

1 **次の□にあてはまる数を書きなさい。** (12 点) 1 つ 3

(1) $\frac{2}{5}=\frac{4}{\square}=\frac{\square}{20}$　(2) $\frac{4}{7}=\frac{\square}{14}=\frac{20}{\square}$

(3) $\frac{24}{36}=\frac{12}{\square}=\frac{\square}{6}$　(4) $\frac{45}{60}=\frac{\square}{20}=\frac{9}{\square}$

2 **次の分数と大きさの同じ分数を，4 つずつつくりなさい。（ただし，できるだけ小さい数字でつくるようにします。）** (24 点) 1 つ 4

(1) $\frac{1}{2}$ [　　,　　,　　,　　]　(2) $\frac{1}{3}$ [　　,　　,　　,　　]

(3) $\frac{2}{5}$ [　　,　　,　　,　　]　(4) $\frac{2}{8}$ [　　,　　,　　,　　]

(5) $\frac{15}{24}$ [　　,　　,　　,　　]　(6) $\frac{6}{20}$ [　　,　　,　　,　　]

3 **次の分数を約分しなさい。** (18 点) 1 つ 3

(1) $\frac{4}{6}$　(2) $\frac{16}{24}$　(3) $\frac{4}{12}$

(4) $\frac{4}{14}$　(5) $\frac{21}{36}$　(6) $3\frac{15}{40}$

4 **次の□にあてはまる数を書きなさい。** (18 点) 1 つ 3

(1) 10 cm $=\frac{\square}{10}$ m　(2) 700 g $=\frac{\square}{10}$ kg

(3) $\frac{1}{2}$ m $=\square$ cm　(4) 5 mm $=\frac{\square}{\square}$ cm

(5) 7 dL $=\frac{7}{\square}$ L　(6) 20 分 $=\frac{1}{\square}$ 時間

5 **次の各組の分数を通分しなさい。** (18 点) 1 つ 3

(1) $\frac{2}{3}$, $\frac{3}{7}$　(2) $\frac{1}{4}$, $\frac{2}{3}$

(3) $\frac{1}{7}$, $\frac{3}{5}$, $\frac{1}{2}$　(4) $\frac{3}{4}$, $\frac{1}{6}$, $\frac{5}{8}$

(5) $1\frac{1}{9}$, $1\frac{5}{8}$, $1\frac{5}{12}$　(6) $4\frac{2}{3}$, $5\frac{3}{8}$, $3\frac{3}{4}$

6 **次の(　)の中の分数を比《くら》べて，○の中に大きいものから順に番号をつけなさい。** (10 点) 1 つ 5

(1) $\left(\frac{5}{8}, \frac{7}{12}, \frac{13}{24}\right)$
○ ○ ○

(2) $\left(\frac{19}{24}, \frac{29}{32}, \frac{13}{16}, \frac{7}{8}\right)$
○ ○ ○ ○

虫食い算（わり算）①

答え→196 ページ　月　日

問題　□にあてはまる数を書きなさい。

目標時間　6分

(1)

```
       □ 6
83 ) 4 □ □ 8
     4 1 5
       □ □ 8
       □ □ 8
           0
```

(2)

```
         □ □
47 ) 2 □ 7 □
     □ 3 5
       4 □ 3
       4 2 □
           0
```

(3)

```
         4 □
34 ) □ □ 6 □
     1 3 6
       3 0 □
       3 0 □
           0
```

虫食い算では，左はしの□に
0は入れられないよ。

算数 **14**

分数のたし算とひき算 ①

なまえ　5年　組

答え→196ページ　月　日

時間 20分　合格 80点　得点　点

1 分数のたし算をしています。次の式の□の中にあてはまる数を書きなさい。(14点) 1つ7

(1) $\frac{2}{3}+\frac{1}{4}=\frac{8}{\square}+\frac{3}{\square}=\frac{\square}{\square}$

(2) $1\frac{3}{7}+2\frac{11}{14}=1\frac{\square}{\square}+2\frac{\square}{14}=3\frac{\square}{14}=\square\frac{\square}{\square}$

2 次の計算をしなさい。(ただし，答えが 1 より大きな分数になるときは，帯分数になおします。) (36点) 1つ3

(1) $\frac{2}{7}+\frac{1}{3}$　(2) $\frac{1}{8}+\frac{1}{6}$

(3) $\frac{2}{9}+\frac{1}{6}$　(4) $\frac{3}{10}+\frac{2}{15}$

(5) $\frac{7}{10}+\frac{5}{6}$　(6) $\frac{3}{4}+\frac{11}{14}$

(7) $\frac{6}{7}+\frac{3}{5}$　(8) $\frac{7}{10}+\frac{3}{4}$

(9) $3\frac{4}{9}+2\frac{5}{12}$　(10) $1\frac{13}{22}+3\frac{5}{33}$

(11) $2\frac{3}{4}+1\frac{5}{6}$　(12) $2\frac{5}{6}+1\frac{11}{14}$

3 分数のひき算をしています。次の式の□の中にあてはまる数を書きなさい。(14点) 1つ7

(1) $\frac{5}{6}-\frac{2}{3}=\frac{\square}{6}-\frac{\square}{6}=\frac{\square}{\square}$

(2) $3\frac{1}{6}-2\frac{1}{2}=3\frac{\square}{6}-2\frac{\square}{6}=2\frac{\square}{6}-2\frac{\square}{6}=\frac{\square}{6}=\frac{\square}{3}$

4 次の計算をしなさい。(ただし，答えが 1 より大きな分数になるときは，帯分数になおします。) (36点) 1つ3

(1) $\frac{3}{5}-\frac{1}{4}$　(2) $\frac{5}{7}-\frac{5}{9}$

(3) $\frac{2}{3}-\frac{4}{9}$　(4) $\frac{7}{8}-\frac{1}{2}$

(5) $2\frac{2}{9}-\frac{4}{5}$　(6) $4\frac{3}{16}-2\frac{7}{8}$

(7) $4\frac{1}{8}-1\frac{5}{6}$　(8) $2\frac{1}{12}-1\frac{7}{16}$

(9) $1\frac{1}{5}-\frac{2}{3}$　(10) $1\frac{5}{8}-1\frac{1}{4}$

(11) $2\frac{1}{5}-1\frac{19}{20}$　(12) $4\frac{7}{10}-2\frac{13}{15}$

図形をかく（ます目を使って）②

答え→196ページ

月　日

問題　次のような３つの点**ア**，**イ**，**ウ**をとり，
これらを３つのちょう点とする平行四辺形を３とおりかきなさい。

目標時間　３分

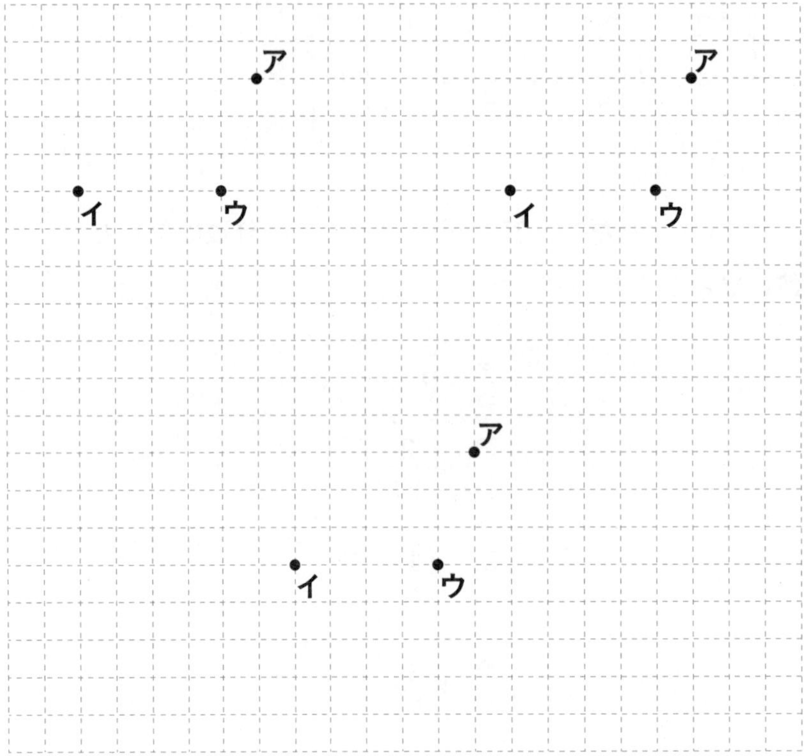

分数のたし算とひき算 ②

1 **次の計算をしなさい。（ただし，答えが 1 より大きな分数になるときは，帯分数になおします。）** (28点) 1つ7

(1) $\frac{1}{2}+\frac{1}{4}+\frac{1}{6}$

(2) $\frac{2}{5}+\frac{1}{7}-\frac{4}{15}$

(3) $1\frac{2}{7}-1\frac{1}{6}+\frac{3}{14}$

(4) $5\frac{1}{18}-\left(2\frac{1}{6}+1\frac{5}{9}\right)$

2 **大きい魚なら 8 ひき，小さい魚なら 10 ぴき買えるだけのお金があります。** (24点) 1つ8

(1) 大きい魚 1 ぴき買うのに，持っているお金のどれだけいりますか。

[　　　　]

(2) 小さい魚 1 ぴき買うのに，持っているお金のどれだけいりますか。

[　　　　]

(3) 大きい魚と小さい魚を 1 ぴきずつ買うと，持っているお金のどれだけいりますか。

[　　　　]

3 **2 つの牛にゅうパックに，それぞれ $\frac{2}{3}$ L と $\frac{1}{2}$ L の牛にゅうが入っています。この 2 つの牛にゅうを合わせると，何 L になりますか。** (12点)

[　　　　]

4 **箱に重さが $1\frac{4}{9}$ kg の品物を入れると，全体で $2\frac{1}{9}$ kg になりました。箱の重さは何 kg ですか。** (12点)

[　　　　]

5 **林さんの家，石井《いしい》さんの家，学校，駅の道のりの関係は，下の図のようになっています。** (24点) 1つ12

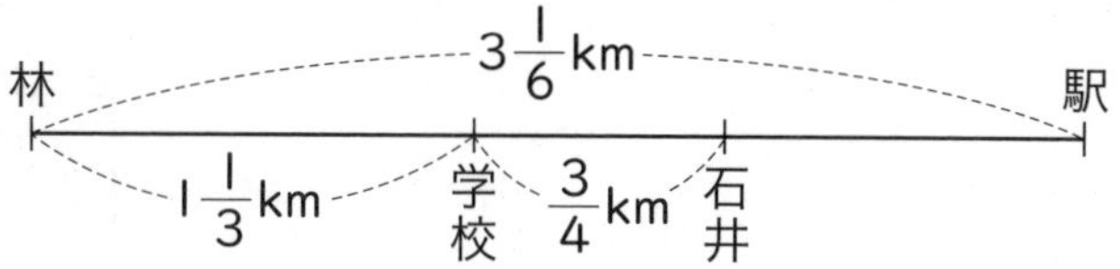

(1) 林さんの家から石井さんの家まで，何 km ありますか。

[　　　　]

(2) 石井さんの家から駅まで何 km ありますか。

[　　　　]

てん開図

答え→197ページ　月　日

問題　右の図のようなもようのある立方体があります。
正しいてん開図を選び，記号で答えなさい。

目標時間　5分

(1)

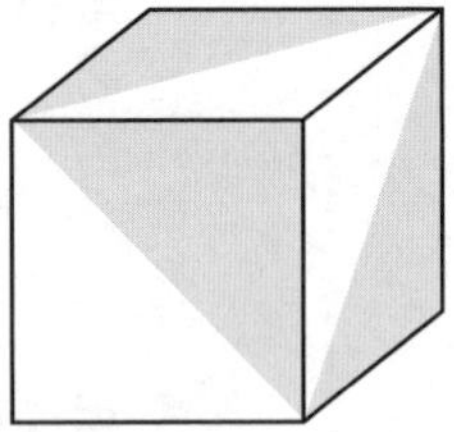

ア

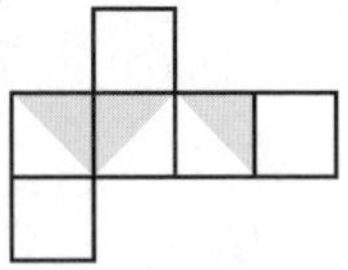

イ

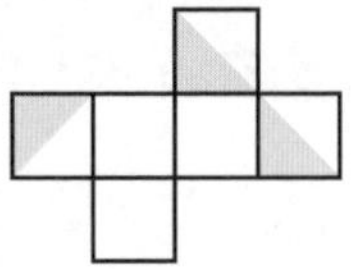

ウ

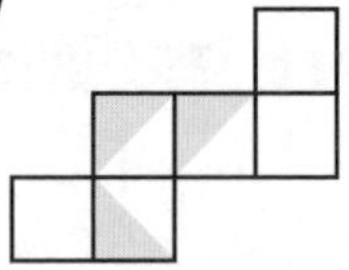

エ

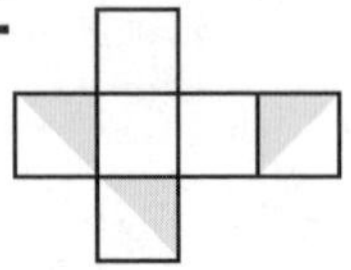

オ

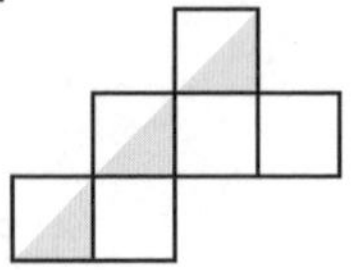

[　　]

(2)

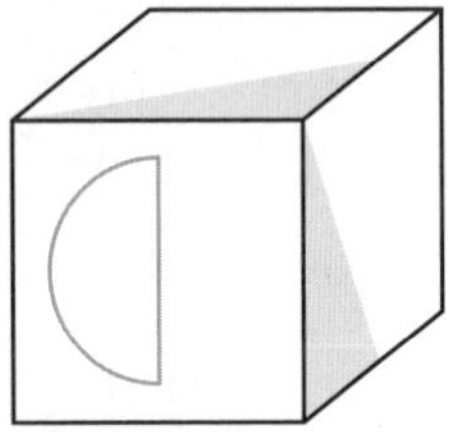

ア

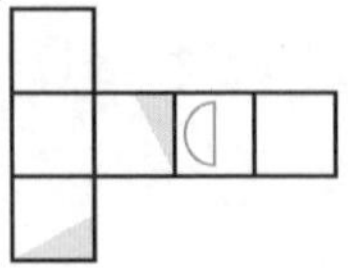

イ

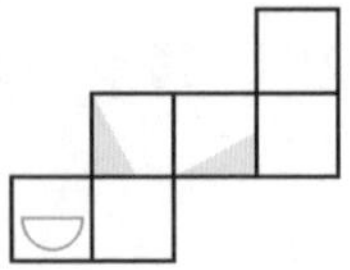

ウ

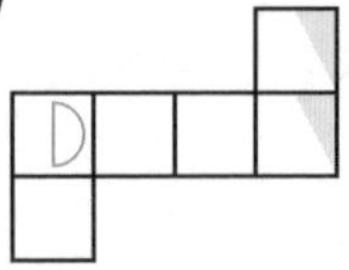

エ

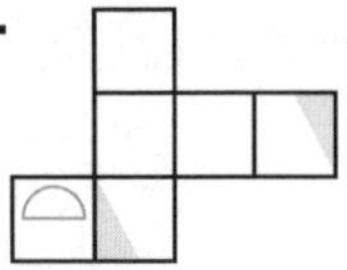

オ

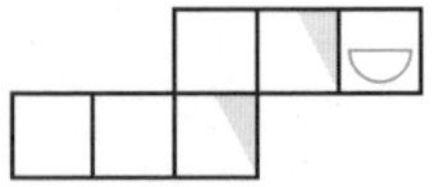

[　　]

分数と小数，整数

なまえ　5年　組

答え→197ページ

月　日

時間 20分　合格 80点　得点　点

1 次のわり算の商を分数で表しなさい。(12点) 1つ2

(1) $3 \div 5$　(2) $6 \div 7$　(3) $1 \div 2$

(4) $7 \div 11$　(5) $7 \div 5$　(6) $10 \div 3$

2 次の分数を小数や整数で表しなさい。(12点) 1つ2

(1) $\frac{1}{2}$　(2) $\frac{3}{5}$　(3) $\frac{1}{4}$

(4) $\frac{1}{8}$　(5) $\frac{10}{5}$　(6) $3\frac{1}{2}$

3 次の小数を分数で表しなさい。(12点) 1つ2

(1) 0.4　(2) 0.5　(3) 0.25

(4) 1.3　(5) 1.7　(6) 6.9

4 整数は，分母が 1 の分数で表すことができます。次の整数を分数で表しなさい。(8点) 1つ2

(1) 2　(2) 5　(3) 15　(4) 39

5 □にあてはまる数を小数で書きなさい。(12点) 1つ2

(1) $\frac{7}{10}$ dL＝□dL　(2) $\frac{3}{5}$ mm＝□mm

(3) $\frac{9}{10}$ cm＝□cm　(4) 5 dL＝□L

(5) 100 g＝□kg　(6) $\frac{4}{5}$ L＝□L

6 (　)の中の数で，大きいほうに○をつけなさい。(12点) 1つ2

(1) ($\frac{1}{4}$, 0.2)　(2) (0.3, $\frac{1}{3}$)　(3) ($\frac{4}{7}$, 0.6)

(4) (1.5, $1\frac{2}{5}$)　(5) ($5\frac{3}{11}$, 5.3)　(6) ($\frac{3}{4}$, 0.6)

7 下の↑がさしている数を小数・整数と分数で書きなさい。(12点) 1つ2

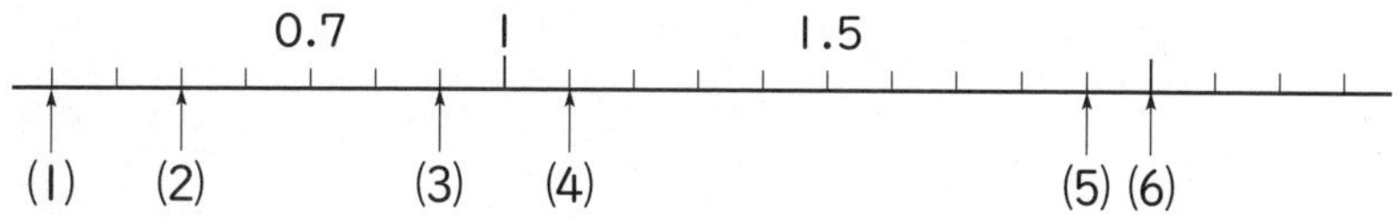

	(1)	(2)	(3)	(4)	(5)	(6)
小数・整数						
分　数						

8 次の計算をして，答えを小数で表しなさい。(10点) 1つ5

(1) $0.6 + \frac{3}{4}$　(2) $0.55 - \frac{2}{8}$

9 ジュースの入った入れ物の重さは 1.8 kg ありましたが，ジュースを全部飲んで，入れ物だけの重さをはかると $\frac{1}{10}$ kg になっていました。ジュースだけの重さはどれだけですか。分数と小数の 2 通りで答えなさい。(10点) 1つ5

[　　　,　　　]

思考力トレーニング

算数⑯

分数の分解《ぶんかい》

答え→197ページ　月　日

問題　□にあてはまる数を書きなさい。（0は入りません。）

目標時間　3分

(1) $\frac{2}{3}=\frac{\square}{2}+\frac{\square}{6}$

(2) $\frac{2}{5}=\frac{\square}{3}+\frac{\square}{15}$

(3) $\frac{2}{7}=\frac{\square}{4}+\frac{\square}{28}$

(4) $\frac{2}{9}=\frac{\square}{6}+\frac{\square}{18}$

まず，通分して分子の和を求め，次に，分母からいくつで約分しているかを考えて求めていくよ。

図形の角

なまえ　5年　組

答え→197ページ　月　日

時間 20分　合格 80点　得点　点

1 次の図の三角形や四角形で，角㋐の大きさを求めなさい。 (35点) 1つ7

(1)

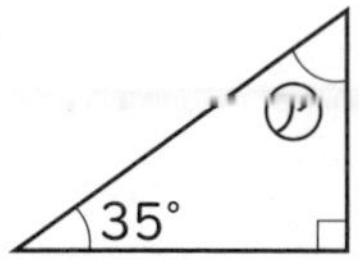

(2)

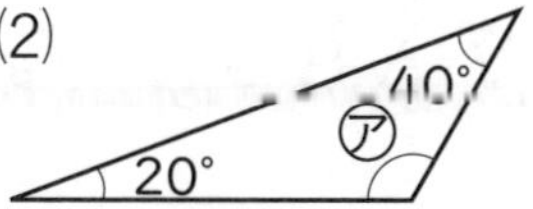

(3)

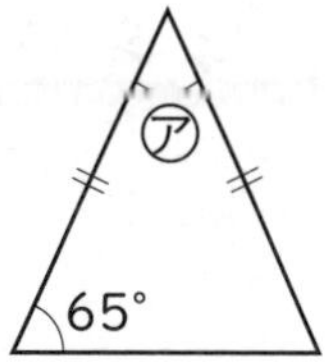

[　　] [　　] [　　]

(4)

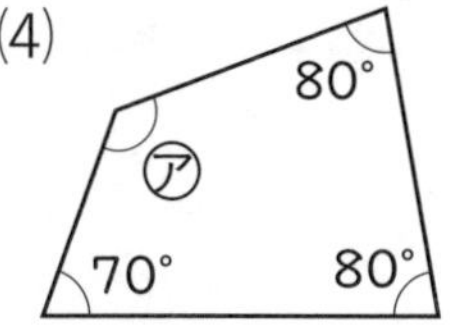

(5)

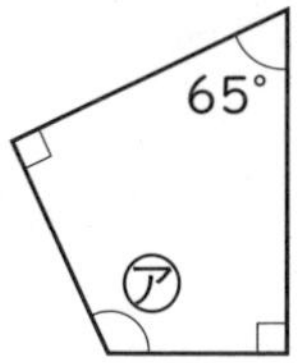

[　　] [　　]

2 次の図の三角形で，角㋐の大きさを求めなさい。 (21点) 1つ7

(1)

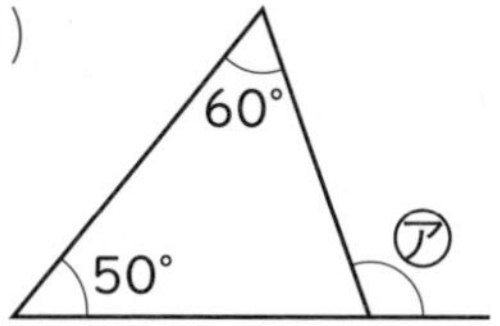

(2)

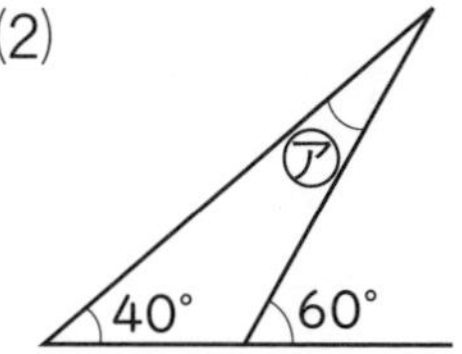

(3)

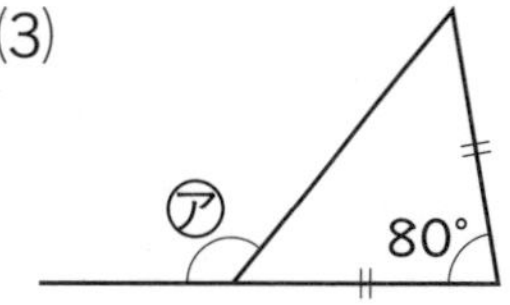

[　　] [　　] [　　]

3 右の図のような六角形があります。この図形の角の大きさの和は，いくらですか。 (8点)

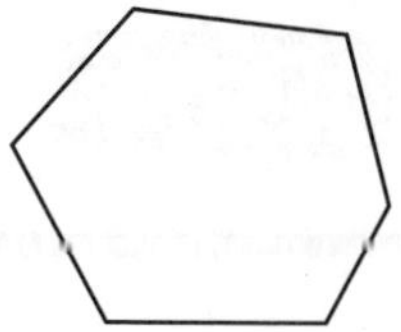

[　　]

4 次の図形で，角㋐の大きさを求めなさい。 (18点) 1つ6

(1) 正三角形

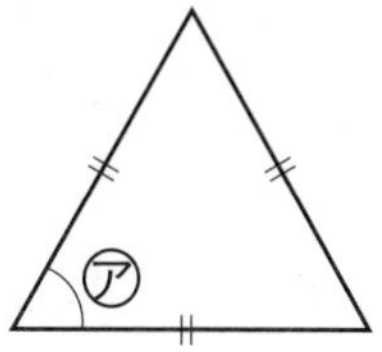

(2) 台形

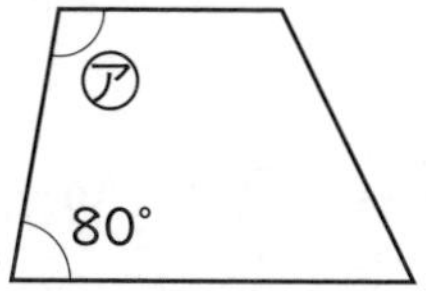

(3) 平行四辺形

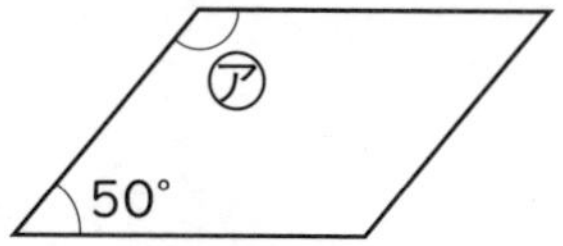

[　　] [　　] [　　]

チャレンジ

5 長方形の紙を右の図のように折って重ねるとき，㋐，㋑の角の大きさを求めなさい。 (18点) 1つ9〔親和中〕

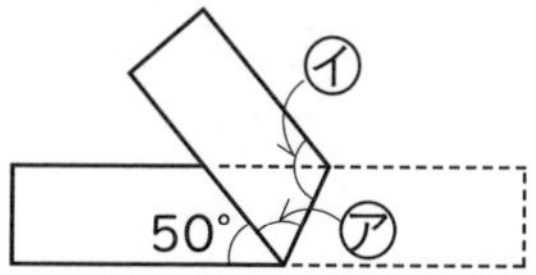

[㋐　　，㋑　　]

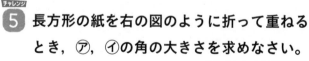

思考力トレーニング

算数 ⑰　回 転

答え→197 ページ　月　日

問題　次の図の真ん中の黒点のところにはりをさして，
①には右に 90 度，②には 180 度回転させた図を，それぞれかき入れなさい。

目標時間　5分

(1)
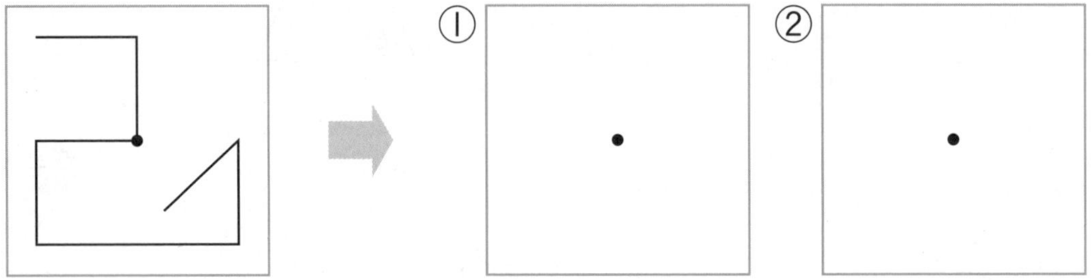

(2)
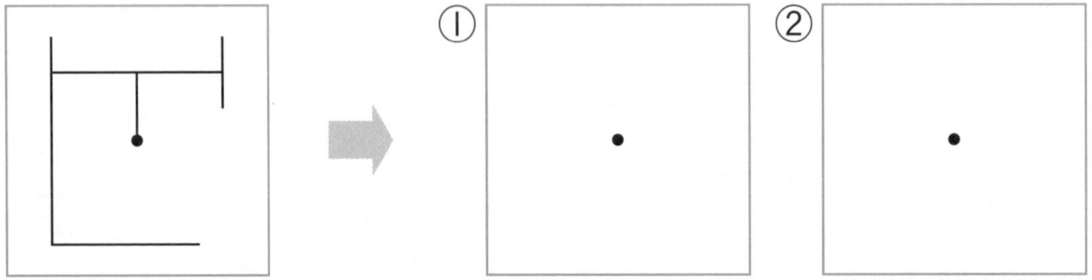

まず，わかりやすい線を決めて，
それぞれ回転させる。その線を
基準《きじゅん》にほかの線をかいていこう。

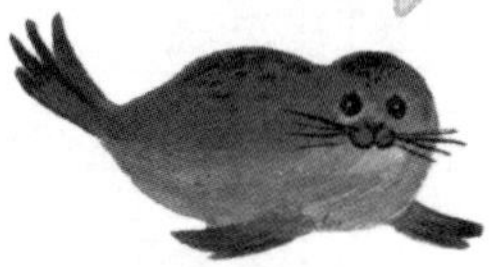

四角形と三角形の面積 ①

なまえ　5年　組

答え→197ページ

月　日

時間 20分　合格 80点　得点　点

1 次の図形の面積を求めなさい。（64点）1つ8

(1) 平行四辺形

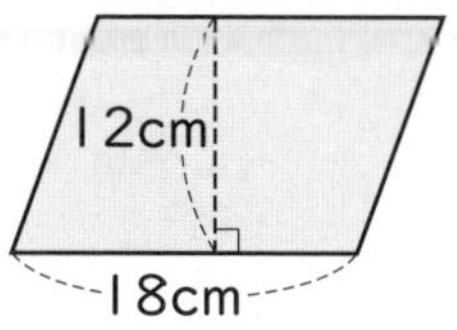

(2) 長方形

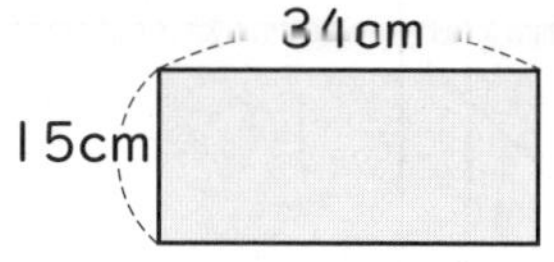

(3) 平行四辺形

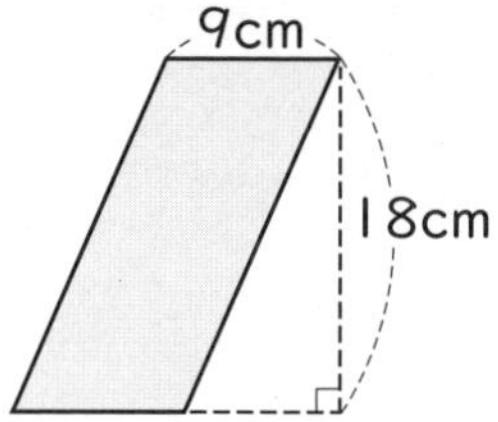

(4) ひし形

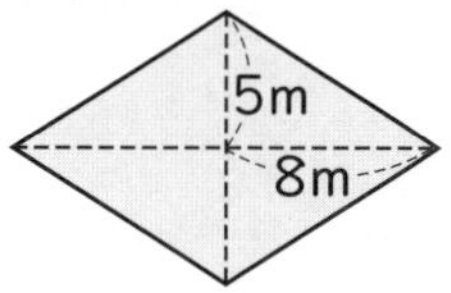

(5) 台形

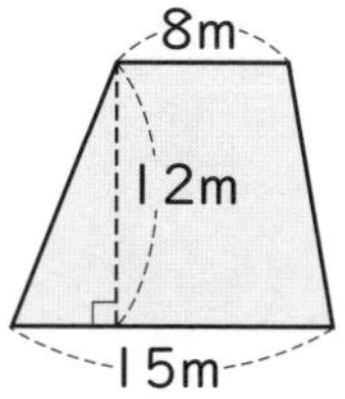

(6) 三角形

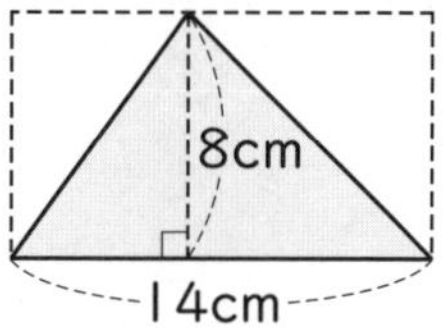

(7) 三角形

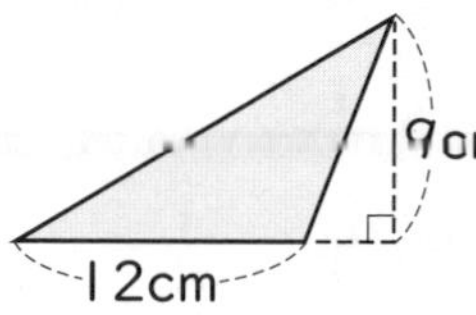

(8) 三角形

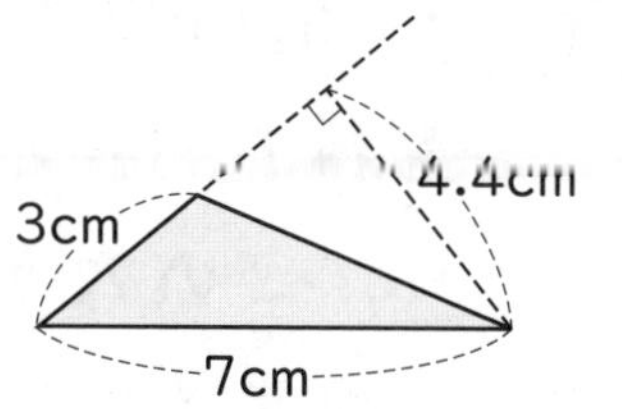

2 次の図形(1)〜(4)の面積を，それぞれ求めなさい。（24点）1つ6

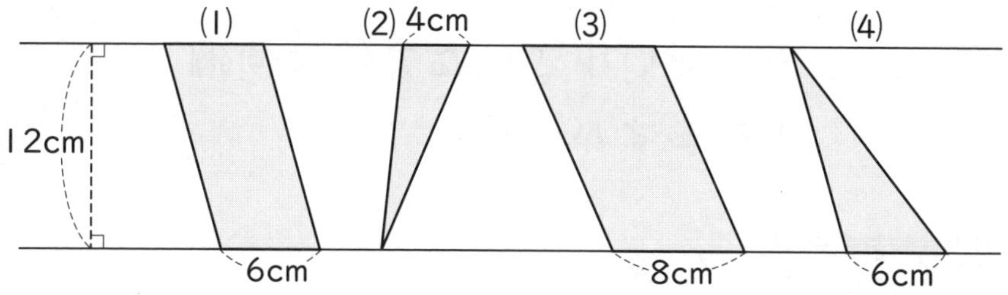

(1)［　　　］　(2)［　　　］
(3)［　　　］　(4)［　　　］

3 底辺の長さが 4 cm で，面積が 24 cm² の三角形の高さは何 cm ですか。（12点）

算数⑱ 積み木（あなあけ）

答え→198ページ　月　日

問題 27個《こ》の小さい立方体を積み重ねて，大きい立方体をつくり，この大きい立方体に向かい側までつきぬけるあなを黒丸の位置からあけることにします。
このとき，1つもあながあいていない小さい立方体は何個できますか。

目標時間 6分

(1)

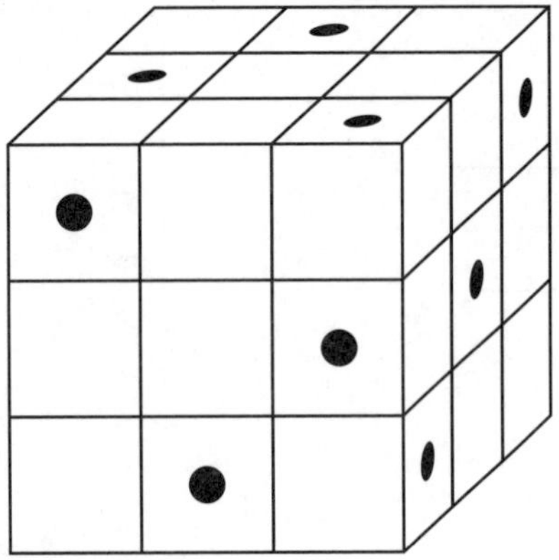

[　　　]個

『パズル道場（トレーニングⅢ）』（受験研究社）

(2)

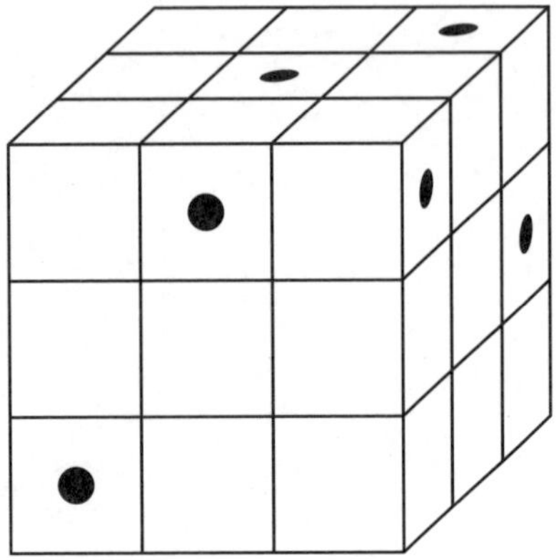

[　　　]個

四角形と三角形の面積 ②

なまえ　5年　組

答え→198ページ

月　日

時間 20分　合格 80点　得点　点

1 **次の図の色のついた部分の面積を求めなさい。**（60点）1つ12

(1)

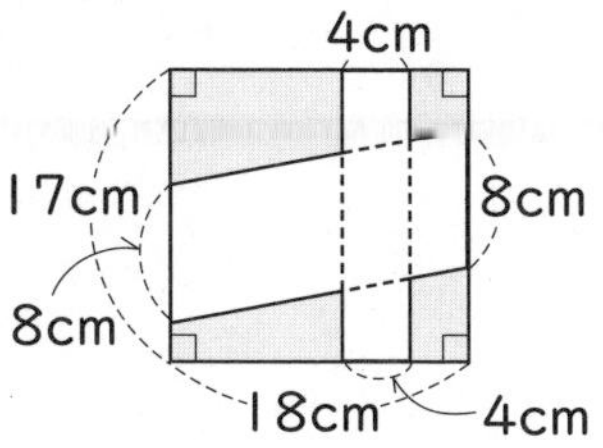

(2)

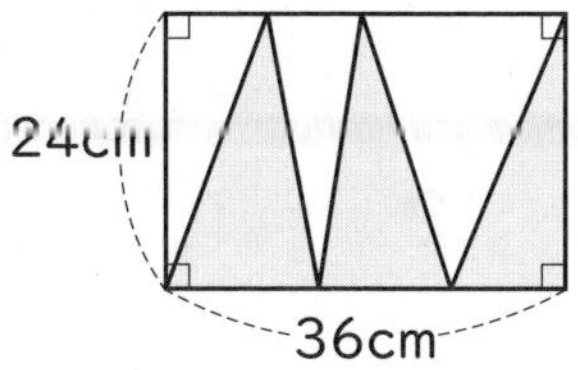

(3)

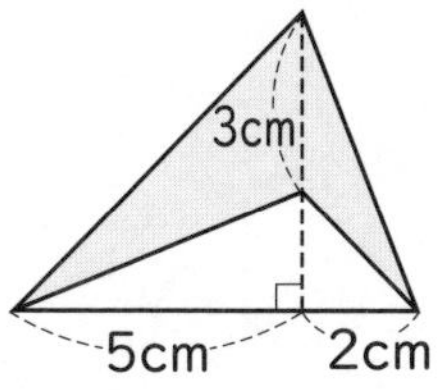

(4)

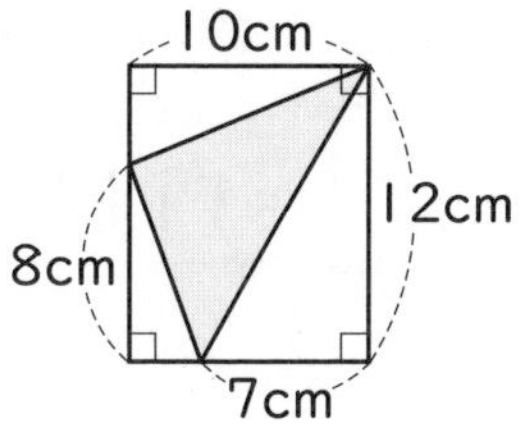

(5)

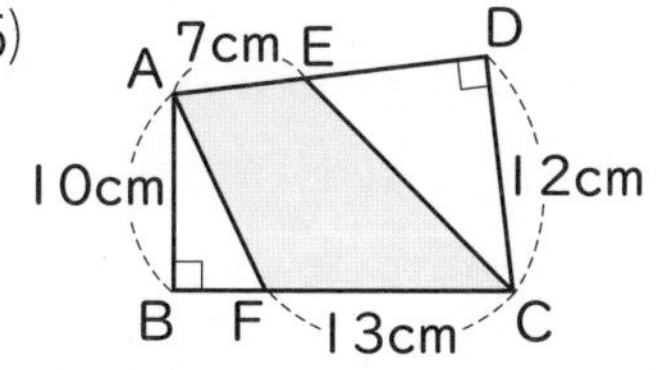

〔安田女子中〕

2 **右の図で，四角形アイウエは台形です。**

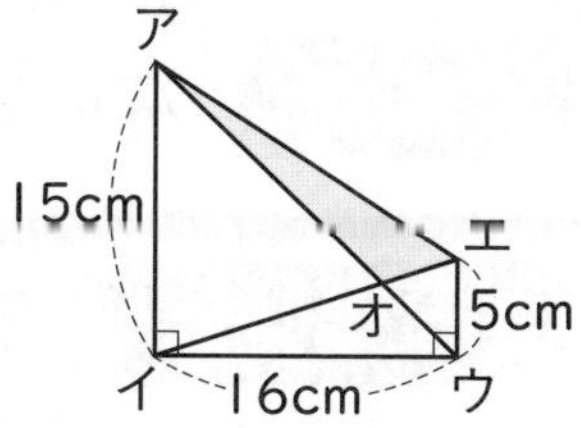

(1) 三角形アエオと面積の等しい三角形を答えなさい。（10点）

(2) 三角形アエオの面積が 30 cm² のとき，三角形ウエオの面積を求めなさい。（15点）

チャレンジ

3 **1辺が 5 cm の 2 まいの正方形の折り紙があり，右の図のように一方の中心に他方のちょう点があるようにして，30° だけ回転して重なっています。重なっている部分の面積を求めなさい。**（15点）〔南山中男子部〕

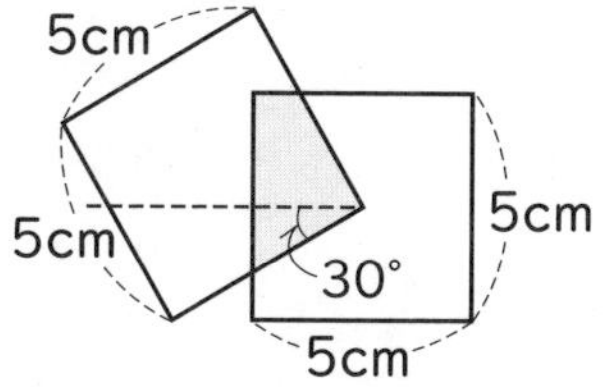

算数⑲ 虫食い算

答え→198ページ

月　日

問題　次の式の□に１けたの数を書いて，式を完成させなさい。

目標時間　５分

1× 9 + 2 =11

(1)　12×□+□=111

(2)　123×□+□=1111

(3)　1234×□+□=11111

(4)　12345×□+□=111111

チャレンジテスト 2

なまえ　5年　組

答え→198ページ　月　日

時間 25分　合格 80点　得点　点

1 次の計算をしなさい。(ただし，答えが 1 より大きな分数になるときは，帯分数になおします。) (48点) 1つ4

(1) $\frac{1}{2}+\frac{5}{12}$　(2) $\frac{7}{8}+\frac{7}{12}$

(3) $\frac{13}{16}+\frac{11}{20}$　(4) $3\frac{11}{21}+2\frac{17}{28}$

(5) $\frac{3}{5}-\frac{2}{15}$　(6) $1\frac{1}{7}-\frac{7}{8}$

(7) $2\frac{1}{9}-\frac{4}{15}$　(8) $4\frac{5}{18}-2\frac{23}{24}$

(9) $\frac{2}{3}+\frac{1}{4}-\frac{1}{2}$　(10) $4\frac{1}{3}-3\frac{1}{12}+\frac{2}{9}$

(11) $2\frac{3}{4}+\frac{5}{12}-1\frac{1}{3}$　(12) $2\frac{1}{3}-\left(\frac{3}{4}-\frac{1}{6}\right)$

2 次の小数は分数で，分数は小数や整数で表しなさい。 (12点) 1つ2

(1) 0.3　(2) 2.5　(3) 4.7

(4) $\frac{1}{2}$　(5) $\frac{3}{5}$　(6) $\frac{12}{3}$

3 36 と 60 と 84 の 3 つの数があります。 (8点) 1つ4

(1) 最小公倍数を求めなさい。

[　　　]

(2) 最大公約数を求めなさい。

[　　　]

4 右のような平行四辺形があります。㋐～㋓にあてはまる角度や長さを求めなさい。

(16点) 1つ4〔京都教育大附属桃山中―改〕

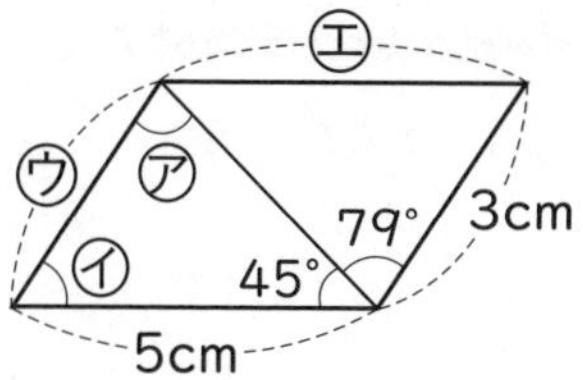

㋐ [　　　]　㋑ [　　　]

㋒ [　　　]　㋓ [　　　]

5 右の図の四角形 ABCD は台形です。色のついた部分の面積を求めなさい。

(8点)〔昭和学院中〕

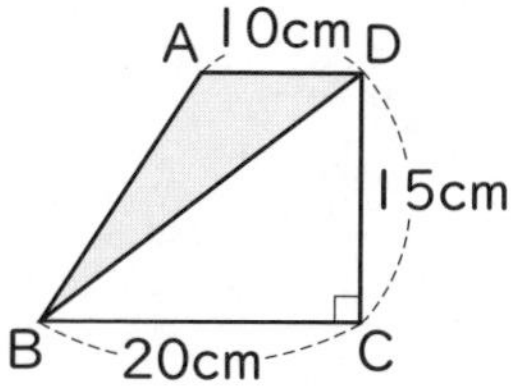

[　　　]

6 右の図の色のついた部分の面積を求めなさい。 (8点)〔京都教育大附属京都中〕

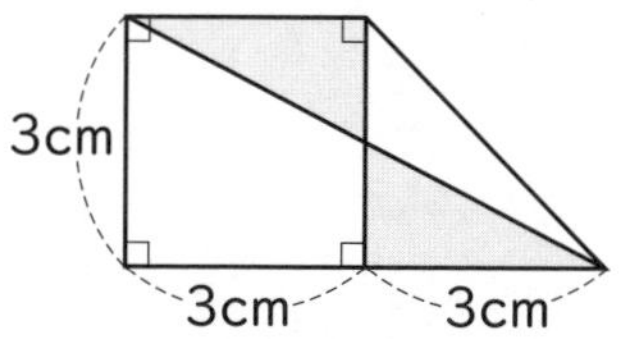

[　　　]

算数 ⑳ 面積を求める ①

答え→198 ページ

月　日

問題 次の図で，・印の点はそれぞれの辺を２等分または３等分しています。
色のついた部分の面積は，三角形の面積の何分のいくつですか。
分数で書きなさい。

目標時間 3分

(1)

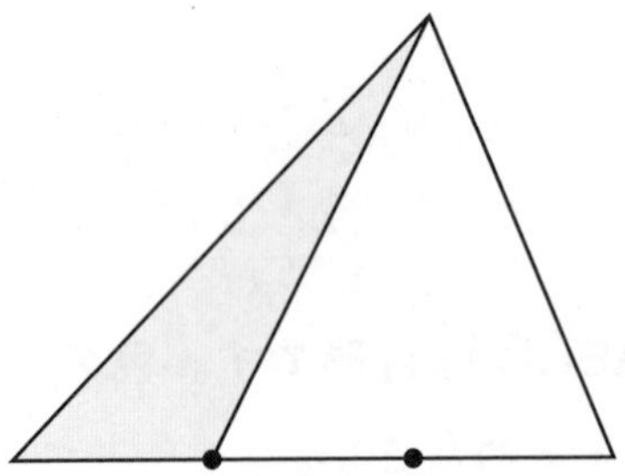

[　　]

(2)

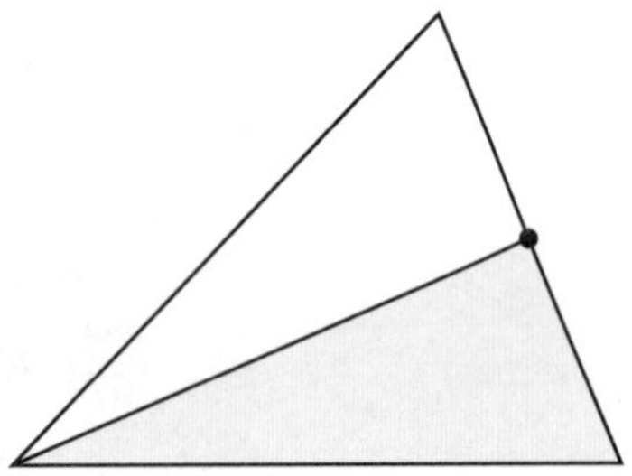

[　　]

(3)

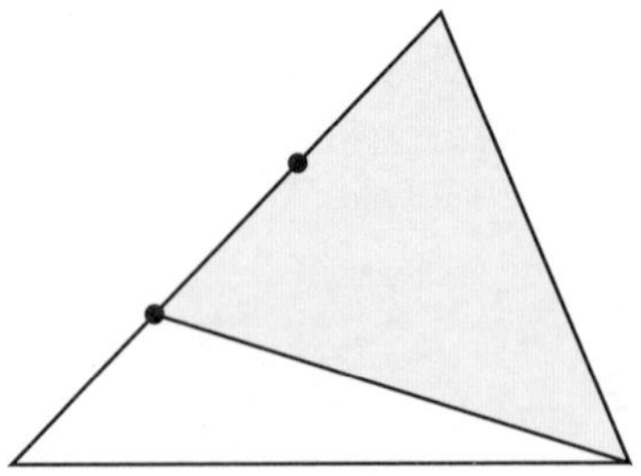

[　　]

算数 21 割《わり》 合《あい》 ①

なまえ 5 年　　組

答え→198 ページ

月　　日

時間 20 分　合格 80 点　得点　　点

1 **割合《わりあい》は『もとにする量』を 1 として考えたもので，次の式が成り立ちます。　(比《くら》べる量)÷(もとにする量)＝(割合)**
このことから，次の量を求める式をつくりなさい。 (20 点) 1 つ 10

(1) (比べる量)＝[　　　　] □ [　　　　]

(2) (もとにする量)＝[　　　　] □ [　　　　]

2 **長さ 12 cm，6 cm，3 cm の 3 本のテープ A，B，C があります。** (24 点) 1 つ 6

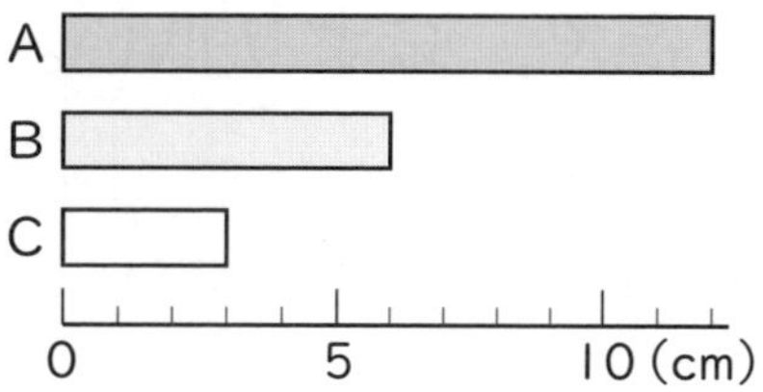

(1) C の長さを 1 とすると，A の長さはいくらですか。

[　　　　]

(2) B の長さを 1 とすると，A の長さはいくらですか。

[　　　　]

(3) A の長さを 1 とすると，B の長さはいくらですか。

[分数で　　　，小数で　　　]

(4) A の長さを 1 とすると，C の長さはいくらですか。

[分数で　　　，小数で　　　]

3 **次の割合を，分数・小数・整数のどれかで表しなさい。** (30 点) 1 つ 6

(1) 100 円は 20 円のどれだけにあたりますか。

[　　　　]

(2) 3 人は 10 人のどれだけにあたりますか。

[　　　　]

(3) 50 さつに対して，30 さつの割合はどれだけですか。

[　　　　]

(4) 45 は 60 のどれだけにあたりますか。

[　　　　]

(5) 36 題は 40 題のどれだけにあたりますか。

[　　　　]

4 **たかしさんの先月のこづかいは 2700 円でした。その中の 0.4 の割合にあたるお金で本を買いました。本の代金はいくらですか。** (8 点)

[　　　　]

5 **2500 円の 0.6 の割合にあたる大きさは，□円の 0.4 の割合にあたる大きさです。□にあてはまる数を求めなさい。** (8 点)

[　　　　]

6 **ひとみさんの身長は 125 cm です。お兄さんは，ひとみさんの 1.2 倍の身長で，お父さんは，お兄さんの 1.1 倍の身長です。お父さんの身長を求めなさい。** (10 点)

[　　　　]

すい理 ①

答え→199ページ　月　日

問題 A，B，C，D，Eの５人の身長を比《くら》べたところ，
次のことがわかっています。
身長の順にならんで，
ちょうど真ん中になるのはA，B，C，D，Eのうちだれですか。

目標時間 ３分

- AはBより高く，Cより低い。
- DはCより低く，Aより高い。
- Eは低い方から数えて２番目である。

基準《きじゅん》を１人決めて，高低の関係を線分図にかいてみると，わかりやすいよ。

答え［　　　］

割《わり》 合《あい》 ②

5 年　　組　なまえ

答え→199 ページ　月　日

時間 20 分　合格 80 点　得点　点

1 次の小数で表された割合《わりあい》を，百分率《ひゃくぶんりつ》で表しなさい。（12 点）1 つ 2

(1) 0.13　(2) 0.5　(3) 0.94

(4) 1.1　(5) 1.02　(6) 4.13

2 次の小数や百分率で表された割合を，歩合で表しなさい。（9 点）1 つ 3

(1) 0.86　(2) 1.05　(3) 74 %

3 次の歩合で表された割合を，小数や整数で表しなさい。（18 点）1 つ 3

(1) 3 割　(2) 10 割　(3) 5 割 3 分

(4) 1 割 2 分　(5) 4 割　(6) 120 割

4 表のあいているところをうめなさい。（22 点）1 つ 2

	(1)	(2)	(3)	(4)	(5)
小数・整数	0.58				
分　数	$\frac{29}{50}\left(\frac{58}{100}\right)$			$1\frac{1}{4}\left(\frac{125}{100}\right)$	$\frac{1}{1}$ (1)
百分率		45 %			
歩　合	5 割 8 分	4 割 5 分	2 割	12 割 5 分	

5 □にあてはまる数を書きなさい。（24 点）1 つ 4

(1) 650 円の 7 割は□円です。

(2) 20 の 25 %は□です。

(3) □m の 20 %は 40 m です。

(4) 43 個《こ》の□%は 129 個です。

(5) 15 %の食塩水 120 g の中には□g の食塩がとけています。〔帝塚山学院中〕

(6) □%のさとう水 200 g には，30 g のさとうが入っています。〔柳学園中〕

6 ある商品を買ったら，消費税《しょうひぜい》が 360 円でした。このとき，お店にはらった金額《きんがく》は，いくらになりますか。ただし，消費税は 8 %とします。（7 点）

[　　　　]

チャレンジ **7** ある商品に，定価《ていか》の 15 %引きのねだんをつけると 2040 円でした。この商品の定価はいくらですか。（8 点）〔共立女子第二中〕

[　　　　]

算数
理科
社会
英語
国語
答え

答え→199ページ　月　日

計算パズル（×と÷と＋と－）①

問題　□にあてはまる×・÷・＋・－を入れなさい。
ただし，１つの式で，□には同じ記号は使えません。

目標時間　５分

(1) 15 □ 3 □ 5＝9

(2) 15 □ 3 □ 5＝10

(3) 15 □ 3 □ 5＝13

(4) 15 □ 3 □ 5＝30

(5) 15 □ 3 □ 5＝0

(6) 15 □ 3 □ 5＝25

割合《わりあい》のグラフ

なまえ	5 年　　組	答え→199 ページ	月　日
時間 20分	合格 80点	得点　点	

1 **太郎《たろう》さんの家の農作物による 1 年間のしゅう入は，下の表のとおりです。**（24 点）1 つ 12

	米	野菜	果物《くだもの》	その他
しゅう入(万円)	110	30	50	10
百分率《ひゃくぶんりつ》(%)				5

(1) 上の表の百分率のらんに，しゅう入全体に対する百分率を記入しなさい。

(2) 太郎さんの家の農作物のしゅう入の割合《わりあい》を，右の円グラフに表しなさい。

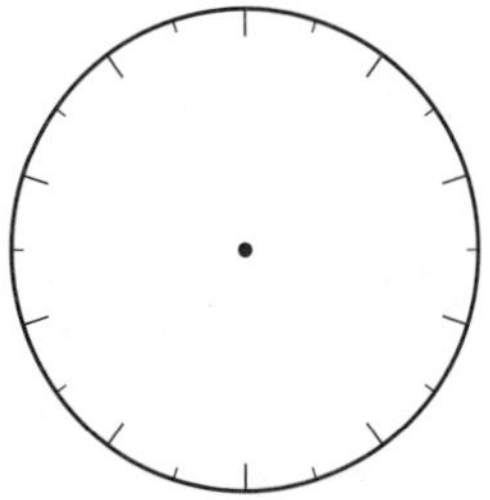

2 **下の帯グラフは，太郎さんの家の 1 か月の生活費を表しています。**（36 点）1 つ 6

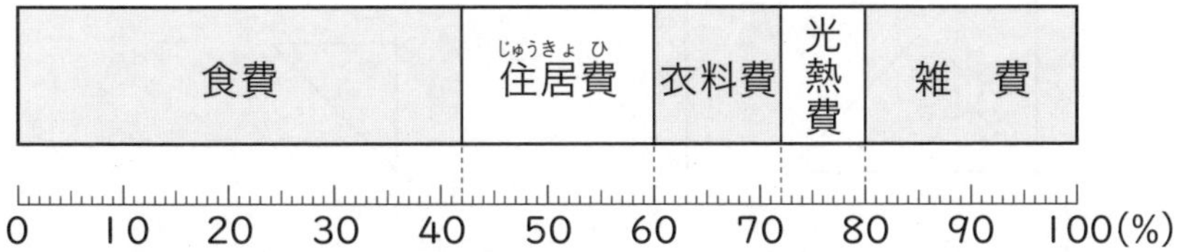

(1) 次の各費用は，全体の何%ですか。

① 食費 [　　　]　② 住居費 [　　　]

③ 衣料費 [　　　]　④ 光熱費 [　　　]

(2) 食費は，衣料費の何倍ですか。

[　　　]

(3) 衣料費が 33000 円だと，1 か月の生活費はいくらですか。

[　　　]

3 **右の図は，ひろきさんの家の畑のようすです。これを下の帯グラフに表しなさい。**（10 点）

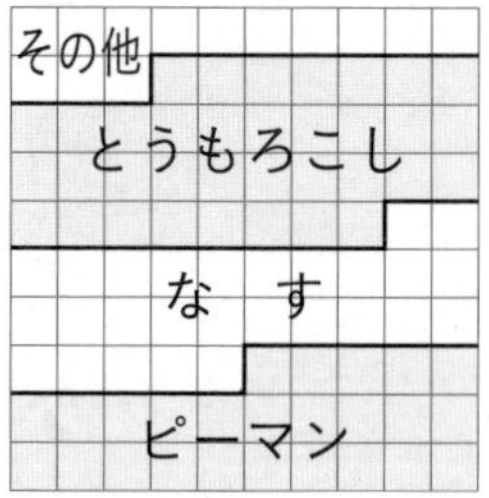

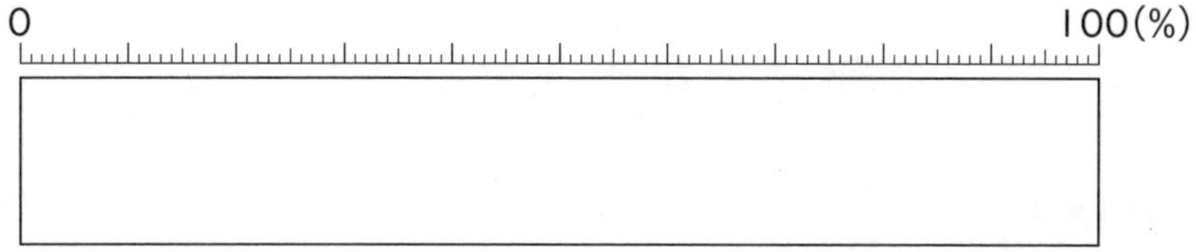

チャレンジ

4 **次の割合を右のような円グラフに表すと，㋐の角の大きさはそれぞれ何度になりますか。**（30 点）1 つ 10

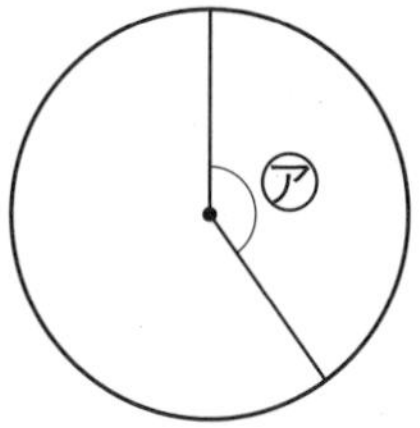

(1) 42 %

[　　　]

(2) 3 割《わり》 6 分

[　　　]

(3) 0.25

[　　　]

算数㉓ 紙切り ①

答え→199ページ　月　日

問題 正方形の紙を，図のように点線を折り目にして折りました。この紙から色のついた部分を切り落として，残った部分を広げると，どのような図形になりますか。
(答え)のところに，切り落とした部分をかき入れなさい。

目標時間 5分

(1)

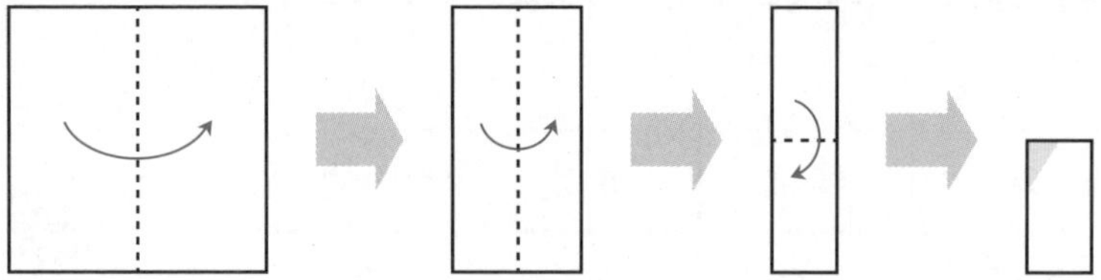

(答え)

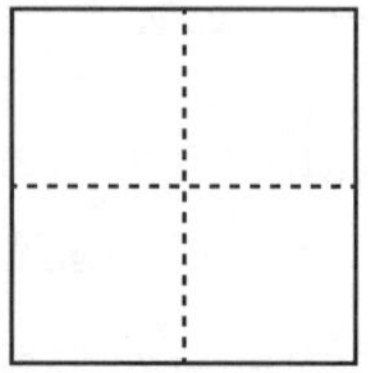

『パズル道場（トレーニングIII）』（受験研究社）

(2)

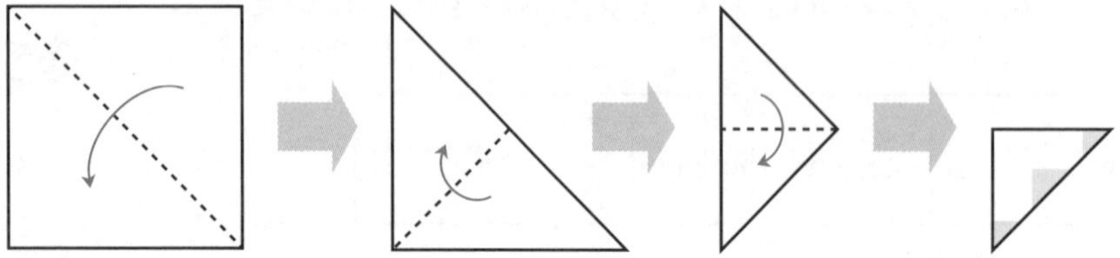

(答え)

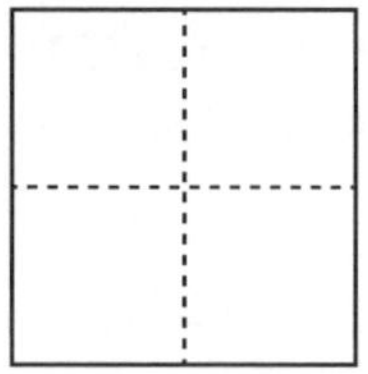

速さ①

なまえ　5年　組

答え→199ページ　月　日

時間 20分　合格 80点　得点　点

1 次の速さを求めなさい。（20点）1つ5

(1) 1800 m を 3 分間で進んだ自転車の分速

[　　　　]

(2) 270 km を 5 時間で進んだ車の時速

[　　　　]

(3) 120 m を 8 秒で走った馬の秒速

[　　　　]

(4) 67.5 m を 9 秒で進む車の分速

[　　　　]

2 次の問いに答えなさい。（30点）1つ10

(1) 時速 45 km の自動車が，5 時間で進む道のりはいくらですか。

[　　　　]

(2) 分速 65 m で歩く児童が，975 m はなれた学校まで行くには何分かかりますか。

[　　　　]

(3) 2.25 km を 15 分で走る人が 60 m 進むには，何秒かかりますか。

[　　　　]

3 □にあてはまる数を書きなさい。（21点）1つ7

(1) 5 時間に 400 km 走る電車は，1 時間には□km 走ります。

(2) 分速 80 m の人は，15 分間に□m 歩けます。

(3) 15 km の道のりは，分速 600 m のバスで□分かかります。

4 10 分間に 800 m 歩く人がいます。（21点）1つ7

(1) 分速を求めなさい。

[　　　　]

(2) 10 km を歩くには何分かかりますか。

[　　　　]

(3) 10 km を歩くには何時間何分かかりますか。

[　　　　]

5 時速 60 km の自動車が，4 km の橋をわたるのに何分かかりますか。（8点）〔京都教育大附属桃山中〕

[　　　　]

算数㉔ さいころころがし

答え→200ページ

月　日

問題 向かい合う面の目の数の和が7のさいころを，図のような位置から道にそって転がしていくと，しゃ線の位置では，さいころの上の面の数はいくつですか。

目標時間 8分

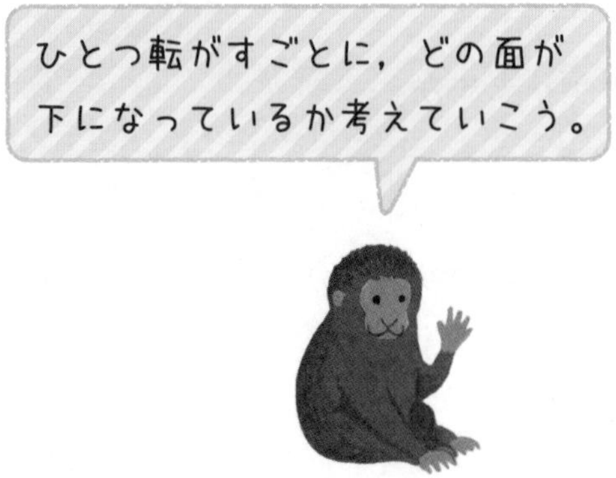
ひとつ転がすごとに，どの面が
下になっているか考えていこう。

(1)

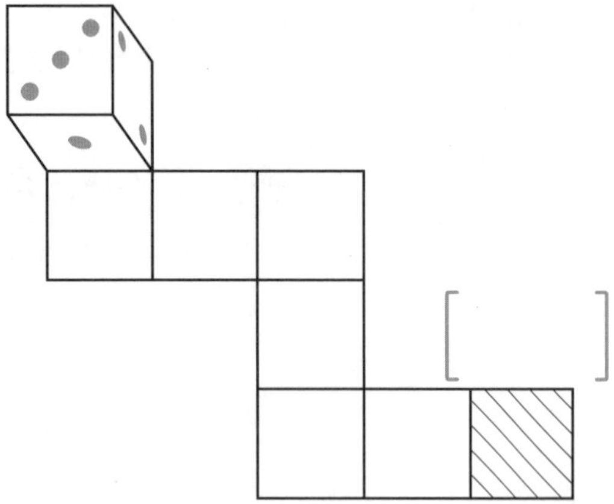

(2)

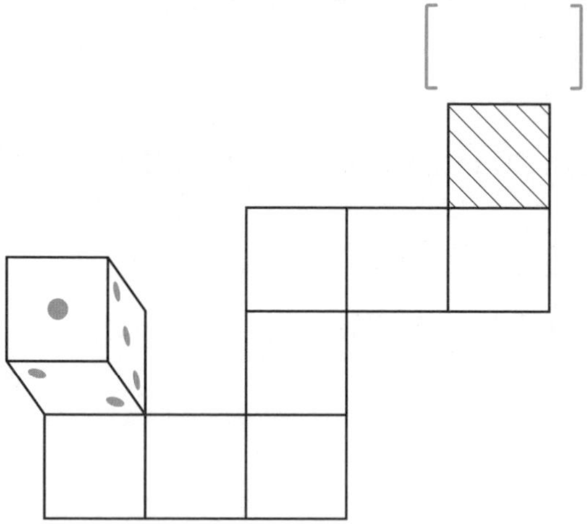

(3)

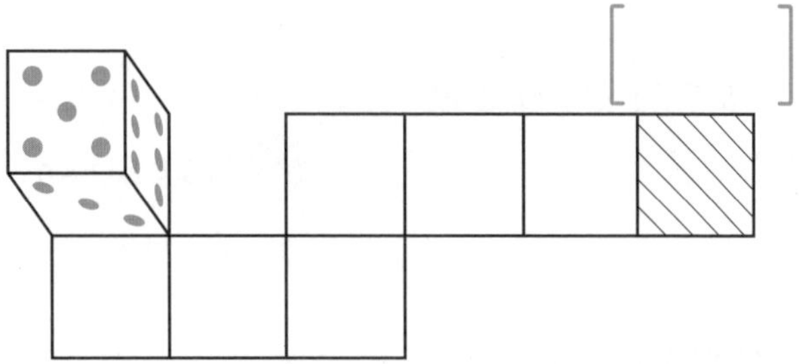

『パズル道場（トレーニングⅢ）』（受験研究社）

速さ②

なまえ　5年　組

答え→200ページ　月　日

時間 20分　合格 80点　得点　点

1 **右の図のように，㋐㋑間は 3 km，㋑㋒間は 4 km です。ある人が，㋐㋑間を 20 分で歩き，続いて，㋑㋒間を 30 分で歩きました。**（30点）1つ10〔ノートルダム女学院中〕

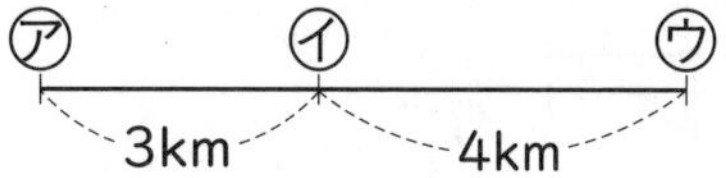

(1) ㋐㋑間の平均《へいきん》速度は，時速何 km ですか。

[　　　　]

(2) ㋑㋒間の平均速度は，時速何 km ですか。

[　　　　]

(3) この人は，㋐㋒間の 7 km を，平均時速何 km で歩いたことになりますか。

[　　　　]

2 **次の□にあてはまる数を書きなさい。**（14点）1つ7〔追手門学院大手前中〕

Aは時速 64.8 km，Bは時速 108 km です。Bのほうが，分速では□km 速く，秒速では□m 速いです。

3 **分速 50 m の速さで歩いて 2 時間かかる道のりなら，分速を何 m 増《ふ》やせば 1 時間 40 分で着くことができますか。**（10点）〔広島城北中〕

[　　　　]

4 **100 m を兄は 15 秒，弟は 16 秒で走ります。兄弟が同時にスタートしました。兄が 100 m 先のゴールに着いたとき，弟は何 m うしろにいますか。**（10点）

[　　　　]

チャレンジ

5 **まわりの長さが 1200 m の池があります。太郎《たろう》さんは分速 90 m で，次郎さんは分速 60 m で，同じ地点から同時に出発して，2 人が反対向きに池のまわりを進みます。**（36点）1つ12〔滋賀大附中〕

(1) 太郎さんが池を 1 周するには，何分何秒かかりますか。

[　　　　]

(2) 2 人が初めて出会うのは，出発してから何分後ですか。

[　　　　]

(3) 再《ふた》び(2)と同じ場所で出会うのは，出発してから何分後ですか。

[　　　　]

虫食い算（かけ算）②

答え→200ページ

月　日

問題　□にあてはまる数を書きなさい。

目標時間　6分

(1)

		□	7
	×	1	6
	2	□	2
	3	□	
	□	9	2

(2)

		4	□
	×	□	7
	3	1	5
	9	□	
□	□	□	5

(3)

		□	5
	×	□	8
	5	□	□
1	□	5	
□	4	7	□

変わり方

なまえ　5年　組

答え→200ページ　月　日

時間 20分　合格 80点　得点　点

1 次の数量○を，□や△を使った式に表しなさい。 (15点) 1つ5

(1) 1個《こ》60円の消しゴムを□個買ったときの代金○円　[　　　]

(2) 底辺が□ cm で，高さが△ cm の三角形の面積○ cm^2　[　　　]

(3) たての長さが□ cm，横の長さが△ cm の長方形のまわりの長さ○ cm　[　　　]

2 みな子さんは，1本50円のえん筆を□本，1まい30円の画用紙を△まい買いました。このとき，次の問いに答えなさい。

(30点) 1つ10

(1) みな子さんがしはらった代金○円を，□と△を使った式に表しなさい。　[　　　]

(2) □=7，△=4 のとき，みな子さんがしはらった代金を求めなさい。　[　　　]

(3) □=4，△=4 のときの代金は，□=1，△=1 のときの代金の何倍になっていますか。　[　　　]

3 右の図のように，2本の数直線の目もりが，あるきまりを守って，直線で結んであります。

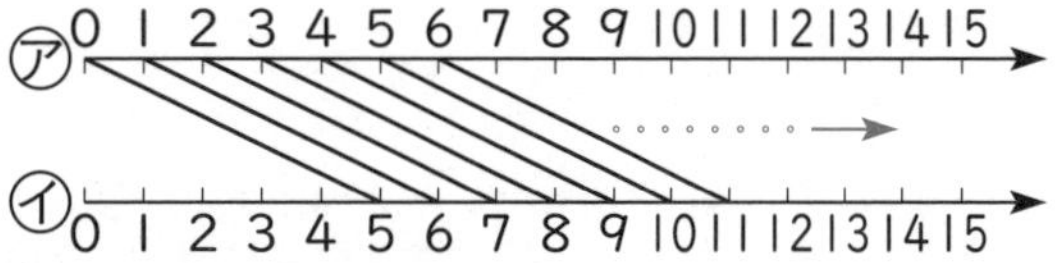

(40点) 1つ10

(1) 右上の図を，右の表にまとめなさい。

㋐の目もり	0	1	2	3	4	5	6
㋑の目もり							

(2) ㋐と㋑の目もりの関係を，右の方眼紙《ほうがんし》を使って，グラフに表しなさい。

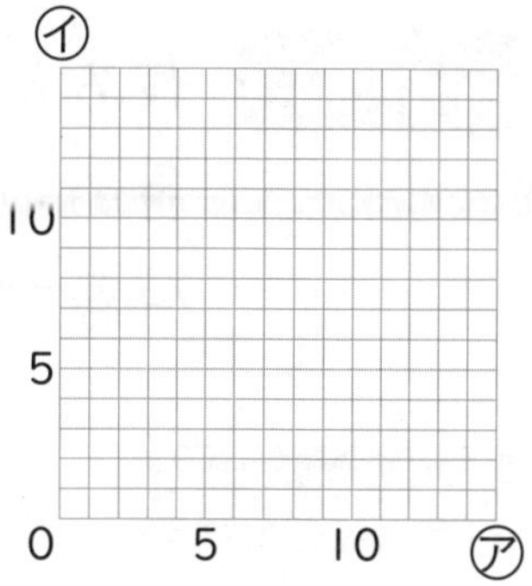

(3) ㋐の目もりが35のとき，㋑の目もりはいくらになりますか。(㋐の目もり，㋑の目もり)の数の組で表しなさい。

[　　　]

(4) ㋐の目もりと㋑の目もりとの間に，どんな関係(きまり)がありますか。ことばの式で表しなさい。

[　　　]

チャレンジ

4 右の表は，あるばねにいろいろなおもりをつるして，ばねの長さがどう変わるかを調べたものです。

おもりの重さ (g)	0	10	20	50	㋑
ばねの長さ (cm)	30	32	34	㋐	53

㋐，㋑にあてはまる数を求めなさい。 (15点) ㋐7点，㋑8点 〔賢明女子学院中〕

㋐[　　　]

㋑[　　　]

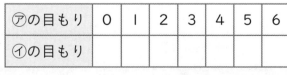

思考力トレーニング

答え→200ページ　月　日

算数㉖　面積を求める ②

問題　長方形や平行四辺形の中に，線をかきました。
色のついた部分の面積は，長方形や平行四辺形の面積の何分のいくつですか。
分数で書きなさい。

目標時間　5分

(1)

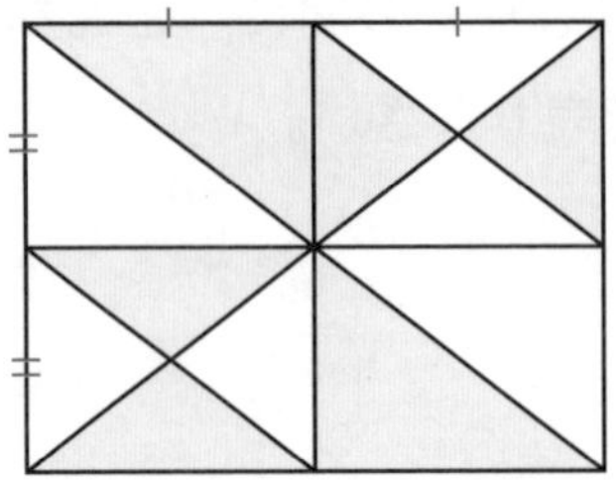

[　　]

(2)

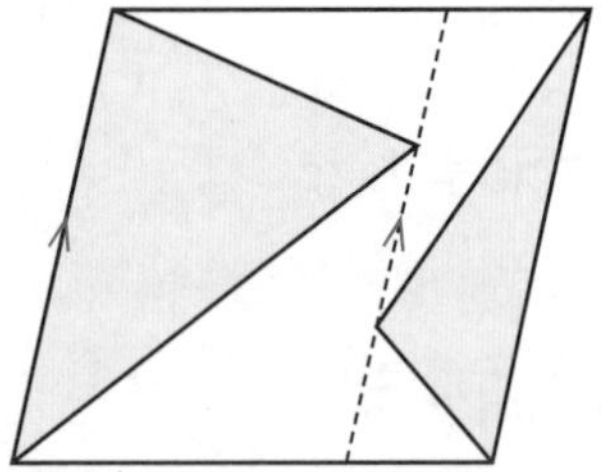

[　　]

(3)

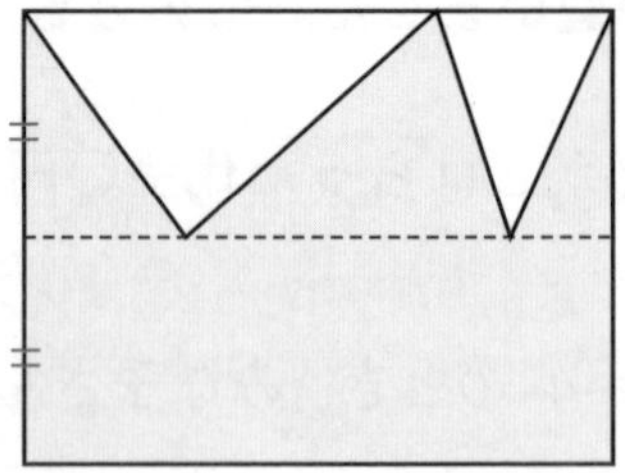

[　　]

形はちがっても，同じ面積になる部分をみつけていこう。

多角形と円

なまえ　5年　組

答え→200ページ　月　日

時間 20分　合格 80点　得点　点

(ここでは，円周率《えんしゅうりつ》は 3.14 とします。)

1 **□にあてはまることばを書きなさい。** (12点) 1つ6

(1) どの辺の長さも，どの角の大きさも等しい多角形を□といいます。

(2) 円周の長さが直径の長さの何倍であるかを表す数を□といいます。

2 **直径 50 m の円があります。この円の一周の長さを求めなさい。** (10点)

[　　]

3 **右の図のような図形があります。まわりの長さを求めなさい。** (10点)

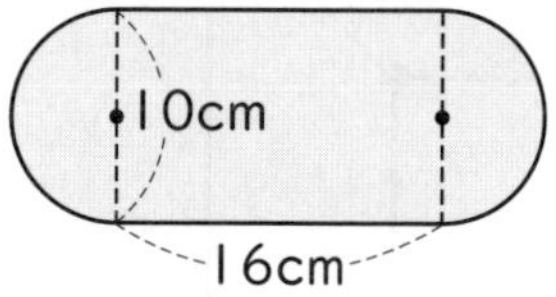

[　　]

4 **円の中心のまわりの角を等分して，次の図形をかこうと思います。それぞれ，何度に等分すればよいですか。** (16点) 1つ8

(1) 正三角形

[　　]

(2) 正十八角形

[　　]

5 **次の図の色のついた部分のまわりの長さを求めなさい。** (24点) 1つ12

(1)

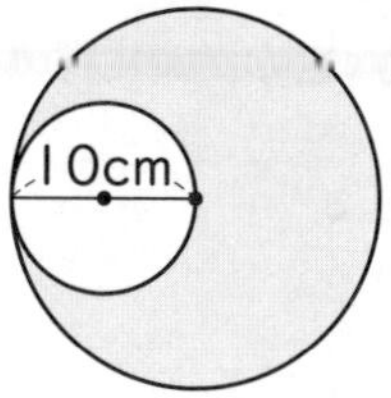

[　　]

(2)

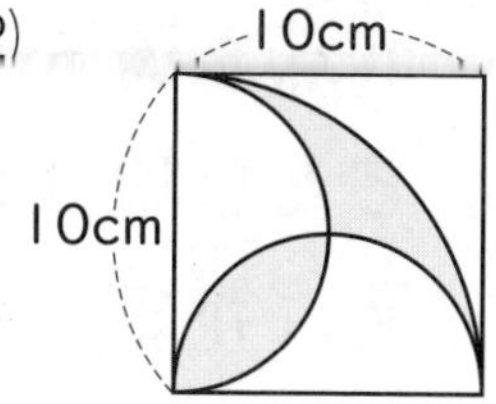

[　　]

6 **赤道のまわりに地表から 1 m はなしてロープを張《は》るとします。ロープの長さは，赤道のまわりの長さより，何 m 長くなりますか。赤道のまわりを円とみなして計算しなさい。** (12点)

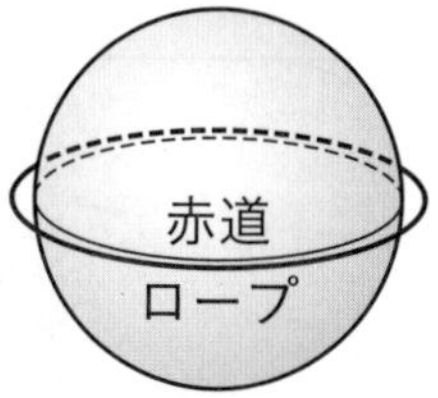

[　　]

7 **図のように，正方形にきちんとはまる円があって，その円の中にきちんとはまる正六角形があります。円の半径は 10 cm です。** (16点) 1つ8

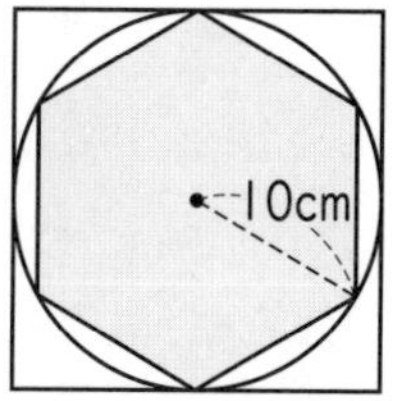

(1) 正方形のまわりの長さを求めなさい。

[　　]

(2) 正六角形のまわりの長さを求めなさい。

[　　]

思考力トレーニング

算数 ㉗

立方体の切断《せつだん》

答え→201 ページ

月　日

問題　立方体を，•印のついた３つの点を通る平面で切断すると，どんな切り口になりますか。図にかき入れなさい。

目標時間　５分

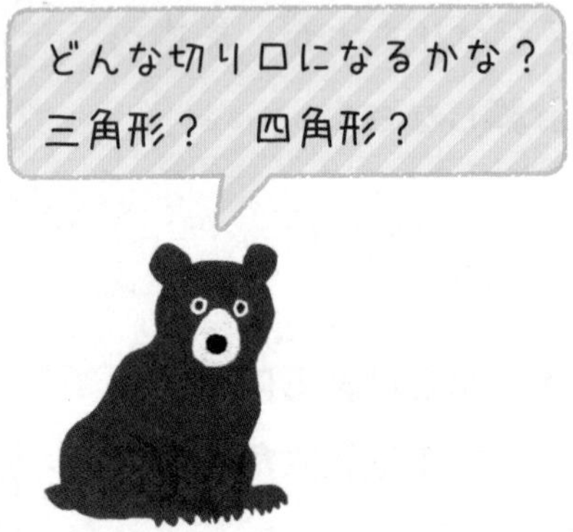

(1)

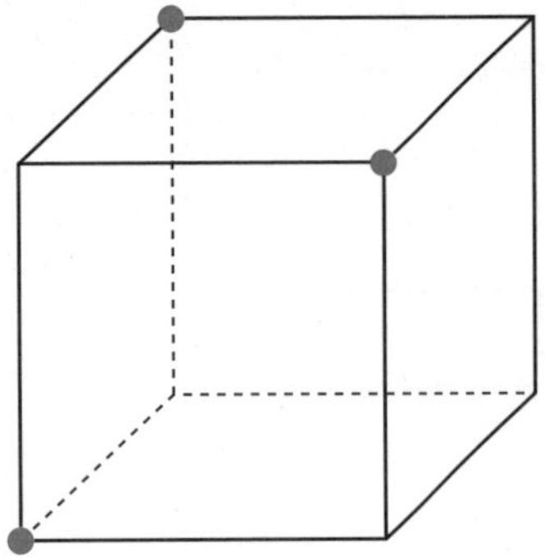

(2)

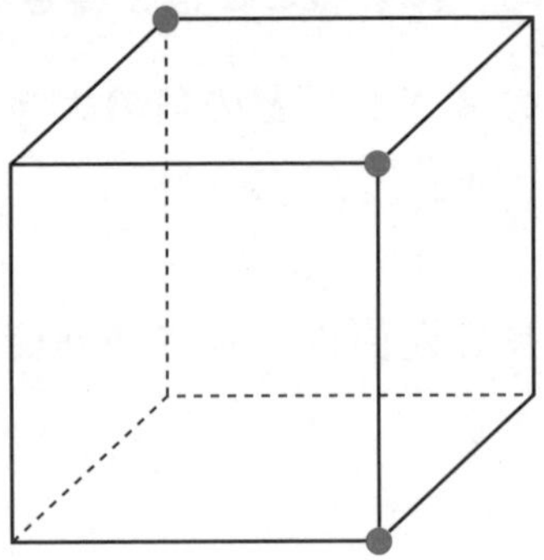

(3)

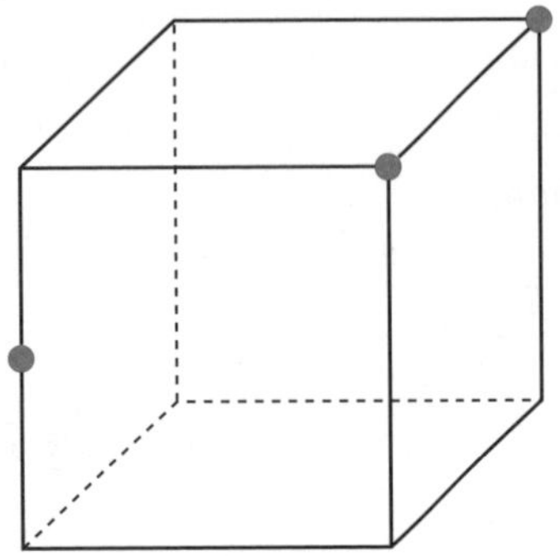

(4)

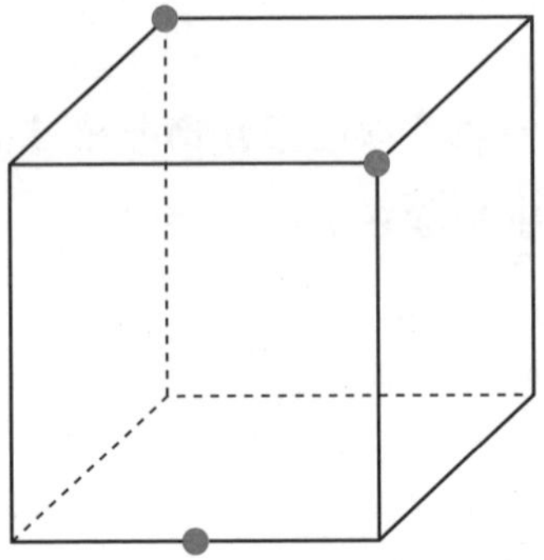

角柱と円柱

なまえ　5 年　　組

答え→201 ページ　　月　　日

時間 20分　合格 80点　得点　　点

1 次の図を見て，下の問いに答えなさい。

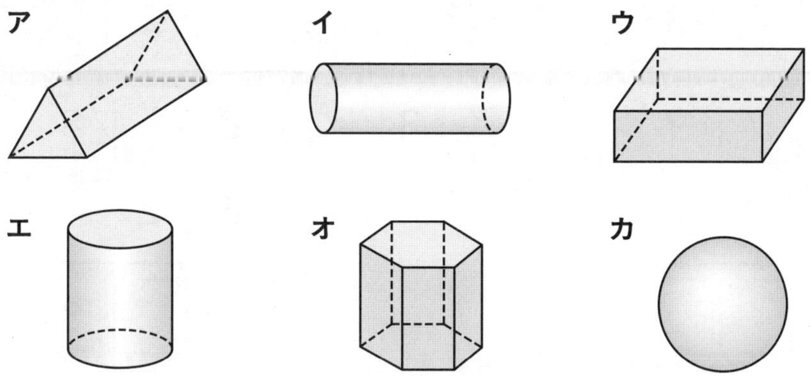

(1) 上の**ア〜カ**の立体の名まえを書きなさい。(18 点) 1 つ 3

ア［　　　　］　イ［　　　　］

ウ［　　　　］　エ［　　　　］

オ［　　　　］　カ［　　　　］

(2) 次の①〜③にあてはまる立体を，記号で答えなさい。(12 点) 1 つ 4

① 平面だけで囲まれている立体

［　　　　］

② 2 つの底面が合同な立体

［　　　　］

③ 曲面だけで囲まれている立体

［　　　　］

2 下の表のあいているところに，あてはまることばや数を書きなさい。

(32 点) 1 つ 4

	底面の形	側面の形	面の数	辺の数
三角柱				
四角柱				

3 右のてん開図を使って，ある立体をつくりました。これについて，次の問いに答えなさい。 (20 点) 1 つ 5〔大阪青凌中―改〕

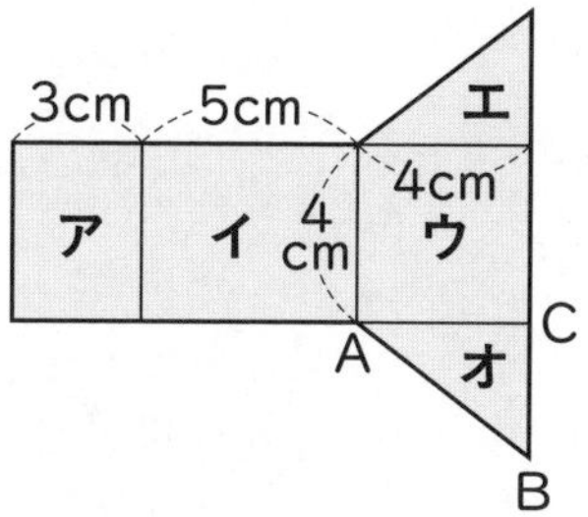

(1) この立体の名まえを書きなさい。

［　　　　］

(2) たがいに平行になる面は，どれとどれですか。
記号で答えなさい。

［　　　　］

(3) てん開図の辺 AB，辺 BC の長さを書きなさい。

辺 AB［　　　　］　辺 BC［　　　　］

4 下の図は，ある立体を真正面と真上から見てかいたものです。この立体の名まえを書きなさい。 (18 点) 1 つ 6

(1)

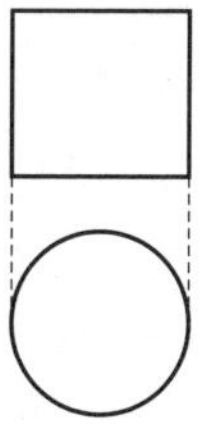

［　　　　］

(2)

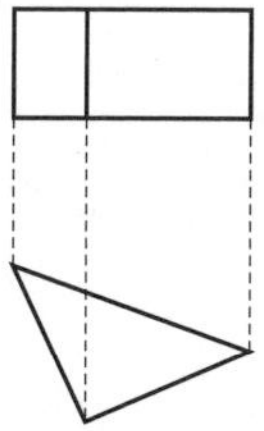

［　　　　］

(3)

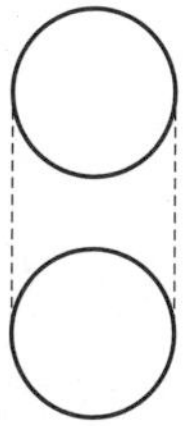

［　　　　］

思考力トレーニング

算数㉘　虫食い算（わり算）②

答え→201ページ　月　日

問題　□にあてはまる数を書きなさい。

目標時間　6分

あてはまる数が1つに限定《げんてい》される
ところから入れていこう。

(1)

```
        4 3
    ┌──────
2□ ) □□9
     9 2
    ──────
       □□
       □□
    ──────
        0
```

(2)

```
        2□
    ┌──────
3□ ) 8□8
     6 2
    ──────
     2□8
     2□8
    ──────
        0
```

(3)

```
        1□
    ┌──────
□5 ) 7 2□
     □5
    ──────
     2□□
     2 7□
    ──────
        0
```

いろいろな問題

なまえ　5 年　組

答え→201 ページ　月　日

時間 25 分　合格 80 点　得点　点

1 Ｉさつ 70 円のノートと，Ｉさつ 120 円のノートをあわせて 15 さつ買ったら，代金の合計は 1350 円でした。70 円のノートと 120 円のノートを，それぞれ何さつ買いましたか。
(12 点)〔愛知教育大附属名古屋中〕

［70 円　　　　，120 円　　　　］

2 288 m はなれた直線の道路のかた側に，等しい間かくで 13 本の木を植えるには，何 m おきに植えればよいですか。（ただし両はしには，必ず木を植えることにします。）(12 点)〔日向学院中〕

［　　　　］

3 現在《げんざい》お父さんの年れいは 40 才で，子どもの年れいは 12 才です。お父さんの年れいが子どもの年れいの 2 倍になるのは今から何年後ですか。(12 点)〔東星学園中〕

［　　　　］

4 ある数に 24 をかけて 36 をたす計算を，まちがえて 36 をかけて 24 をたしてしまいました。その結果，204 になりました。このとき，正しい答えはいくらですか。(12 点)

［　　　　］

チャレンジ

5 ある学校の全校生徒数のうち，女子は男子よりも 24 人多く，女子の数は全校生徒数の 55 %です。この学校の全校生徒数は何人ですか。(12 点)〔京都教育大附属京都中〕

［　　　　］

チャレンジ

6 Ｉ辺が 4 cm の正方形の折り紙を何まいか重ねて，右の図のような太線の図形をつくります。(24 点) 1 つ 12〔土佐中〕

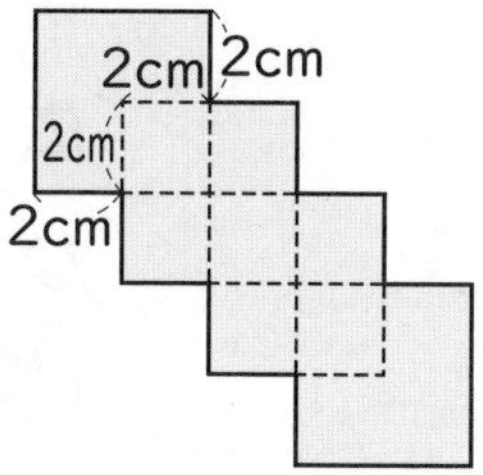

(1) 折り紙を何まい重ねると，図形の面積が 136 cm² になりますか。

［　　　　］

(2) 折り紙を何まい重ねると，図形のまわりの長さが 72 cm になりますか。

［　　　　］

チャレンジ

7 12 %の食塩水Ａが 300 g，5 %の食塩水Ｂが 200 g あります。このとき，Ａに何 g の水を加えると，2 つの食塩水Ａ，Ｂのこさは等しくなりますか。(16 点)〔土佐塾中〕

［　　　　］

算数㉙　紙切り②

答え→201ページ

月　日

問題　正八角形の紙を，図のように点線を折り目にして折りました。
この紙から色をつけた部分を切り落として，残った部分を広げると，どのような図形になりますか。
(答え)のところに，切り落とした部分をかき入れなさい。

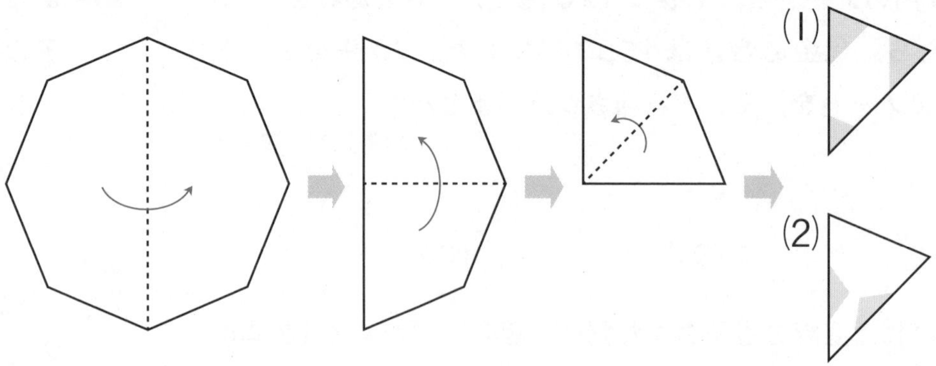

目標時間　5分

(答え)

(1)　(2)

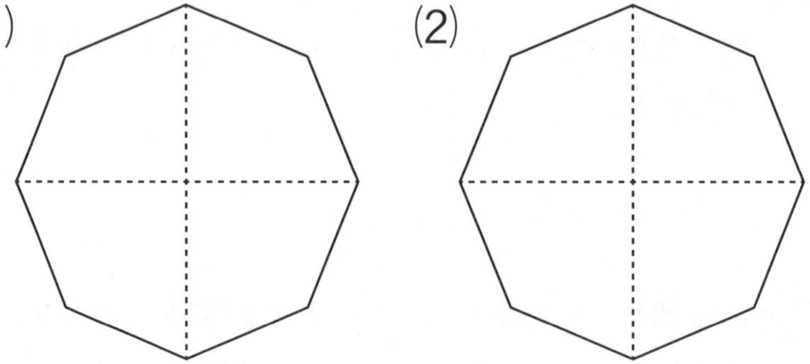

チャレンジテスト 3

なまえ　5年　組

答え→201ページ　月　日

時間 20分　合格 80点　得点　点

1 ☐にあてはまる数を書きなさい。(28点) 1つ7

(1) 56の☐%は5.6です。

(2) 400円の30%は☐円です。

(3) ☐mの2割《わり》は40cmです。

(4) 定《てい》価《か》630円の品物を3割引きで売ると，☐円になります。
〔英数学館中〕

2 右の図のように，半径10cmの円をそれぞれが接《せっ》するようにならべ，そのまわりにひもをかけました。このひもの長さを求めなさい。円周《えんしゅう》率《りつ》は3.14とします。(14点)〔明治大付属中野中〕

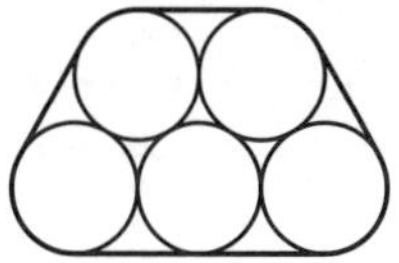

[　　　　]

3 右の図は，正五角形ABCDEの図です。
(16点) 1つ8

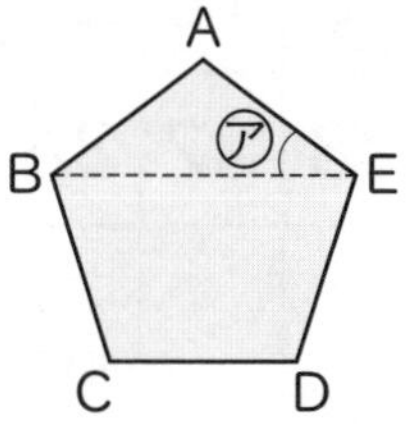

(1) 三角形ABEはどんな三角形ですか。

[　　　　]

(2) ㋐の角の大きさを求めなさい。

[　　　　]

4 右の円グラフは，ある小学校の6年生全体の最も得意な科目を，円グラフに表したものです。国語を表すおうぎ形の中心角は何度ですか。(15点)〔関東学院中〕

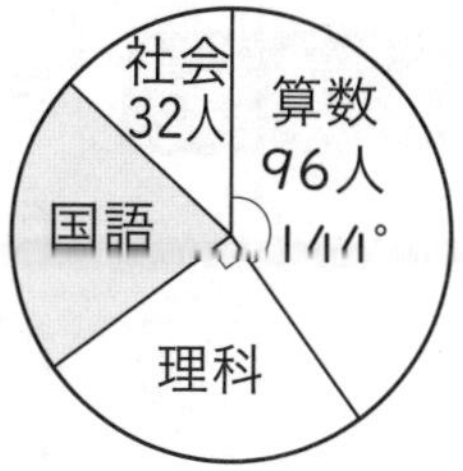

[　　　　]

5 下の表は，ある学級のクラブ別の人数を調べたものです。この表をもとにして，全体の横の長さが12cmの帯グラフをかきます。このとき，全体に対する野球クラブの人数の割合を表す横の長さは何cmにすればよいですか。(15点)〔滋賀大附中—改〕

クラブ名	陸上	水泳	野球	テニス	音楽	科学	合計
人数(人)	11	8	7	5	2	2	35

[　　　　]

6 あきらさんは，3.75kmを50分で歩きました。時速何kmで歩きましたか。(12点)

[　　　　]

数の表

答え→202ページ　月　日

問題　右のように，あるきまりにしたがって数がならんでいる表があります。
10行目，5列目にある数を求めなさい。

目標時間　5分

どのようなきまりにしたがって数がならんでいるかな？

(1)

				5列目		
	1	2	5	10	…	…
	4	3	6	11	…	…
	9	8	7	12	…	…
	16	15	14	13	…	…
	⋮	⋮	⋮	⋮	⋮	⋮
10行目	…	…	…	…		…

[　　　]

(2)

					5列目
	1	2	3	4	5
	6	8	10	12	14
	15	18	21	24	27
	28	32	36	40	44
	⋮	⋮	⋮	⋮	⋮
10行目	…	…	…	…	

[　　　]

仕上げテスト1

なまえ　5年　組

答え→202ページ

月　日

時間 20分　合格 80点　得点　点

1 次の計算をしなさい。（ただし，答えが 1 より大きな分数になるときは，帯分数になおします。）(28点) 1つ4

(1) $\frac{3}{4}-\frac{5}{8}$　(2) $\frac{5}{6}+\frac{2}{5}$　(3) $\frac{5}{4}-\frac{11}{12}$

(4) $\frac{2}{3}+\frac{3}{8}+\frac{5}{6}$　(5) $\frac{1}{2}+\frac{5}{6}-\frac{2}{9}$

(6) $1\frac{6}{7}-\frac{3}{8}+2\frac{5}{14}$　(7) $3\frac{5}{6}-\left(\frac{3}{4}+1\frac{8}{15}\right)$

2 次の計算をしなさい。(24点) 1つ4

(1) 4.6×3.2　(2) 37.8×5.6　(3) 10.9×4.23

(4) $96.2\div3.7$　(5) $14.7\div4.2$　(6) $22.56\div9.6$

3 □にあてはまる数を書きなさい。(10点) 1つ5

(1) 4500 円の 80 %は□円です。

(2) □g の 45 %は 135 g です。

4 次のわり算をしなさい。商は小数第 1 位まで求め，余《あま》りも求めなさい。(15点) 1つ5

(1) $6.5\div1.9$　(2) $12.3\div5.7$　(3) $2.7\div4.8$

5 次の分数は小数で，小数は分数で表しなさい。(12点) 1つ2

(1) $\frac{3}{4}$　(2) $\frac{6}{5}$　(3) $\frac{10}{16}$

(4) 0.3　(5) 0.78　(6) 1.25

6 1 箱 2400 円のケーキを 2 割《わり》引きで買うと，いくらになりますか。(5点)

[　　　　]

7 底辺の長さが 14 cm で，面積が 84 cm^2 の三角形の高さを求めなさい。(6点)

[　　　　]

算数㉛

計算パズル（×と÷と＋と－）②

答え→202ページ

月　日

問題 □にあてはまる×・÷・＋・－を入れなさい。
ただし，１つの式で，□には同じ記号は使えません。

目標時間 5分

(1) 36 □ 4 □ 3 □ 6＝147

(2) 36 □ 4 □ 3 □ 6＝6

(3) 36 □ 4 □ 3 □ 6＝38

(4) 36 □ 4 □ 3 □ 6＝50

(5) 36 □ 4 □ 3 □ 6＝34

(6) 36 □ 4 □ 3 □ 6＝27

仕上げテスト 2

なまえ　5 年　　組

答え→202 ページ　　月　　日

時間 20 分　合格 80 点　得点　　点

1 **□にあてはまる数を書きなさい。** (44 点) 1 つ 4

(1) 10.38＝10×□＋1×□＋0.1×□＋0.01×□

(2) 304 の□は 3.04

(3) たて 4 cm，横 5 cm，高さ 2 cm の直方体の体積は□cm^3

(4) 底辺 4 cm，高さ 5 cm の平行四辺形の面積は□cm^2

(5) 底辺 6 cm，高さ 4 cm の三角形の面積は□cm^2

(6) 上底 2 cm，下底 5 cm，高さ 4 cm の台形の面積は□cm^2

(7) 300 円の 20 %は□円

(8) 直径 8.5 cm の円の円周は□cm (円周率《えんしゅうりつ》は 3.14 とします。)

(9) 対角線が 4 cm と□cm のひし形の面積は 12 cm^2

(10) 4 と 6 の最小公倍数は□

(11) 16 と 24 の最大公約数は□

2 **次の㋐，㋑の角度を求めなさい。** (24 点) 1 つ 12

(1)
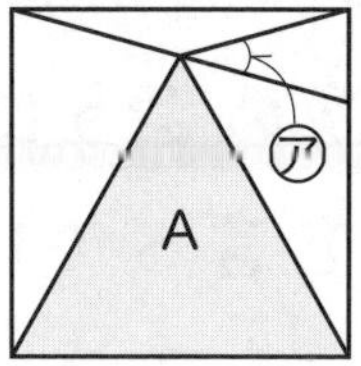

四角形は正方形，A の三角形は正三角形

〔昭和学院中〕

[　　　]

(2)
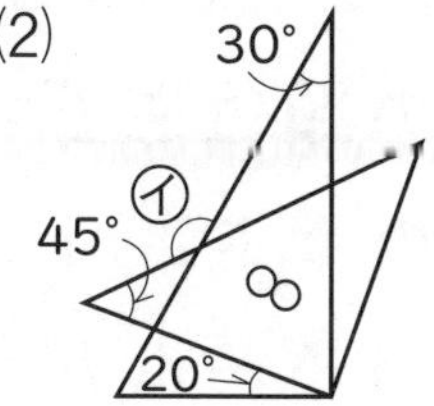

2 つの三角形は 1 組の三角定《じょう》規《ぎ》

〔親和中〕

[　　　]

3 **図の色のついた部分の面積を求めなさい。** (24 点) 1 つ 12

(1)
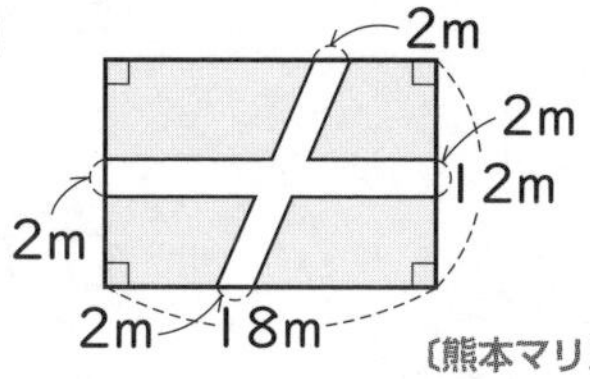

〔熊本マリスト学院中〕

[　　　]

(2)
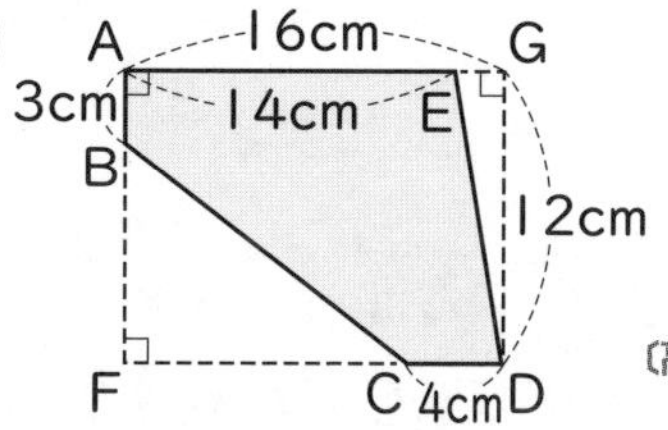

〔高知中〕

[　　　]

4 **運動場に，右の図のような長方形と半円をあわせた 1 周 400 m のトラックをつくります。長方形のたては何 m にすればよいですか。ただし，円周率は 3 とします。**

(8 点)〔柳学園中―改〕

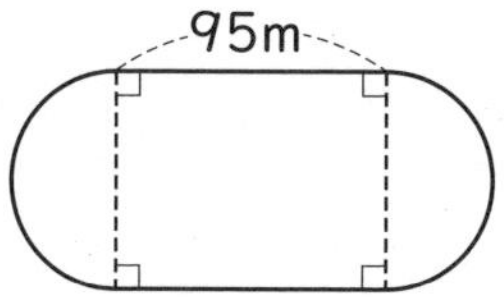

[　　　]

思考力トレーニング

算数 ㉜　すい理 ②

答え→202ページ　月　日

問題　A，B，Cの３チームがリレー競走をしました。
その順位を聞いたところ，次のように答えました。
このうち，１チームはうそを言っています。
どのチームがうそを言っていますか。

目標時間　３分

Aチーム「ぼくたちは１位でした。」

Bチーム「わたしたちは２位でした。」

Cチーム「ぼくたちは１位ではありませんでした。」

１チームずつ，うそを言っているとして
正しい順位が成立するかを考えていくよ。

答え［　　　　］

種子の発芽と植物の成長 ①

なまえ　5年　　組

答え→203ページ　　月　　日

時間 20分　合格 80点　得点　　点

1 発芽したインゲンマメを，次の図のア，イ，ウのようにしたあと，10日ぐらいしてから育ち方のちがいを比《くら》べました。

(1) 最もよく育つのはア～ウのどれですか。（4点）
[　　]

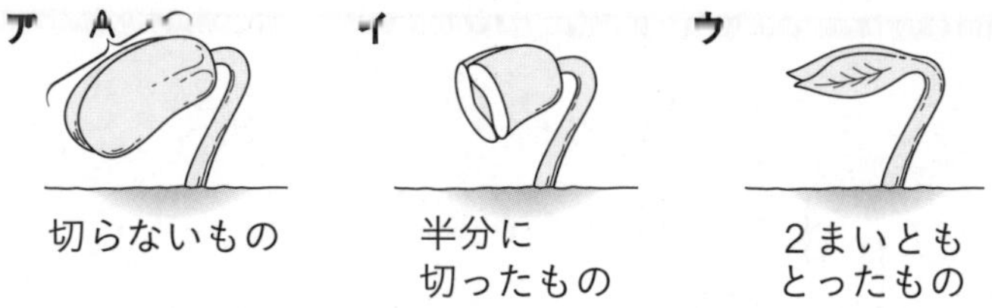

(2) 最も育たないのは，**ア～ウ**のどれですか。（4点）[　　]

(3) この実験から，どんなことがわかりますか。（5点）
[　　　　　　　　　　]

(4) **ア**のインゲンマメが育っていくと，Aの部分はどうなりますか。（5点）
[　　　　　　　　　　]

(5) Aの部分には，どんな養分がたくわえられていますか。（5点）[　　　　]

(6) (5)の養分が，たくわえられているかどうかは何で調べますか。薬品のなまえを答えなさい。（5点）[　　　　]

2 下の図は，種子のつくりを表しています。

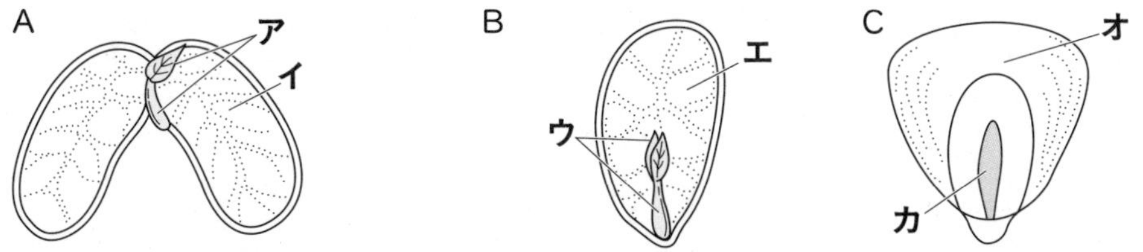

(1) 次の植物の種子を，A～Cからそれぞれ選びなさい。（12点）1つ4

① カ　キ [　　]　② トウモロコシ [　　]

③ インゲンマメ [　　]

(2) 次の①，②にあてはまる部分の記号を答えなさい。（18点）1つ3

① 葉やくきや根になる部分　A [　　]　B [　　]　C [　　]

② 発芽に必要な養分をたくわえている部分

A [　　]　B [　　]　C [　　]

チャレンジ

3 右の図は，げん米の断面《だんめん》図です。〔明治大学付属中野中〕

(1) 精米《せいまい》されて白米となる部分は，発芽に必要な養分をたくわえています。その部分の記号となまえを答えなさい。（8点）1つ4

記号 [　　]　なまえ [　　　　]

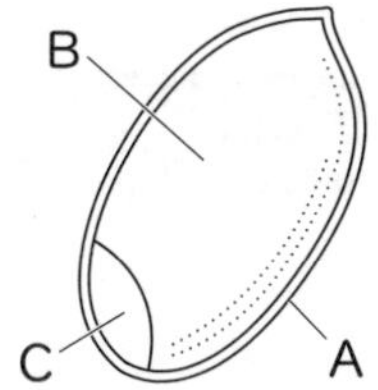

(2) 大豆では，発芽に必要な養分をたくわえている部分を何といいますか。（4点）[　　　　]

4 次の文で，正しいものには○を，正しくないものには×を，[　] の中に書きなさい。（30点）1つ5

(1) 種子が発芽するには，日光がよくあたらなければならない。[　　]

(2) 発芽したあとの植物は，日光がよくあたるほどよく育つ。[　　]

チャレンジ
(3) イネは，水の中でも発芽する。[　　]

(4) 種子は，肥料《ひりょう》がないところでは発芽しない。[　　]

チャレンジ
(5) トウモロコシの子葉は，根よりもはやく出る。[　　]

(6) 植物が成長するためには，空気が必要である。[　　]

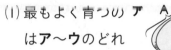

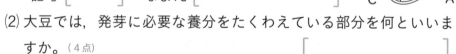

種子のつくり

答え→203ページ　月　日

問題　インゲンマメとイネの種子のつくりにおいて，カキの種子のつくりの①と同じ部分を赤，②と同じ部分を黒でぬりなさい。ただし，同じ部分がないときはぬる必要はありません。

目標時間　5分

カキ

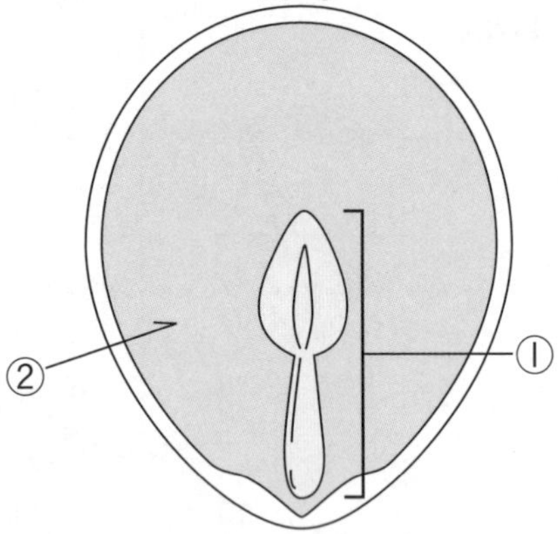

イネ

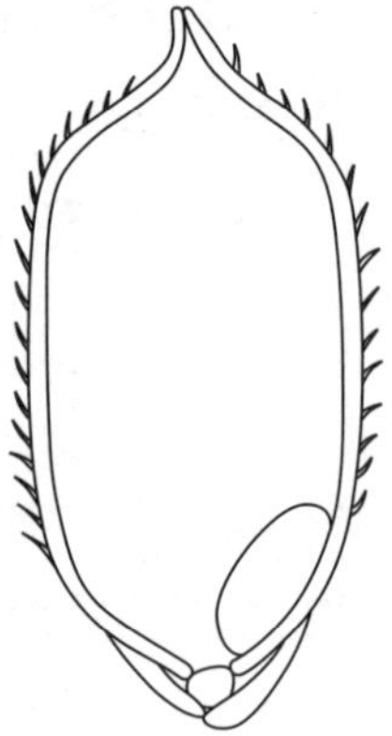

インゲンマメ

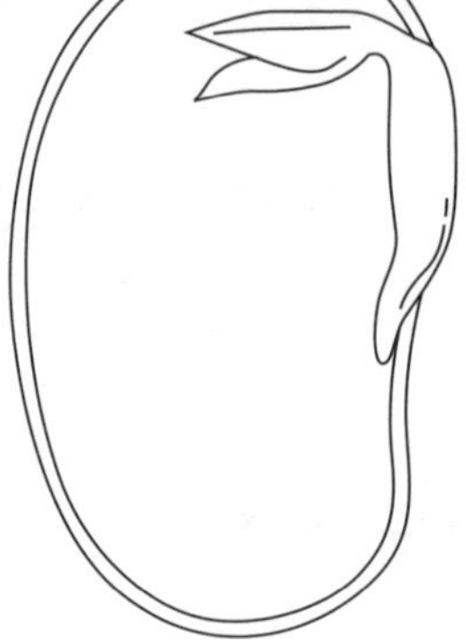

同じようなつくりに見えても各部のなまえはちがったね。

種子の発芽と植物の成長 ②

なまえ　5 年　組

答え→203 ページ　月　日

時間 20 分　合格 80 点　得点　点

1 **6月ごろ，インゲンマメの種子と6個《こ》のペトリ皿を用意して，種まきをしました。オ以外は，教室の明るいまどぎわに置いて発芽の実験をしました。**

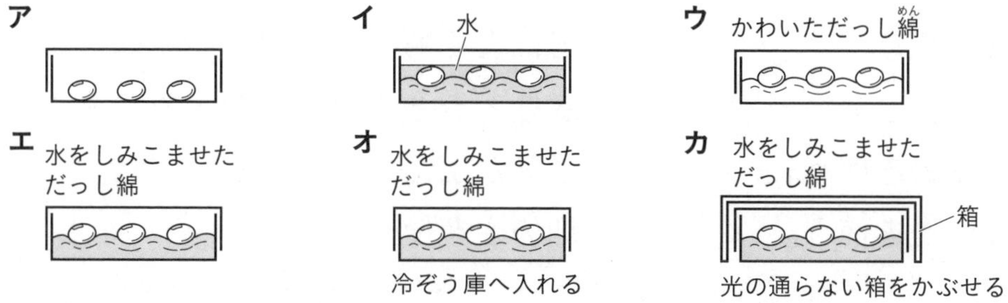

(1) **ア**～**カ**のうち，発芽したものはどれですか。(9点)［　　］

(2) **ウ**と**エ**から，発芽には何が必要だということがわかりますか。(9点)

［　　］

(3) **エ**と**オ**から，発芽には何が必要だということがわかりますか。(9点)

［　　］

(4) 発芽に空気が必要かどうかを調べるためには，**ア**～**カ**のうちどれとどれを比《くら》べればよいですか。(9点)［　　と　　］

(5) 発芽に肥料《ひりょう》が必要かどうかを調べるためには，**エ**と，**エ**をどのようにかえたものを比べればよいですか。(9点)

［　　］

(6) **ア**～**カ**のインゲンマメの種子を，レタスの種子に変えて実験をしました。レタスの種子が発芽するには，インゲンマメの種子が発芽するのに必要な条件《じょうけん》に加え，光が必要だということがわかっています。

チャレンジ ① レタスの種子が発芽するには光が必要だということは，**ア**～**カ**のうちどれとどれを比べるとわかりますか。(10点)

［　　と　　］

チャレンジ ② **ア**～**カ**のうち，レタスの種子が発芽したものはどれですか。(9点)

［　　］

2 **植物の成長と日光，温度，肥料との関係をウキクサを使って調べました。**(36点) 1つ9

(1) A～Dの4つの水そうを表のような条件にして，同じくらいの大きさのウキクサを5個ずつ入れ，ウキクサの育ち方やふえ方を10日間調べました。ただし，水温はそれぞれの温度を保《たも》ち，肥料は同じ種類のものを同じ量加えてあります。

条件＼水そう	A	B	C	D
水温	約 30 ℃	約 15 ℃	約 30 ℃	約 30 ℃
日光	あてない	あてない	1 日中あてる	1 日中あてる
水	肥料を入れた水	水道水	水道水	肥料を入れた水

① いちばんよくふえたのはどれですか。［　　］

② ほとんどふえなかったのはどれですか。［　　］

(2) 次の①，②の関係を調べるには，A～Dのどの水そうとどの水そうを比べればよいですか。**ア**～**カ**からそれぞれ選びなさい。

① 日光とウキクサの成長との関係［　　］

② 肥料とウキクサの成長との関係［　　］

（**ア**　AとB　**イ**　AとC　**ウ**　AとD
エ　BとC　**オ**　BとD　**カ**　CとD）

思考力トレーニング

理科②

肥料《ひりょう》と成長の関係

答え→203ページ

月　　日

問題　肥料《ひりょう》が成長に関係していることを調べます。関係が調べられるように実験をするために条件《じょうけん》1，2を考えました。条件1は正しいものとして，条件2を実験ができるように書き直しなさい。

目標時間　5分

条件1	条件2
・肥料をあたえる。 ・日によくあてる。 ・水を適量《てきりょう》あたえる。 ・葉が数まい出たものを使う。 ・肥料をふくまない土を使う。	・肥料をあたえない。 ・日によくあてる。 ・水をときどき少しあたえる。 ・子葉が出たものを使う。 ・畑の土を使う。
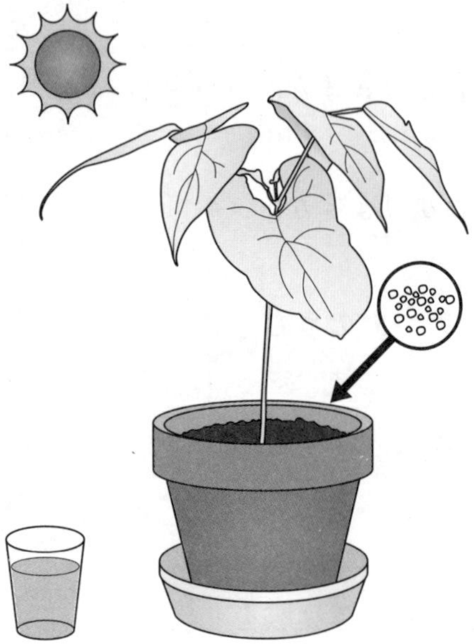	

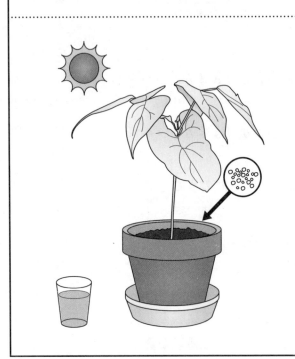

理科 3

メダカの育ち方

なまえ　5年　　組

答え→203ページ

月　日

時間 20分　合格 80点　得点　　点

1 メダカについて，次の問いに答えなさい。(45点) 1つ5

(1) 右下の図のA・Bのひれのなまえをそれぞれ何といいますか。

A [　　　　] B [　　　　]

(2) メダカの図を見て，[　] におす，めすを書きなさい。

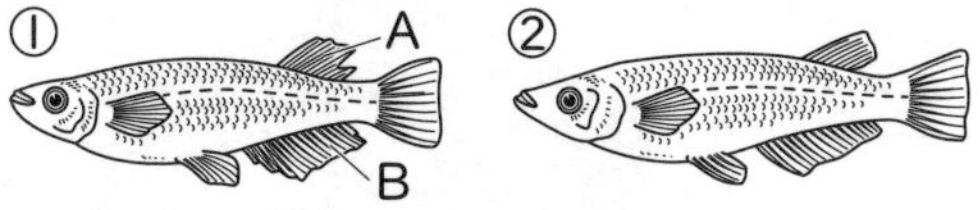

[　　　　] [　　　　]

(3) メダカのおすとめすを見分けるには，からだのどの部分のちがいを見ればよいですか。２つ書きなさい。

[　　　　　　] [　　　　　　]

(4) メダカが，たまごをさかんに産むのは，水温が何℃ぐらいのときですか。 [　　　℃]

(5) メダカは，どこにたまごを産みつけますか。それは１日のうち，朝・昼・夕方のいつですか。　場所 [　　　　]　いつ [　　　　]

2 下の図は，メダカが育っていくようすを表したものです。(40点) 1つ5

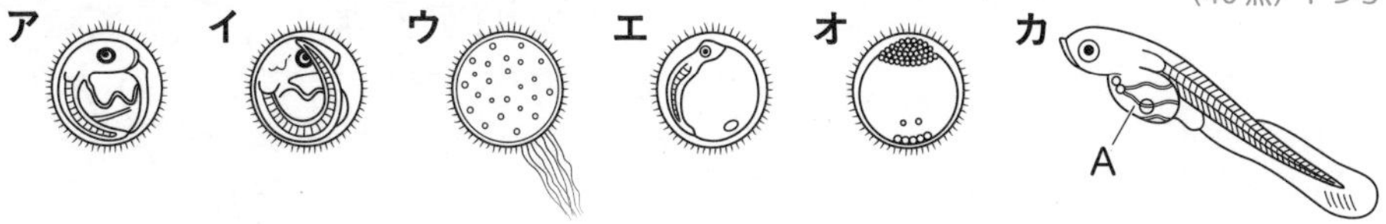

(1) たまごから子メダカになっていく順に記号で答えなさい。

[　→　→　→　→　→　]

(2) 次の①〜③は，図のア〜カのどれですか。

① 心臓《しんぞう》が動き始める。[　　] ② 目がわかるようになる。[　　]

③ 血管が見え始める。[　　]

(3) 図のAは，何の役目をしますか。

[　　　　　　　　]

(4) **ウ**のたまごについて，次の問いに答えなさい。

① **ウ**は，たまごと精子《せいし》が合体してできたものです。**ウ**のなまえを何といいますか。 [　　　　]

② 糸のようなものは，何のためにありますか。

[　　　　　　　　]

(5) 産みつけられたたまごは，右の図のように，小さなあなのあいたかごの中に入れて，水そうの中で育てました。それはなぜですか。

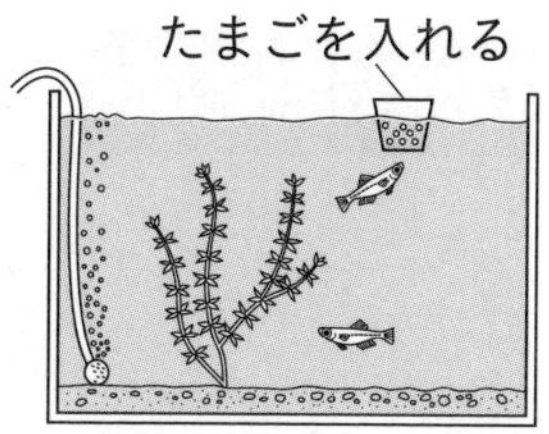

[　　　　　　　　]

3 図１のようにして，図２のようなメダカを２ひき飼《か》っています。(15点) 1つ5

(1) 水をかえるときは，

①(**ア** 全部の水　**イ** 半分の水)を

②(**ア** 水道水　**イ** くみ置きの水)と入れかえる。①，②にあてはまることばを，**ア**，**イ**からそれぞれ選びなさい。

図１

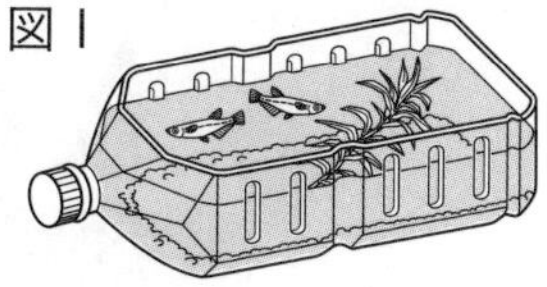

図２

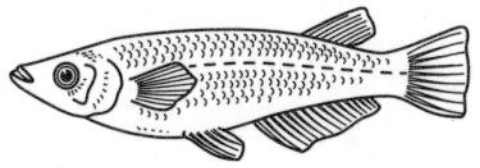

① [　　] ② [　　]

チャレンジ

(2) メダカは２ひきいますが，たまごを産みません。たまごを産まない理由を考えて書きなさい。[　　　　　　]

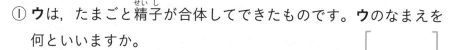

思考力トレーニング

理科③

解《かい》ぼうけんび鏡の使い方

答え→203ページ

月　日

問題　解《かい》ぼうけんび鏡の使い方で，まちがった意見を言っているのはだれですか。2人答えましょう。

目標時間　5分

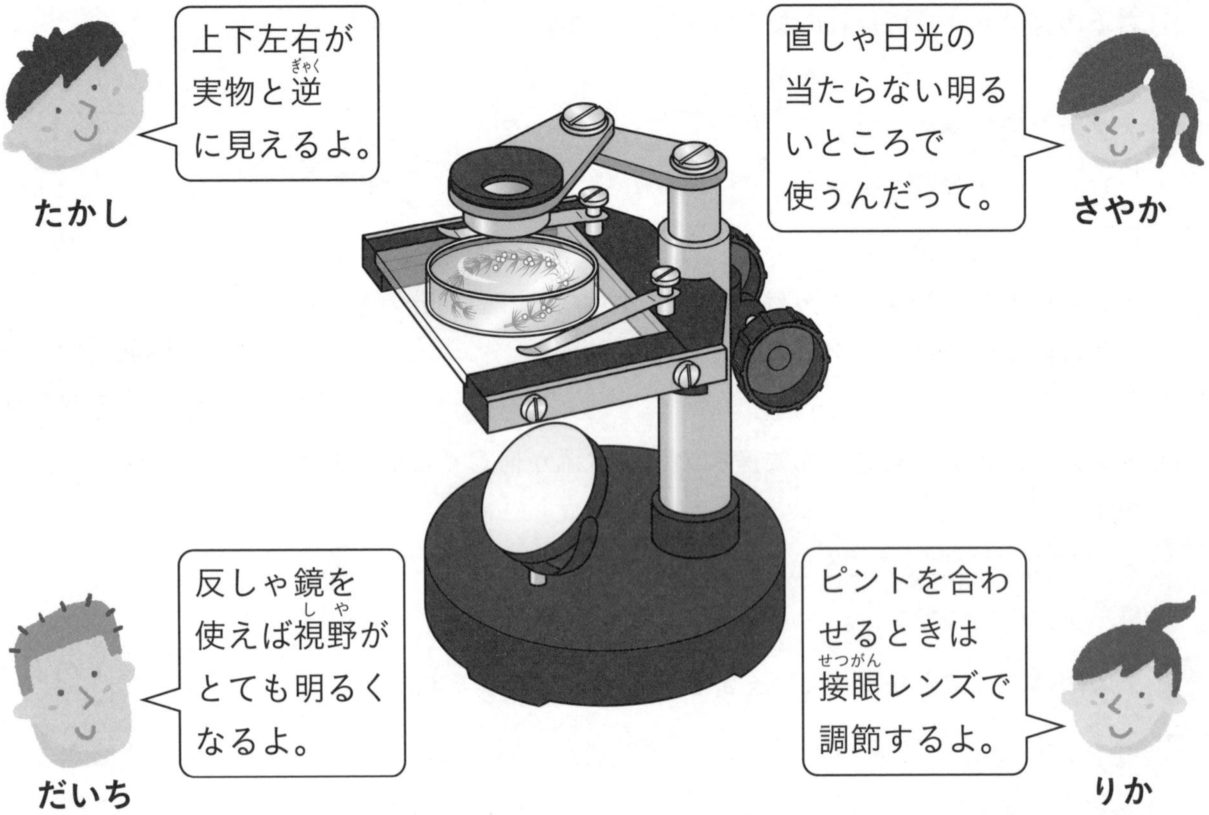

なまえ　　　　さん　　　　さん

人のたん生

なまえ　5年　組

答え→203ページ　月　日

時間 20分　合格 80点　得点　点

1 次の問いに答えなさい。（18点）1つ6

(1) 精子《せいし》と卵《らん》が結びつくことを何といいますか。 [　　　　]

(2) (1)のようにしてできたものを何といいますか。 [　　　　]

(3) 母親の中にいる赤ちゃん(子ども)を何といいますか。 [　　　　]

2 次のア〜オの文は，人が母親の体内で育っていくようすについて述《の》べたものです。正しい順番になるようにならべなさい。（25点）1つ5

[　　]→[　　]→[　　]→[　　]→[　　]

ア 受精卵《じゅせいらん》の大きさは0.14 mmくらいで，丸い形をしている。

イ かみの毛やつめがはえてくる。

ウ 心臓《しんぞう》が動き始める。

エ 母親の体外に出てくる。

オ 活発に動くようになってくる。

3 人の卵が成長するようすについて，次の問いに答えなさい。（24点）1つ6

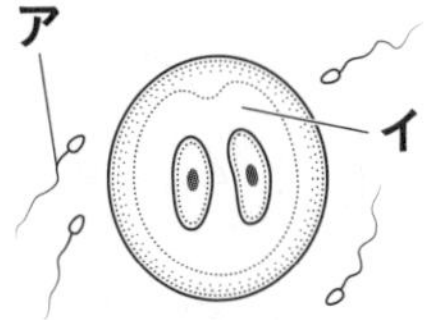

(1) 図の**ア**は，男性によってつくられています。**ア**を何といいますか。 [　　　　]

(2) 図の**イ**は，母親の体内の卵が**ア**と結びついたものです。**イ**を何といいますか。 [　　　　]

(3) 赤ちゃんは，**イ**ができてからどれくらいの期間で生まれますか。 [約　　週]

(4) 生まれたばかりの赤ちゃんの大きさとして適当《てきとう》なものを次の**ア**〜**ウ**から選びなさい。 [　　]

ア 体重約3 kg，身長約15 cm

イ 体重約1.5 kg，身長約50 cm

ウ 体重約3 kg，身長約50 cm

4 右の図は，母親のからだの中での赤ちゃんのようすを表したものです。CはDの中を満たしている液体《えきたい》です。（33点）1つ3

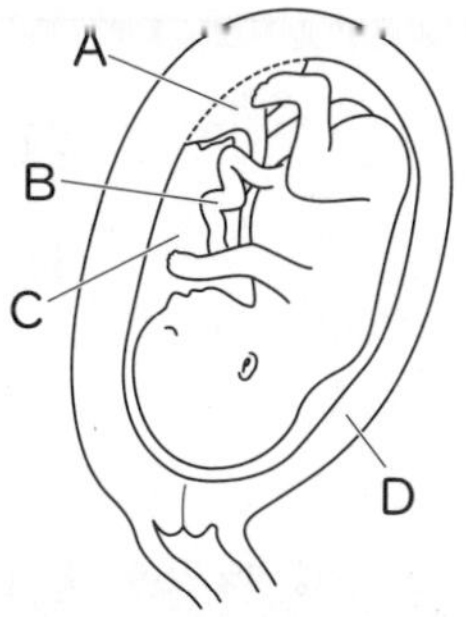

(1) 右の図のA〜Dのなまえを書きなさい。

A [　　　　]　B [　　　　]

C [　　　　]　D [　　　　]

(2) Aの役わりは何ですか。２つ書きなさい。

[　　　　　　　　]

[　　　　　　　　]

(3) Bの役わりは何ですか。

[　　　　　　　　]

(4) Cの役わりを，次の**ア**〜**エ**から選びなさい。 [　　]

ア 赤ちゃんの飲み水となる。

イ 赤ちゃんがいらなくなったものを母親にわたす場所となる。

ウ 赤ちゃんを外のしょうげきから守る。

エ 赤ちゃんが外の音を聞きやすくする。

(5) 赤ちゃんは，生まれるとき，ふつうからだのどの部分が先に体外に出てきますか。次の**ア**〜**ウ**から選びなさい。 [　　]

ア 手　**イ** 足　**ウ** 頭

(6) 子メダカと人の赤ちゃんの育つようすを比《くら》べます。

① メダカと人のうち，受精卵ができてから生まれるまでの間に，より大きく成長するのはどちらのほうですか。 [　　　　]

チャレンジ ② ①のほうがより大きく成長することができるのはなぜですか。

[　　　　　　　　]

受精卵《じゅせいらん》の大きさ

答え→203ページ　月　日

問題 次の図は，いろいろな動物のめす(女性)の大きさと受《じゅ》精卵《せいらん》のスケッチです。受精卵の大きい順にならべなさい。

目標時間 5分

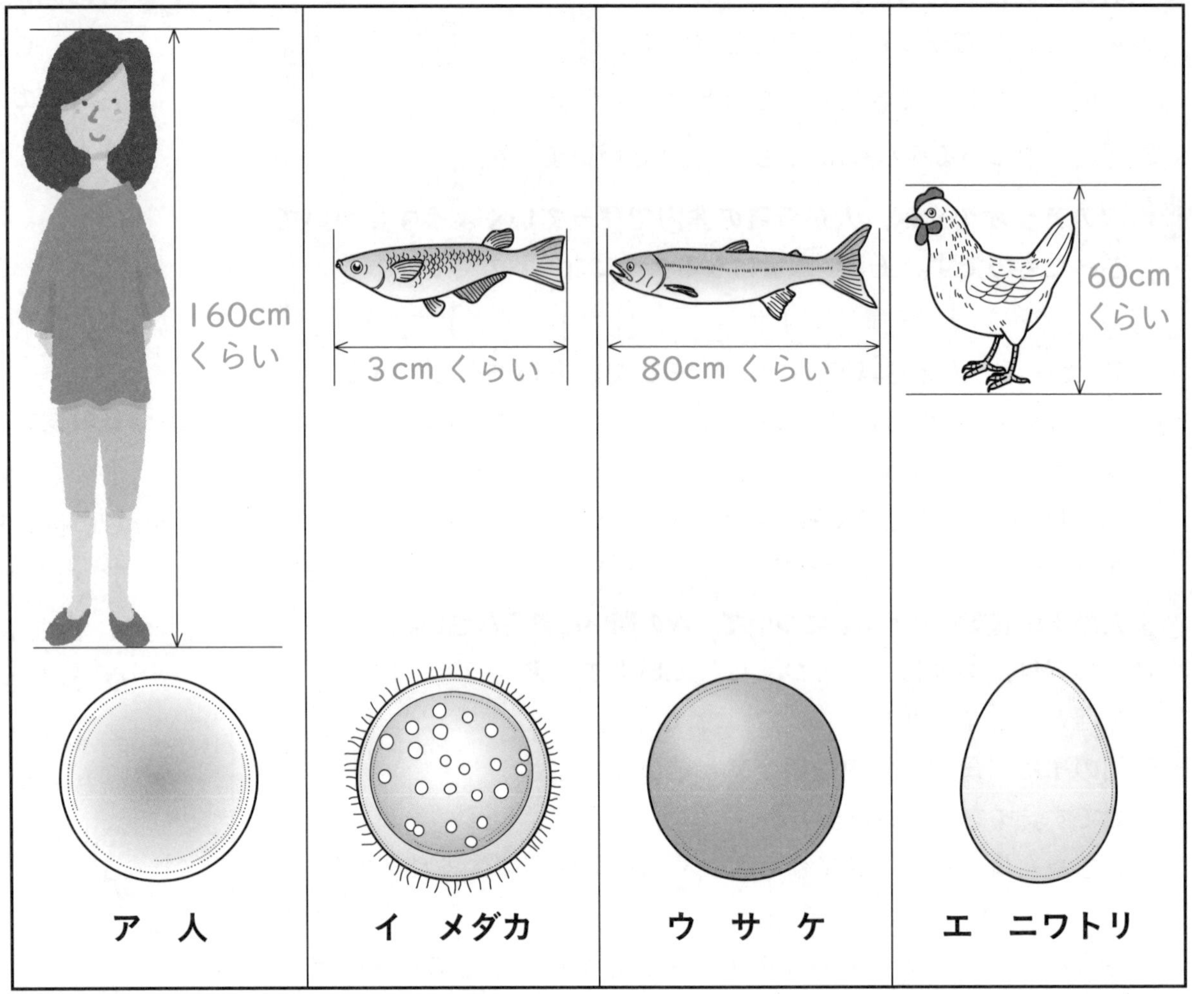

最も大きい □ → 2番目 □ → 3番目 □ → 最も小さい □

理科 5

花から実へ

なまえ　5 年　組

答え→203 ページ　月　日

時間 20分　合格 80点　得点　点

1 **右の図は，アサガオとタンポポの花のつくりを表したものです。花の各部分のなまえを次のア〜オからそれぞれ選びなさい。**（30点）1つ3

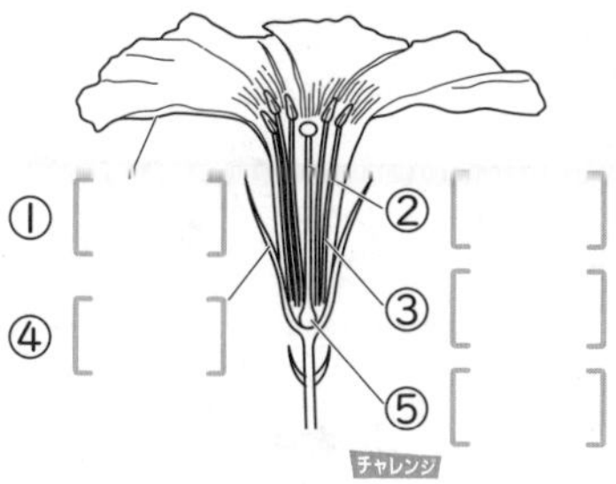

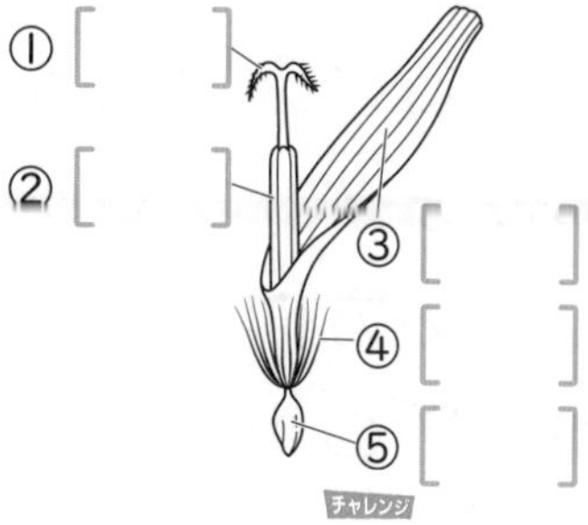

ア 花びら　**イ** がく　**ウ** おしべ　**エ** めしべ　**オ** 子ぼう

2 **アサガオのつぼみA，Bで次のような実験をしました。**（20点）1つ4

〔実験〕 ① 次の日に花がさきそうなつぼみAとBを選んで，中ほどを切り開き，おしべを全部とり，どちらにもふくろをかぶせる。

② よく朝，花がさいたら，Aはふくろをとり，めしべの柱頭に花《か》粉《ふん》をつけ，ふくろをかぶせる。Bは，そのままにしておく。

(1) 1週間過《す》ぎてからA，Bそれぞれに実ができているかどうか調べました。実ができていたのはA，Bのうち，どちらですか。［　］

(2) A，Bのつぼみから，おしべをとりさったのは，何のためですか。
［　］

(3) A，Bのつぼみから，おしべをとりさったあとに，ふくろをかぶせたのは何のためですか。
［　］

(4) この実験から，実ができるにはどんなことが必要だとわかりますか。
［　］

(5) めしべの柱頭におしべから出た花粉がつくことを，何といいますか。［　］

3 **次のA〜Fの植物について，あとの問いに答えなさい。**

A マツ　B アサガオ　C オシロイバナ
D ヘチマ　E カボチャ　F ウメ

(1) A〜Fのうち，ツルレイシのように，おばなとめばなをさかせる植物はどれですか。すべて選びなさい。（4点）［　］

(2) アサガオの花のつくりのうち，花粉がつくられる部分を何といいますか。（3点）［　］

(3) アサガオのめしべの柱頭は，花粉がつきやすいようにどのようになっていますか。（4点）［　］

(4) 次の図は，何の植物の花粉ですか。上のA〜Fからそれぞれ選びなさい。（18点）1つ3

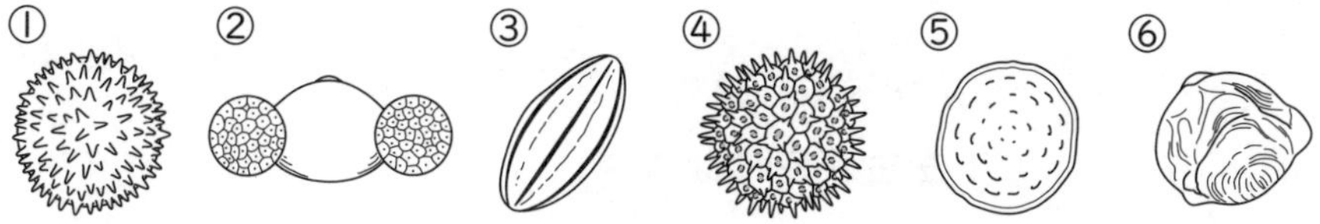

［　］［　］［　］［　］［　］［　］

チャレンジ

(5) A〜Fの植物の花粉は，何によって運ばれますか。あとの**ア〜ウ**からそれぞれ選びなさい。（18点）1つ3

① A［　］　② B［　］　③ C［　］
④ D［　］　⑤ E［　］　⑥ F［　］

ア 虫　**イ** 鳥　**ウ** 風

チャレンジ

(6) 花粉が風で運ばれて受粉する花を，何といいますか。（3点）
［　］

けんび鏡の特ちょう

答え→204ページ 月 日

問題 実物とは上下左右が逆《ぎゃく》に見えるけんび鏡をのぞいたときのようすについて，次の問いに答えなさい。

目標時間 5分

① 見たいものが，右の図のように視《し》野《や》の右下にあります。プレパラートを**ア**～**ク**のどの方向に動かすと，見たいものが視野の中心にきますか。

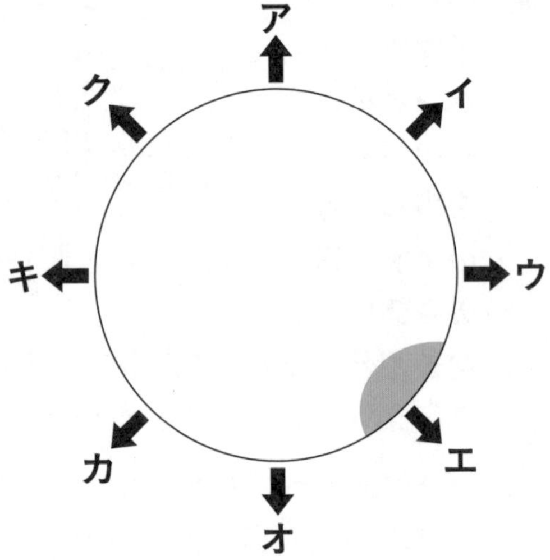

② 右のようなカタカナの「**ウ**」をけんび鏡で見ると，どのように見えますか。

理科 6

天気の変化

なまえ 5年　組

答え→204ページ　月　日

時間 20分　合格 80点　得点　点

1 次の雲画像《くもがぞう》について，あとの問いに答えなさい。(28点) 1つ7

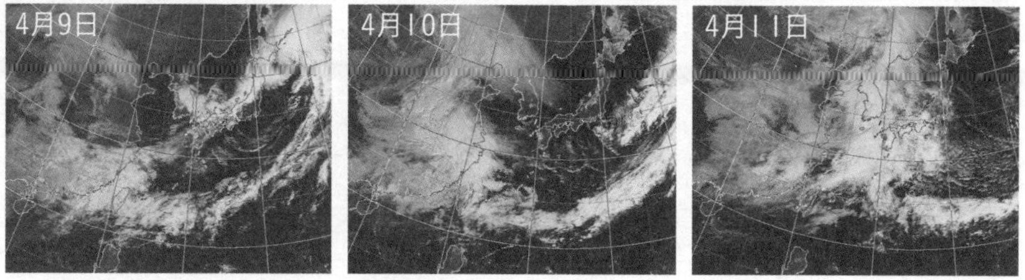

(1) 上の雲画像を見て，近畿《きんき》地方の４月９日から４月11日までの天気を晴れか雨のどちらかで答えなさい。

４月９日[　　]　４月10日[　　]　４月11日[　　]

(2) 近畿地方のある所で空を見上げたとき，空をうめる雲の割合《わりあい》は，４月９日から４月10日にかけてどうなりますか。[　　]

2 右の台風が近づいてきたときの天気図の一部について，次の問いに答えなさい。(30点) 1つ6

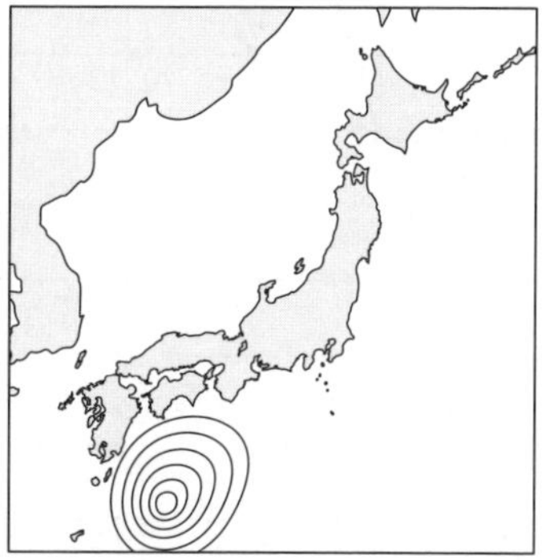

(1) 台風が日本に近づくのは，ふつう，いつからいつの季節にかけてですか。

[　　から　　]

(2) 台風の中心の風や雨が少ない部分を何といいますか。[　　]

(3) 台風が発生するのは，日本のどちらの方角の海上ですか。[　　]

(4) (1)のころの台風は，上の図からどの方角へ進むことが多いですか。

[　　]

チャレンジ

(5) 台風のまわりでは，ふつう強い風がふいています。特に風が強いのは，台風の中心よりも東側と西側のどちらですか。[　　側]

3 雲のようすと動き方について，次の問いに答えなさい。(18点) 1つ6

(1)【雲のようす】の図と合う雨のふっている地いきをア～ウから選んで，[　]に○を書きなさい。

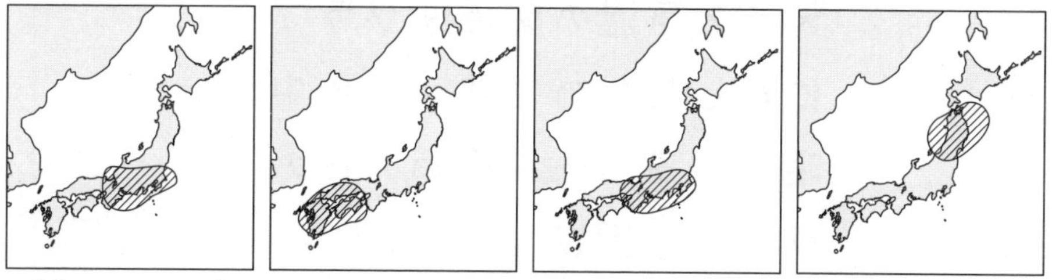

【雲のようす】　ア[　　]　イ[　　]　ウ[　　]

(2) 日本付近の雲は，どちらからどちらの方角へ進みますか。

[　　から　　]

チャレンジ

(3) 日本付近の雲が(2)のように進むのは，日本上空に何という風がふいているからですか。[　　]

4 天気について述《の》べた次の文のうち，正しいものを４つ選んで，[　]に○を書きなさい。(24点) 1つ6

(1) カエルが鳴くときは，必ず雨がふる。[　　]

(2) 天気はふつう西から東へ変化していく。[　　]

(3) かみの毛がのびるときは，雨がふる。[　　]

(4) 夕焼けが見えた次の日は，晴れることが多い。[　　]

(5) ツバメが低く飛ぶと雨になる。[　　]

(6) 台風が近づくと，雨が強くなったり，風が強くなることが多い。

[　　]

答え→204ページ　月　日

晴れの日と雨の日のグラフ

問題　ア～ウは，ある適当《てきとう》な3日を選び，その日1日の天気と気温の関係をグラフに表したものです。一日中晴れの日，一日中雨の日のグラフを選びなさい。

目標時間　3分

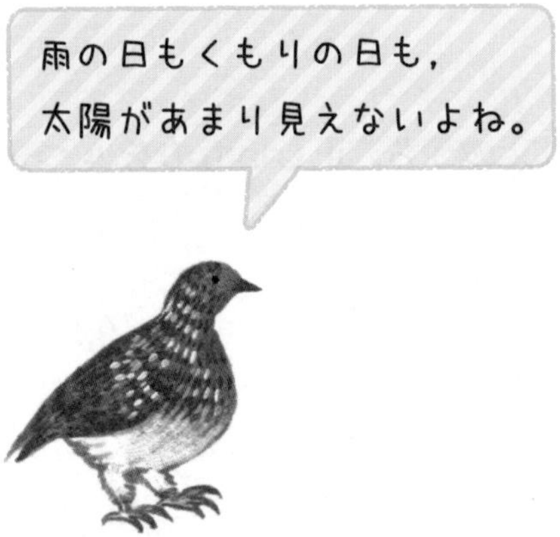

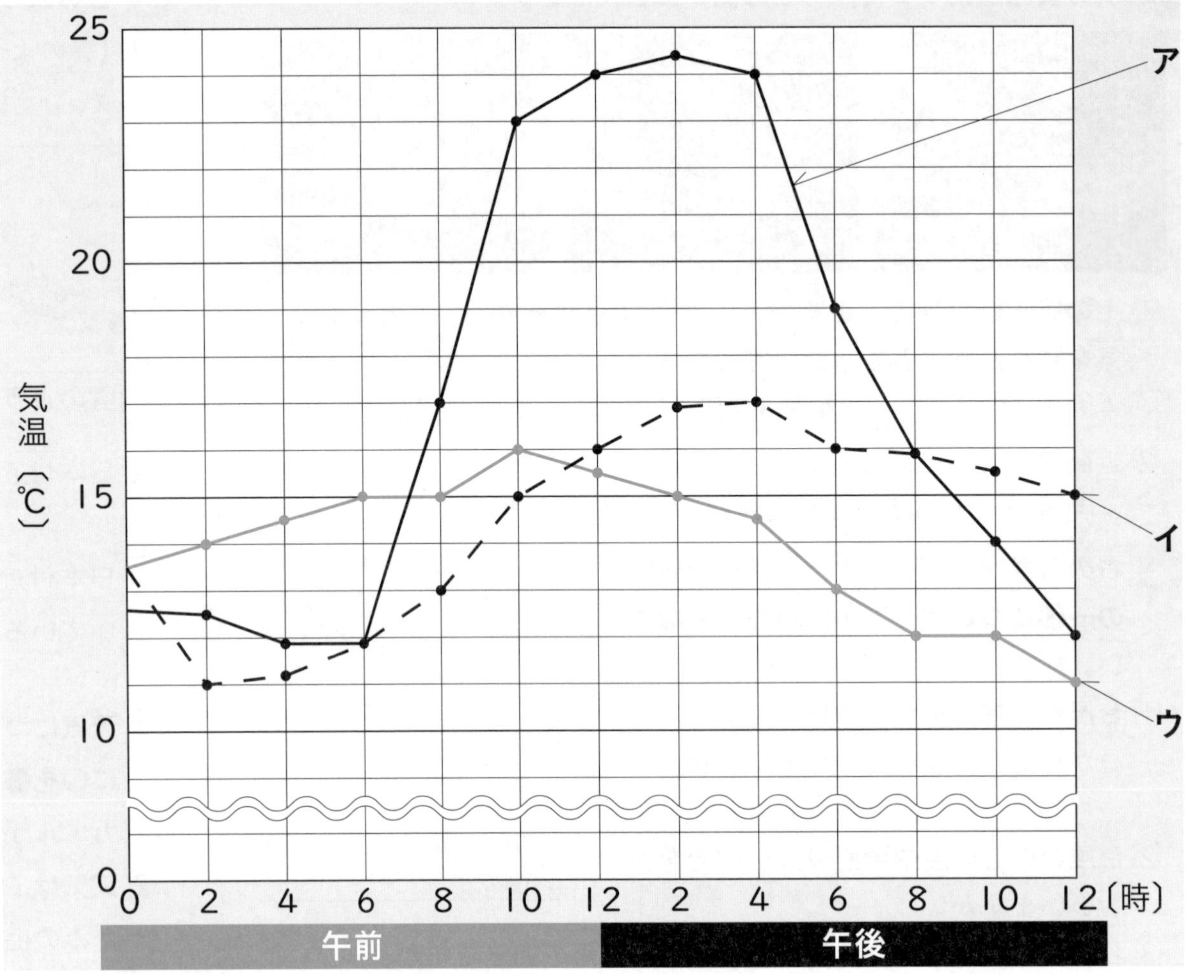

晴れの日 □　雨の日 □

流れる水のはたらき

なまえ　5年　組

答え→204ページ　月　日

時間 20分　合格 80点　得点　点

1 右の図は，川の曲がったところを表しています。（36点）1つ6

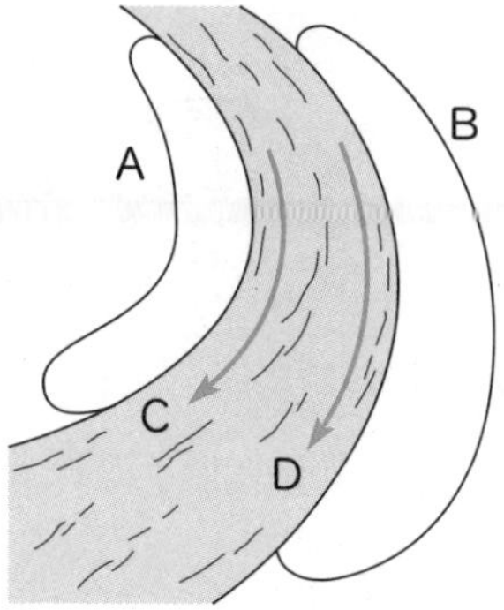

(1) C，Dのうち，川の流れる速さが速いほうはどちらですか。［　　］

(2) 川岸Aのようすとして正しいものを，次の**ア〜ウ**から選びなさい。［　　］

ア 水草がたくさん生えている。

イ 川岸がどんどんけずられている。

ウ 小石やすながたまって川原になっている。

(3) 川岸Bのようすとして正しいものを，次の**ア〜ウ**から選びなさい。［　　］

ア 川の流れがゆるやかである。

イ すなや土がたまっている。

ウ 川岸がけずられて，がけのようになっている。

(4) 川の水のおもなはたらきを3つ書きなさい。

［　　　　］［　　　　］［　　　　］

2 次の文の［　］の中にあてはまることば書きなさい。（28点）1つ4

(1) すなや小石は，川の流れが［①　　］ほど，遠くまで運ばれ，流れが［②　　］なると，積もっていく。

(2) 川の流れには，川底や川岸をけずりとって，谷やがけをつくるはたらきがある。このようなはたらきを［①　　］という。この作用は，水量が多く，流れが［②　　］ところほど大きい。

(3) 川は，その流れ方やまわりの土地のようすのちがいによって，［①　　］，［②　　］，［③　　］の3つの部分に分けられる。

3 次のA〜Cの石は，下の地図のX〜Zのいずれかの地点で見かけた石のようすです。（36点）1つ6

A
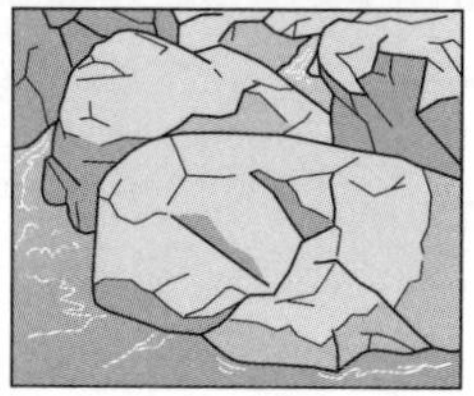

B
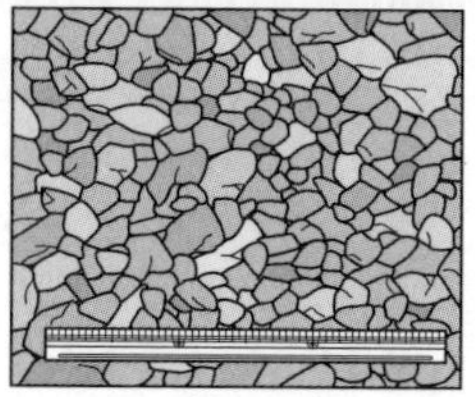

C
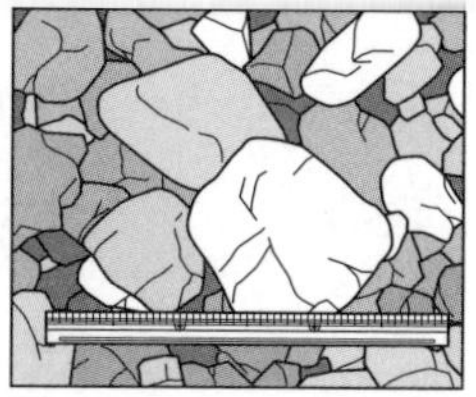

(1) A〜Cの石は，地図のX〜Zのどの地点のものですか。それぞれ記号で答えなさい。

A［　　］　B［　　］　C［　　］

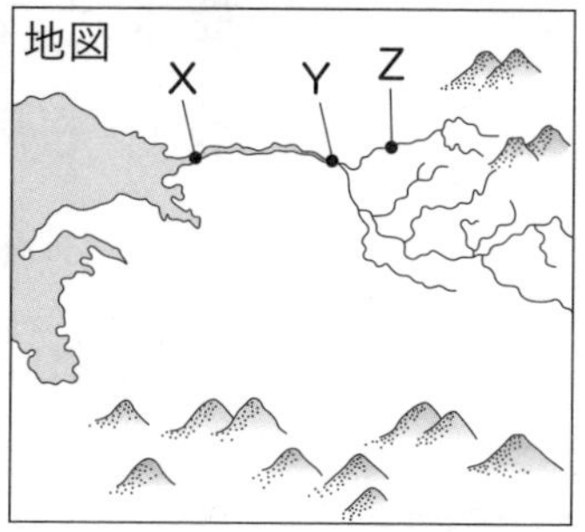

(2) Bの石がこのような形や大きさになっているのはなぜですか。

［　　　　　　　　］

チャレンジ

(3) 右のわくで囲んだ図は，この川のある地点での流れ方を表しています。この川は，時間がたつとどのように流れを変えると考えられますか。**ア〜エ**から選びなさい。

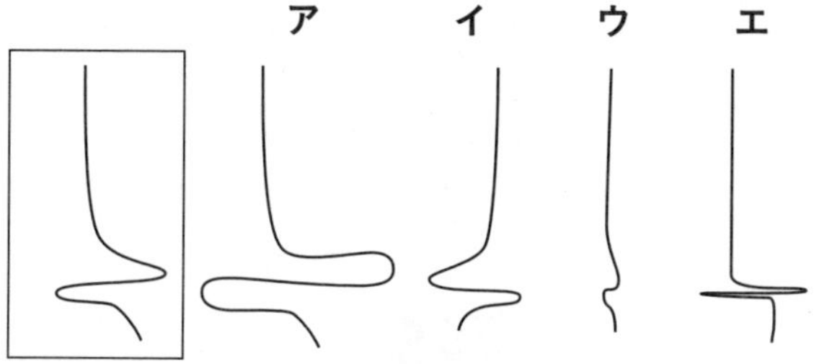

［　　］〔実践女子学園中—改〕

(4) この川の上流にはダムがあります。ダムのはたらきを書きなさい。

［　　　　　　　　］

水のはたらきでたおれた旗

答え→204ページ

月　日

問題　土の山にみぞをつくり，AとBの旗を立てました。そのあと，上からホースで水を流すと，図のようにBの旗がたおれました。次に，旗を立て直し，水の量を増《ふ》やして同じ実験をしました。正しい結果を言っているのはだれですか。

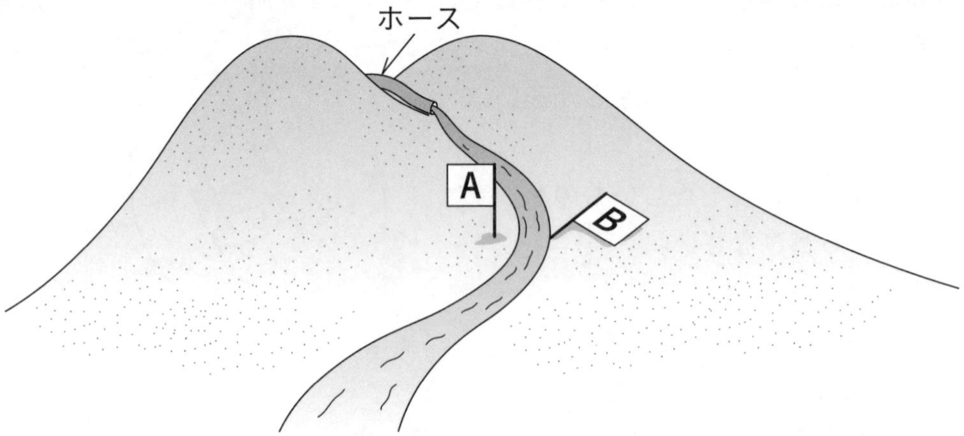

目標時間　3分

ゆみさん
Aはたおれて，
Bはたおれなかったよ。

こうじさん
Aはたおれず，
Bはまた，たおれたよ。

たけしさん
AもBも，
たおれなかったよ。

水を増やすと，流れの速さも増したよね。

［　　　　］さん

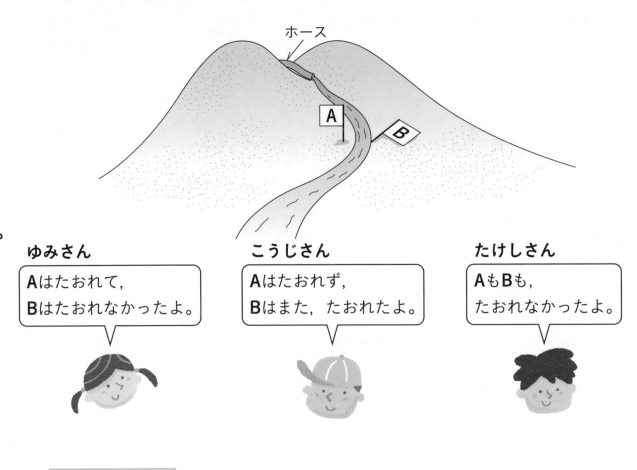

もののとけ方

なまえ　5年　組

答え→204ページ

月　日

時間 20分　合格 80点　得点　点

1 次の文の［　］の中にあてはまることばを書きなさい。(35点) 1つ5

(1) ものが水にとけた液《えき》のことを［　　　　］という。

(2) 100 g の水に 10 g の食塩をとかしたとき，できる食塩水の重さは［　　　］g である。

(3) 食塩は水にとけ［①　　　］，同じ量の水では，食塩を多くとかすほど，［②　　　］食塩水ができる。

(4) 同じ温度，同じ量の水にとける食塩の重さは［①　　　　］。それ以上加えても，食塩は［②　　　］。

(5) 100 g の水に 20 g の食塩をとかした食塩水のこさを半分のこさにするには，水を［　　　　］g 加えるとよい。

2 60 ℃に水をあたため，ホウ酸《さん》をとけるだけとかしました。このホウ酸水を２つに分け，アはそのまま空気中で冷やし，イは氷水で冷やしました。(30点) 1つ6

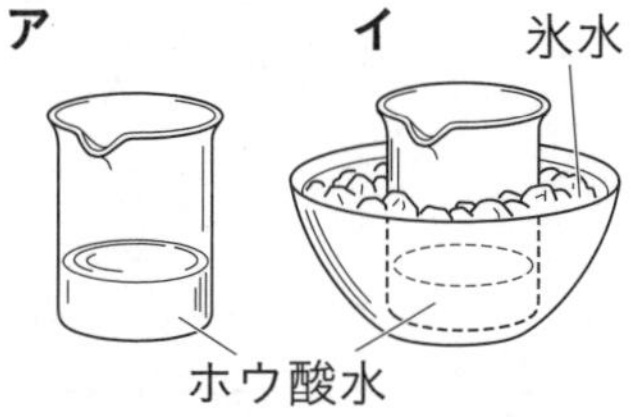

(1) しばらくすると，**ア**，**イ**のうち，どちらのほうが先にホウ酸のつぶが見えてきますか。［　　］

(2) (1)のときのホウ酸水のこさは，**ア**と**イ**ではどちらのほうがこいですか。［　　］

(3) (2)のように考えられるのはなぜですか。

［　　　　　　　　　　　　　　　　　　　　］

(4) しばらくして，ビーカーの底に出てきたホウ酸のつぶを虫めがねで見たところ，**ア**のほうが大きいつぶでした。このようになったのはなぜですか。［　　　　　　　　　　　　］

(5) 水よう液とつぶをろ紙を使って分けることを何といいますか。［　　　］

3 ミョウバンと食塩のとけ方について，次の問いに答えなさい。

(35点) 1つ5

〔実験〕 水 50 mL をいろいろな温度にして，ミョウバンと食塩の水にとける量を調べると，右のグラフのようになりました。

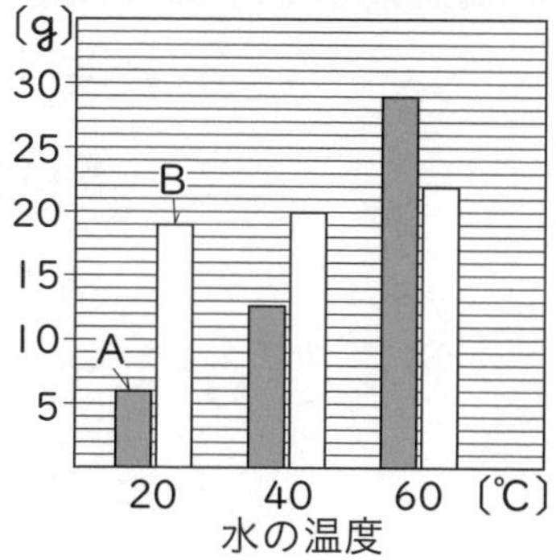

(1) グラフのＡとＢはそれぞれ何のとける量を示《しめ》していますか。

Ａ［　　　　］　Ｂ［　　　　］

(2) 60 ℃の水 50 mL を２つ用意し，それぞれにミョウバンと食塩を 15 g ずつとかしてから，温度を 20 ℃まで下げました。それぞれつぶは出ますか，出ませんか。出る場合はその重さも書きなさい。

① ミョウバンの水よう液 ［　　　　　　　　　］

② 食塩の水よう液 ［　　　　　　　　　］

チャレンジ

(3) (2)の②の水よう液から３g のつぶをとり出すために，水よう液の一部をじょう発皿にとり，加熱しました。水よう液を何 g 使いますか。ただし，水 1 mL＝1 g とします。［　　　g］

(4) 右の図は，ミョウバンと食塩のいずれかの結しょうを表しています。［　］になまえを書きなさい。

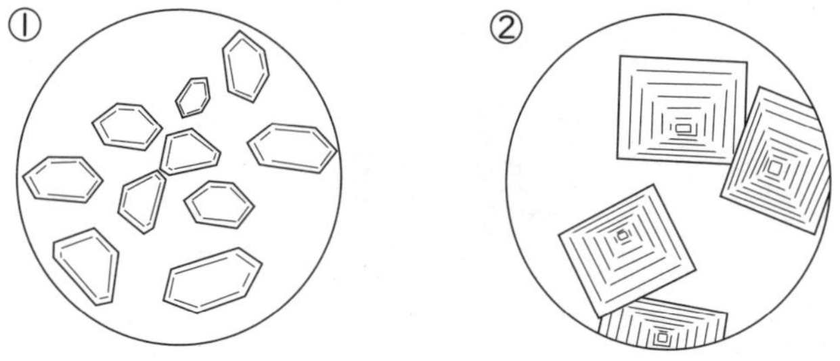

①［　　　　］　②［　　　　］

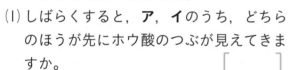

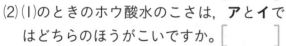

理科⑧ 出てくるつぶの重さ

答え→205ページ 月 日

問題 **ア**～**エ**のようにして，ホウ酸《さん》を水にとかしました。それぞれを冷やしたあとで，同じ量のホウ酸が出てくるものがあります。**ア**～**エ**のどれとどれで，それは何gですか。グラフを参考にして，答えなさい。

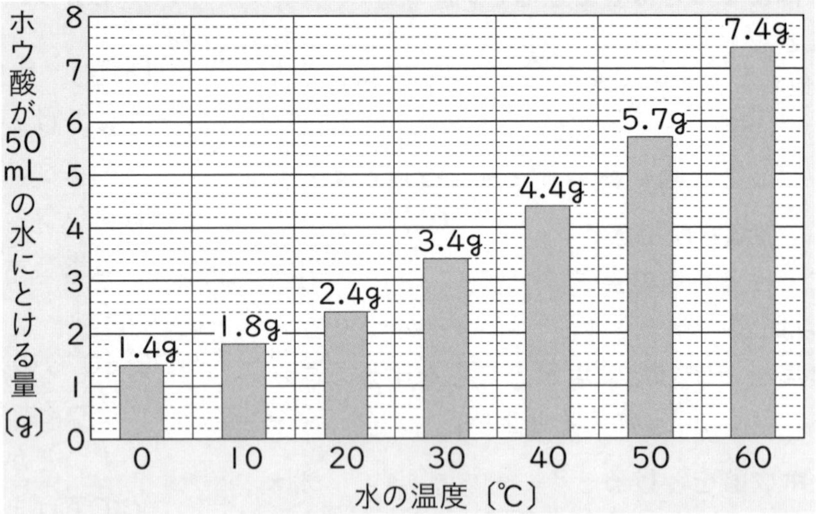

記号 と

重さ g

目標時間 5分

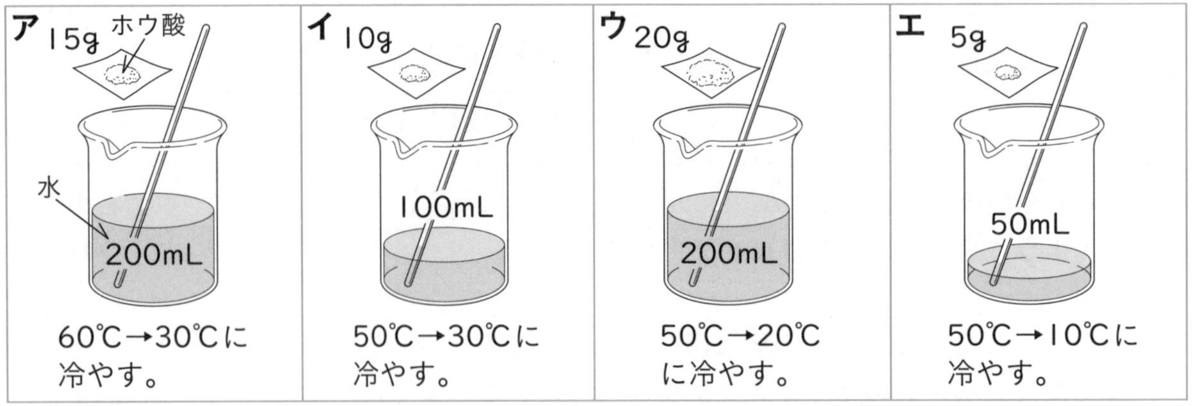

ものがとける量は，水の温度と量に関係していたね。

ふりこの性質《せいしつ》

なまえ　5年　　組

答え→205ページ　　月　　日

時間 20分　合格 80点　得点　　点

1 右の図は，ふりこのふれたようすを表したものです。 (24点) 1つ8

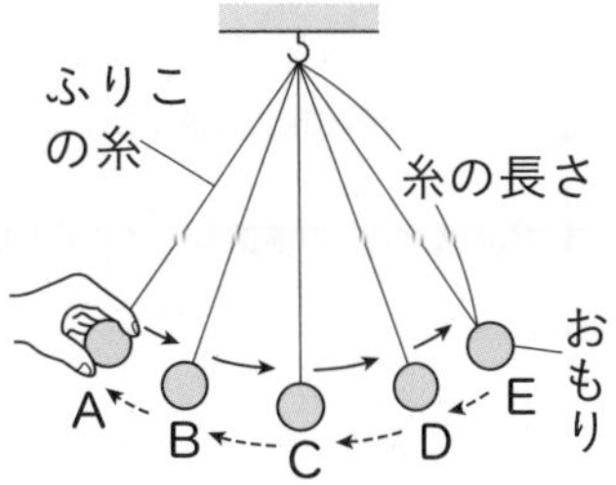

(1) Aの位置で手をはなしたとき，おもりが最も速く動くのは，どの位置のときですか。記号で答えなさい。 [　　]

(2) Aの位置で手をはなしたとき，おもりがとまるのは，Aとどの位置のときですか。記号で答えなさい。 [　　]

(3) ふりこの１往復《おうふく》を，A～Eの記号と矢印(→)で示しなさい。

[A→　　　　]

2 ふりこの長さを変えて，ふりこの１往復の時間を調べました。 (36点) 1つ6

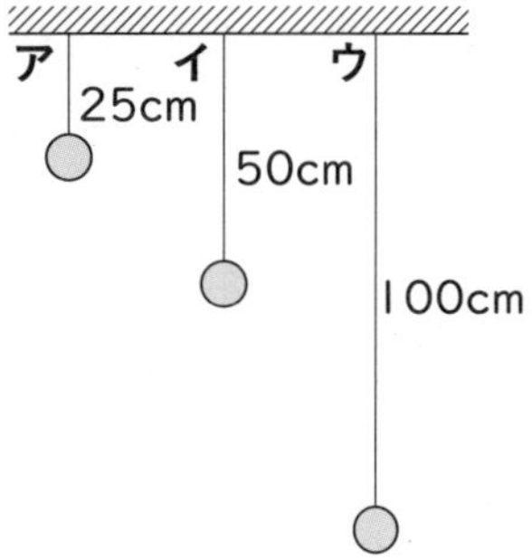

(1) １往復の時間を調べるには，10往復の時間をはかります。これはなぜですか。

[　　　　]

(2) **ア～ウ**のうち，１往復の時間が最も短いのはどれですか。 [　　]

(3) **ア～ウ**のうち，１往復の時間が最も長いのはどれですか。 [　　]

(4) (2)，(3)から，どのようなことがわかりますか。

[　　　　]

(5) おもりを重くすると，おもりが支点の真下を通るときの速さはどうなりますか。 [　　]

(6) ふれはばを大きくすると，おもりが支点の真下を通るときの速さはどうなりますか。 [　　]

3 右のようなそう置を使い，ふりこの条件《じょうけん》をいろいろに変えて，１往復する時間を調べました。 (40点) 1つ8

	A	B	C	D	E	F	G
おもりの重さ〔g〕	10	10	10	20	20	40	10
ふれはば〔度〕	10	20	10	20	10	10	20
ふりこの長さ〔cm〕	50	50	100	100	50	200	200
１往復する時間〔秒〕	1.4	1.4	2.0	2.0	1.4	2.8	2.8

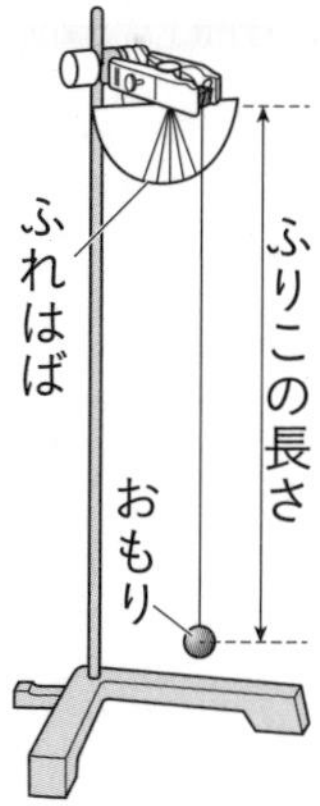

(1) 右の**ア～ウ**は，実験で使う３種類のおもりのようすを表したものですが，実験結果が正しく出ないと思われたため，直したものがあります。それはどれですか。記号で答えなさい。また，どのように直しましたか。

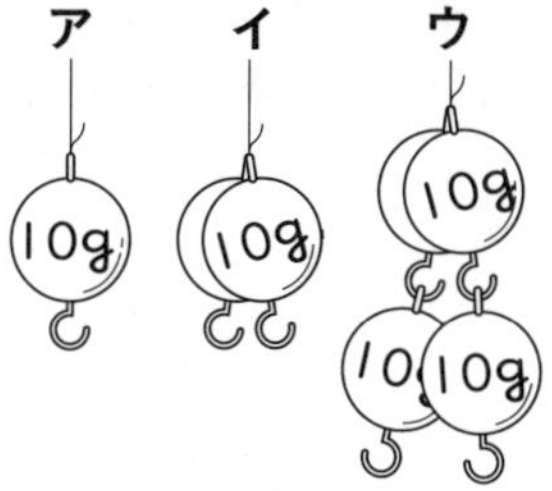

記号 [　　]

直したこと [　　　　]

(2) 次の関係を調べるには，A～Gのふりこのうち，どれとどれを比《くら》べればよいですか。

① おもりの重さと１往復する時間の関係 [　　と　　]

② ふれはばと１往復する時間の関係 [　　と　　]

チャレンジ
(3) おもりの重さ10g，ふれはば40度，長さ25cmのふりこが１往復する時間は何秒ですか。 [　　秒]

思考力トレーニング

理科⑨

ふりこが1往復《おうふく》する時間

答え→205ページ

月　日

問題　次の図のように10gのおもりを2つずつ**ア**，**イ**のふりこにつけました。**ア**，**イ**のふりこが1往復《おうふく》する時間は，どちらが長いですか。その理由も加えて書きなさい。

目標時間　**10分**

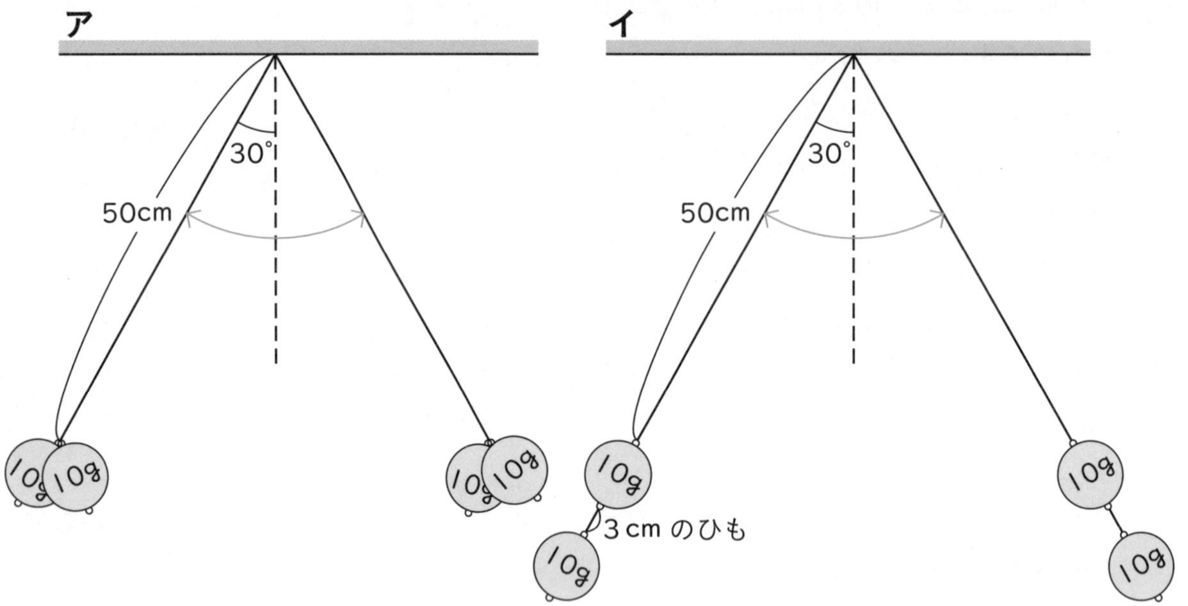

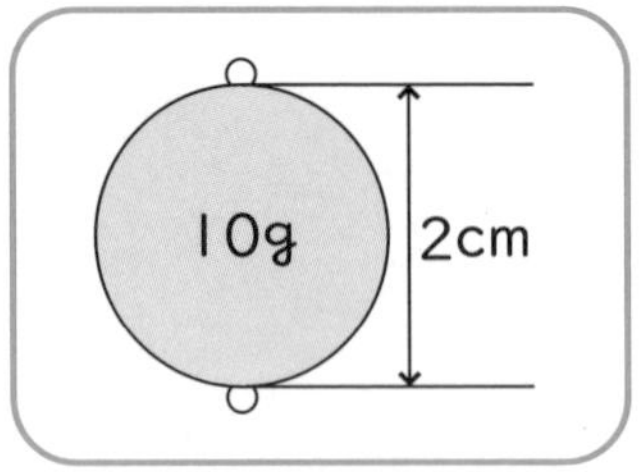

電流のはたらき ①

なまえ　5年　組

答え→205ページ　月　日

時間 20分　合格 80点　得点　点

1 **電磁石《でんじしゃく》の強さについて調べるために，同じ大きさのポリエチレンの管に同じ種類のエナメル線をまいて，A～Eの電磁石をつくりました。A，B，C，Eの4つはコイルのまき数が同じですが，Dはコイルのまき数が他の2倍です。また，Aには鉄しんがありません。**

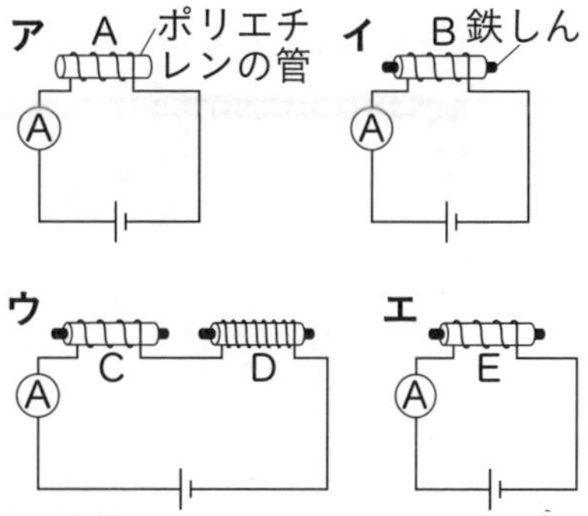

(かん電池2個《こ》)

チャレンジ

(1) この実験を行うとき，4つの回路で何の条件《じょうけん》を等しくしておきますか。(6点)

[　　　　]

(2) (1)の条件が等しくなっているとき，**ア**～**エ**の電流計に流れる電流の大きさはどうなりますか。□にあてはまる記号を，>，<，＝からそれぞれ選びなさい。(6点) 1つ2

（ア ①　イ ②　ウ ③　エ）

(3) (1)の条件が等しくなっているとき，次の①～③で，2つの電磁石のうち，どちらのほうが強いですか。それぞれ強いほうを選び，選んだ理由を，あとの**ア**～**ウ**から選びなさい。(36点) 1つ6

① AとB [　　][　　]　② BとE [　　][　　]

③ CとD [　　][　　]

ア 電流の大きさがちがうから。

イ コイルのまき数がちがうから。

ウ 鉄しんのあるなしがちがうから。

2 **ベルについて，次の問いに答えなさい。**

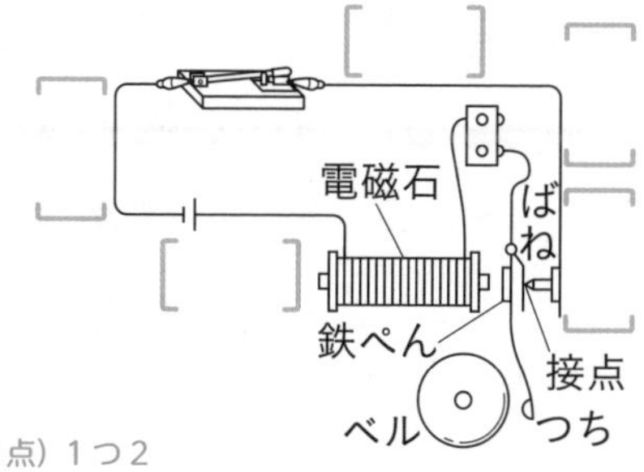

(1) 図の[　]の中に電流の流れる向きを→で入れなさい。(10点) 1つ2

(2) 次の**ア**～**オ**の文は，スイッチをおしてからベルが鳴り続けるようすについて述べたものです。正しい順番になるようにならべなさい。(10点) 1つ2

ア 鉄ぺんを引きつけ，つちがベルを打つ。

イ 鉄ぺんがばねの力でもとにかえり，接点《せってん》とくっつく。

ウ 電流を流すと電磁石がはたらく。

エ 接点からつちがはなれて電流が切れ，電磁石でなくなる。

オ 再《ふた》び電流が流れ電磁石がはたらき，つちがベルを打つ。

[　　]→[　　]→[　　]→[　　]→[　　]

(3) 電磁石を利用したもののなまえを4つ書きなさい。(16点) 1つ4

[　　][　　][　　][　　]

3 **エナメル線をまいてコイルをつくり，その中に鉄のぼうを入れました。**(16点) 1つ8

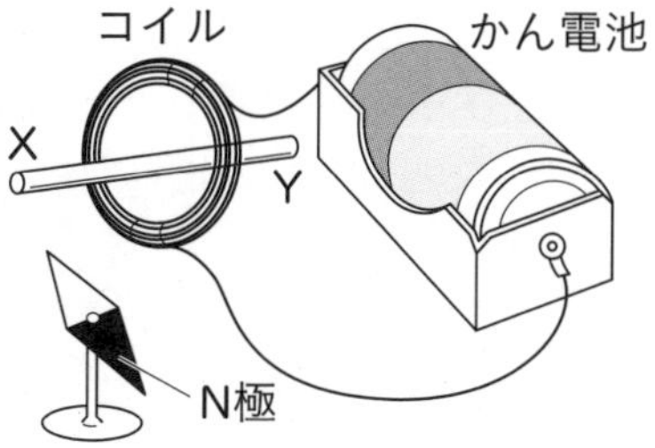

(1) 鉄のぼうをコイルに入れると起きることを次の**ア**～**ウ**から選びなさい。

ア 鉄のぼうがとび出す。[　　]

イ 鉄のぼうが電磁石になる。

ウ 鉄のぼうが大きくなる。

(2) 鉄のぼうのはしXに方位じしんを近づけるとN極がXのほうを向きました。Yは何極ですか。[　　極]

思考力トレーニング　理科⑩　ゼムクリップの数

答え→205ページ　月　日

問題　**ア**～**オ**の５つの回路をつくり，それぞれの鉄くぎの先についたゼムクリップの数を調べました。**ア**，**イ**，**オ**の結果をもとにすると，**ウ**と**エ**の結果は何個《こ》になると予想できますか。

目標時間　**５分**

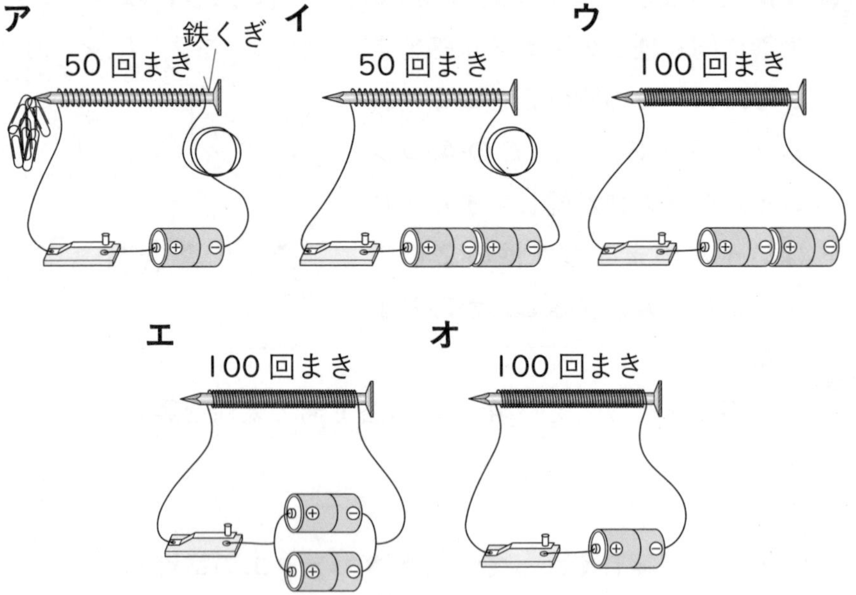

結果　ついたゼムクリップの数

ア	イ	ウ	エ	オ
7個	14個	①　個	②　個	12個

理科 11

電流のはたらき ②

なまえ　5 年　　組

答え→205 ページ　　月　　日

時間 20 分　合格 80 点　得点　　点

1 電流計について，次の問いに答えなさい。（28 点）1 つ 7

(1) 右の図の①，②のなまえを書きなさい。

①［　　　　　］　②［　　　　　］

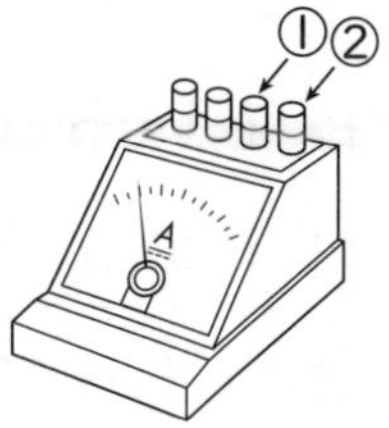

(2) 次の文の［　］にあてはまることばを書きなさい。

電流計は，［①　　　　］をはかりたい部分に［②　　　　］つなぎになるようにして使う。

2 コイルモーターについて，次の問いに答えなさい。

(1) クリップとエナメル線がつく部分のしくみとして正しいものを，次の**ア**～**ウ**から 2 つ選びなさい。（8 点）1 つ 4　［　　　］［　　　］

ア　エナメル線はゼムクリップにまきつける。

イ　エナメル線がゼムクリップにつくところの 1 つは，エナメルを全部はがす。

ウ　エナメル線がゼムクリップにつくところの 1 つは，エナメルを半分はがす。

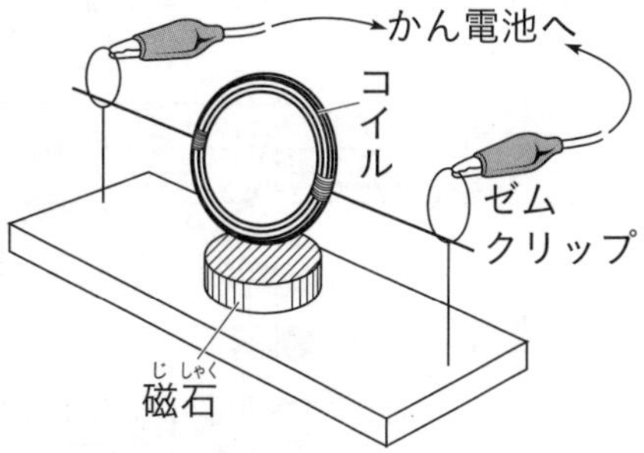

(2) 磁石の極の説明として正しいものを選びなさい。（8 点）［　　　］

ア　ゼムクリップのあるほうにN極とS極がある。

イ　コイルのあるほうにN極かS極がある。

ウ　磁石の上面にN極とS極がある。

(3) コイルモーターがよく回るようにするための方法を 2 つ書きなさい。（16 点）1 つ 8

［　　　　　　　　　　　　　　　　　　］

［　　　　　　　　　　　　　　　　　　］

3 図 1，図 2 のように，2 つの電磁石を導線《どうせん》でつなげて糸でつるしました。〔学習院女子中等科―改〕

(1) 図 1 では，スイッチを入れると電磁石が動きました。電磁石が動いた理由を説明した次の文の［　］にあてはまることばを書きなさい。（8 点）

図 1 では，スイッチを入れると，電磁石が［　　　　］のはたらきをもつようになったから。

図1

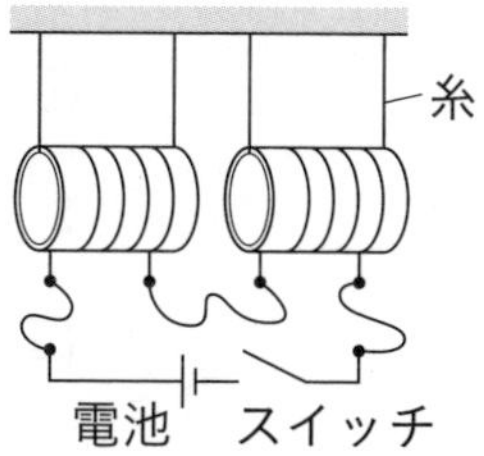

図2

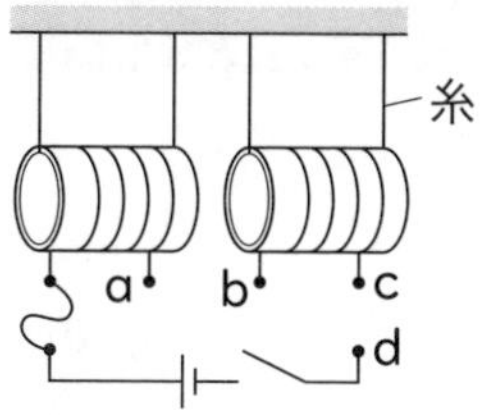

チャレンジ

(2) 図 1 で，電磁石はどのように動きますか。次の**ア**～**エ**から選びなさい。（8 点）［　　　］

ア　2 つとも右に動く。

イ　2 つとも左に動く。

ウ　たがいに近づく。

エ　たがいに遠ざかる。

チャレンジ

(3) 図 2 で，2 つの電磁石が(2)と反対に動くようにするには，導線をどのようにつなげばよいですか。図 2 の点 a，b，c，d を線で結びなさい。（8 点）

(4) 電磁石のはたらきを強くするための方法を 2 つ書きなさい。（16 点）1 つ 8

［　　　　　　　　　　　　　　　　　　］

［　　　　　　　　　　　　　　　　　　］

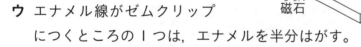

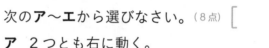

リニアモーターカーが動く理由

答え→205ページ
月　日

問題　リニアモーターカーは，強力な電磁石《でんじしゃく》のはたらきを利用して走行します。図１は，リニアモーターカーがういているようす，図２は前進しているようすを表しています。図１のように車体がうくとき，図２のように前進するとき，車体の①～⑩の位置にうめこまれている電磁石は，それぞれ何極になっていますか。

目標時間　10分

図１
【ういているようす】

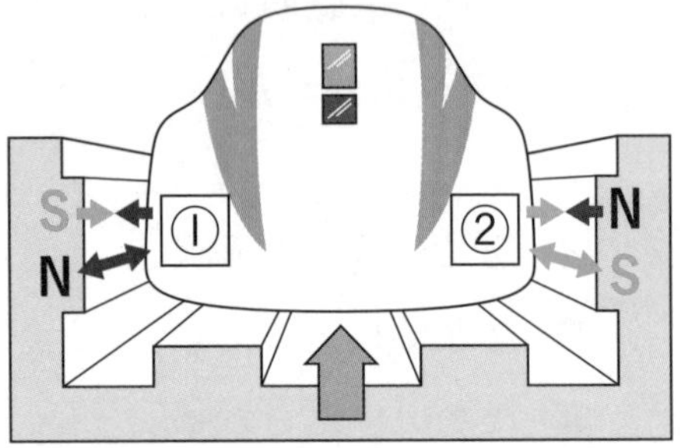

図２
【前進しているようす】

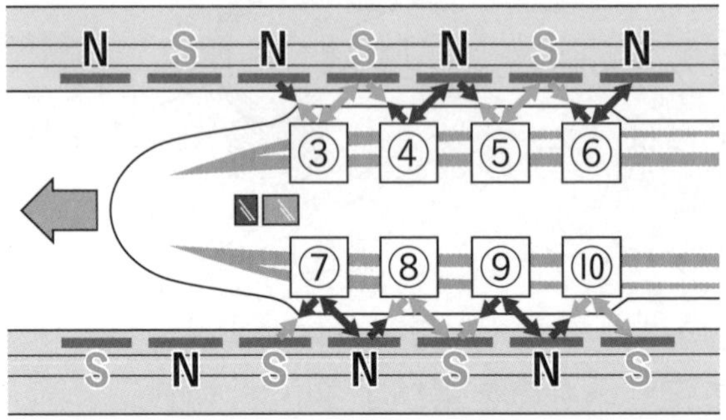

①　　極　②　　極

③　　極　④　　極　⑤　　極　⑥　　極

⑦　　極　⑧　　極　⑨　　極　⑩　　極

仕上げテスト

なまえ	5年　　組

答え→206ページ　月　日

時間 25分　合格 80点　得点　　点

1 図のA～Fは，ダイズとカキの種子の成長する部分です。次の⑴～⑶の部分にあてはまる組み合わせをア～オから選びなさい。

(18点) 1つ6

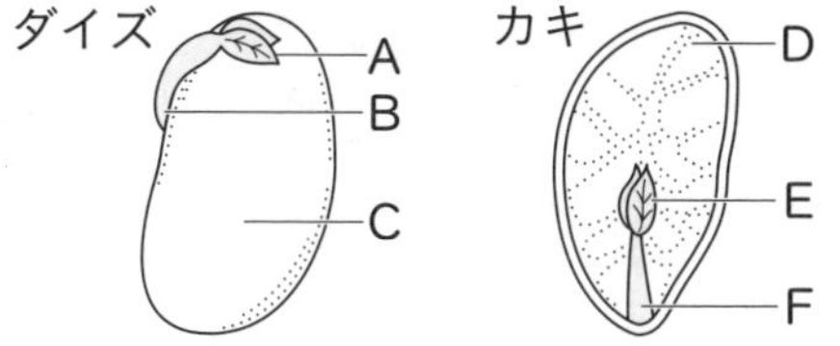

	ダイズ	カキ
ア	A	F
イ	A	E
ウ	B	F
エ	C	E
オ	C	D

⑴ 発芽するとき，初めに種子の皮を破《やぶ》ってのびてくる部分。［　　］

⑵ 発芽に必要な養分をたくわえている部分。［　　］

⑶ 発芽のあとに葉として成長する部分。［　　］

2 川の中流付近に，図のように大きく曲がったところがありました。

(16点) 1つ8

⑴ 上流から運ばれてきた小石，すな，ねん土などが最もたまりやすいところを，図の**ア**～**エ**から選びなさい。［　　］

⑵ 線A—Bの川底の形を，次の**ア**～**ウ**から選びなさい。［　　］

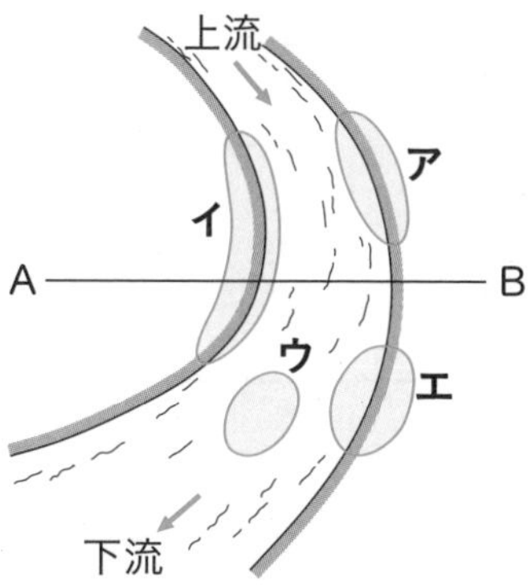

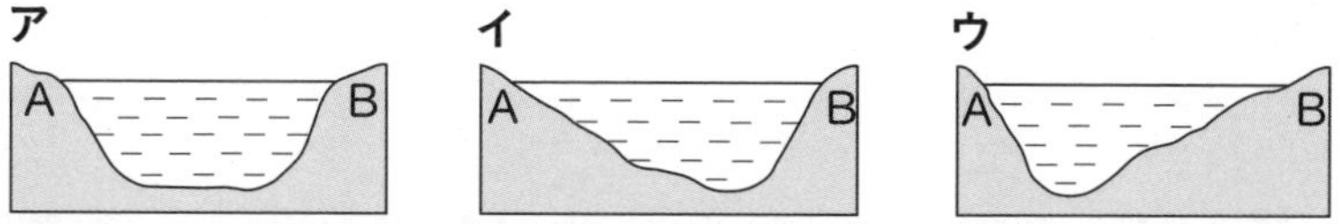

3 図は，日本付近の連続した2日間の雲のようすを表したものです。

(30点) 1つ6

⑴ 図1を見て，次の地いきの天気を書きなさい。

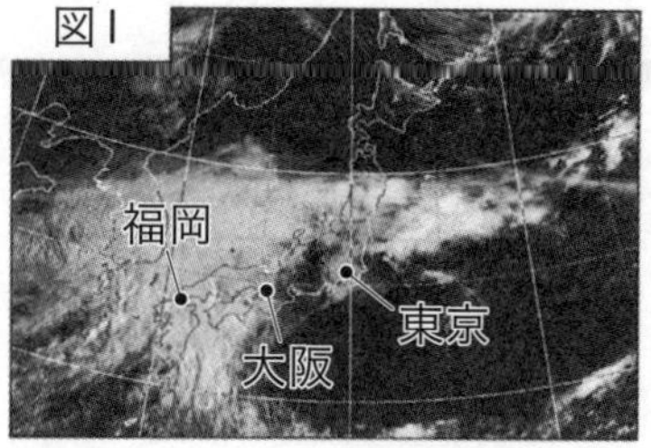

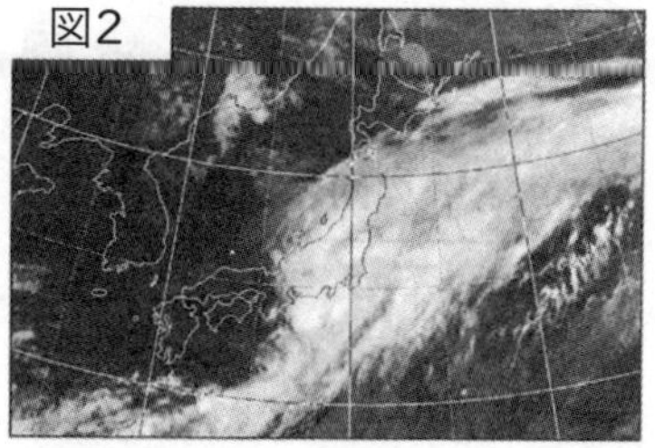

① 福岡［　　］　② 大阪［　　］　③ 東京［　　］

⑵ 図1，図2を日付の順にならべなさい。［図　　→図　　］

⑶ 図2の次の日の東京の天気はどうなると考えられますか。

［　　］

4 同じ大きさのビーカーに，右の図のような量・温度の水を入れ，これに同じ量のミョウバンを入れて，とけ方を調べました。

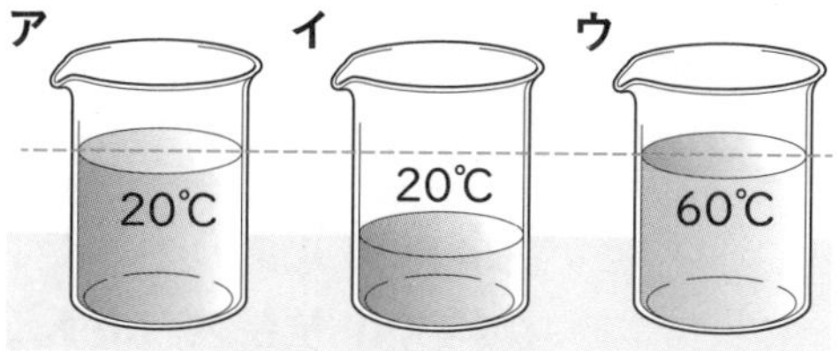

［　　］［　　］［　　］

⑴ 下線部のあと，ミョウバンをさらに入れてとけるだけとかします。ミョウバンがたくさんとける順に番号を書きなさい。(6点) 1つ2

⑵ ミョウバンはどのようなときによくとけますか。２つ書きなさい。

［　　］［　　］(12点) 1つ6

チャレンジ

⑶ 下線部の水よう液《えき》の温度を下げていくと，白いつぶが出てきました。

① このつぶを何といいますか。(6点)［　　］

② つぶが出てくる温度がⒶ最も高かったもの，Ⓑ同じだったものは，それぞれどれですか。(12点) 1つ6　Ⓐ［　　］　Ⓑ［　　と　　］

思考力トレーニング

理科 ⑫

台風のときの天気の変化

答え→206ページ　月　日

問題　台風が図の位置にあるとき，台風は**ア～ウ**のどちらへ動くと考えられますか。また，このときの東京の天気はどのように変わるか，書きなさい。

目標時間　10分

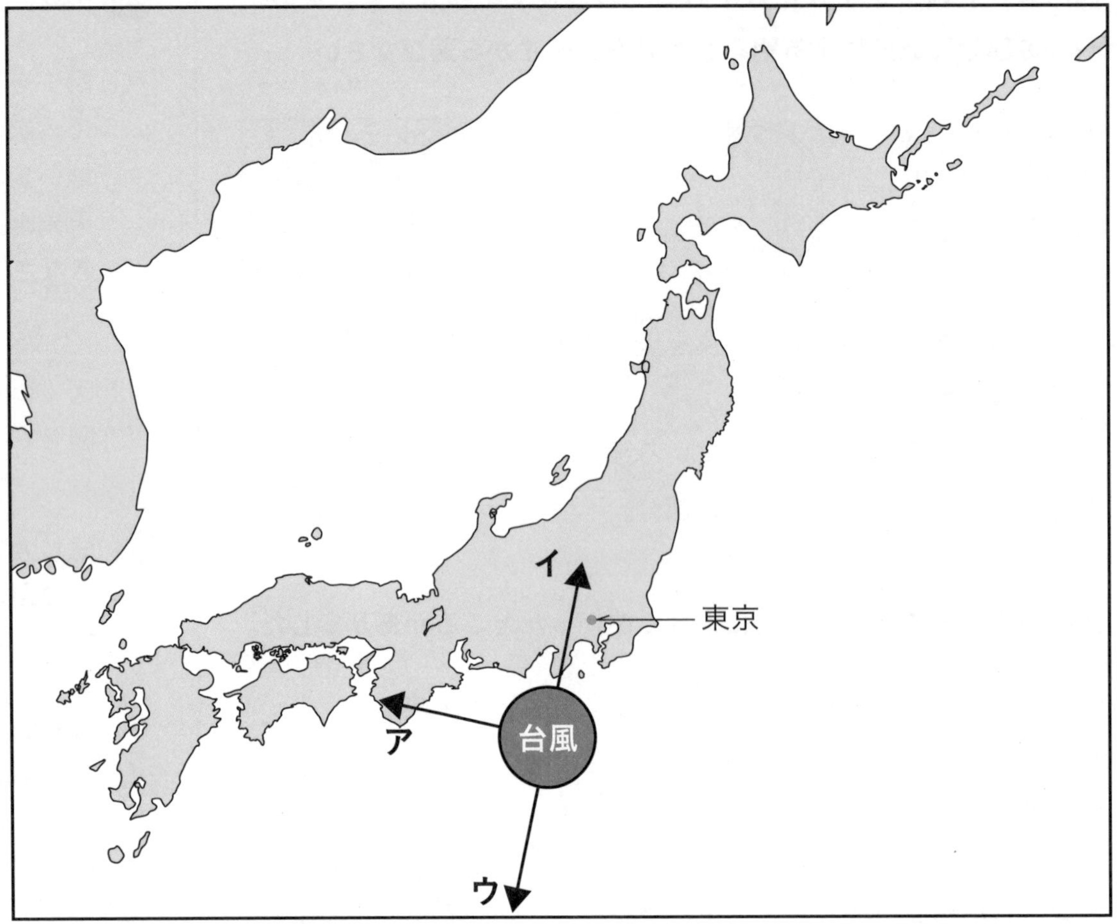

台風のときの天気には特ちょうがあったね。

記号 [　　]　天気の変化 [　　　　　　　　]

社会 1

日本の国土のようす

なまえ　5年　組

答え→206ページ

月　日

時間 20分　合格 80点　得点　点

1 下の図を見て，あとの問いに答えなさい。

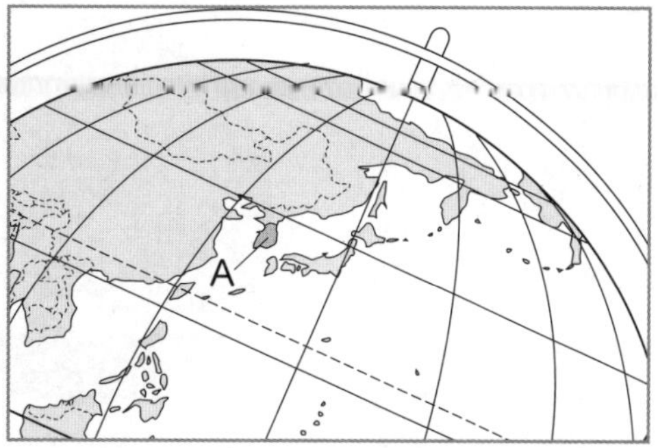

(1) 右のものは地球を表す模型です。名まえを答えなさい。(5点)

[　　　　　]

(2) 日本の国土はどこですか。えんぴつでぬりなさい。(5点)

(3) 日本からもっとも近い国Aは何という国ですか。**ア〜オ**から選び，記号を書きなさい。(5点)

ア 中華人民共和国《ちゅうかじんみんきょうわこく》　**イ** フランス　**ウ** フィリピン共和国
エ 大韓民国《だいかんみんこく》　**オ** アメリカ合衆国《がっしゅうこく》　[　　]

2 次の文を読み，[　]の中にあてはまることばを下のア〜コの中から選び，記号を書きなさい。(35点) 1つ5

(1) 日本でもっとも高い山は[　　　]です。また，もっとも大きな湖は[　　　]で，[　　　]にあります。

(2) 日本には[　　　]の都道府県があります。そのうち四国地方には，高知《こうち》県・愛媛《えひめ》県・徳島《とくしま》県・[　　　]の4県があります。

(3) 日本は国土のほとんどは[　　　]ではなく山地です。山地がしめる割合《わりあい》は，約[　　　]%です。

ア 70	**イ** 摩周湖《ましゅうこ》	**ウ** 平地	**エ** 琵琶湖《びわこ》	**オ** 滋賀《しが》県
カ 盆《ぼん》　地《ち》	**キ** 47	**ク** 阿蘇山《あそさん》	**ケ** 富士山《ふじさん》	**コ** 香川《かがわ》県

3 日本の国土について，次の問いに答えなさい。

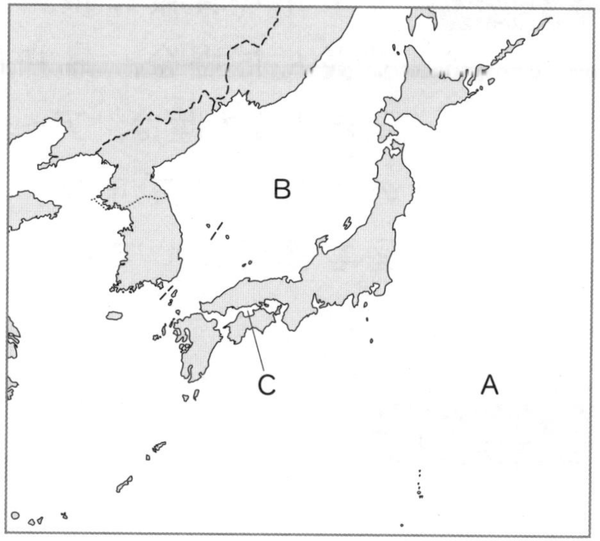

(1) 地図中のA〜Cにあてはまる海の名まえを**ア〜オ**から選び，記号を書きなさい。(30点) 1つ10

A [　　]
B [　　]
C [　　]

ア 瀬戸内海《せとないかい》
イ オホーツク海
ウ 太平洋《たいへいよう》　**エ** 大西洋《たいせいよう》　**オ** 日本海《にほんかい》

(2) 次の文で，下線部が正しければ○を，まちがっていれば正しいことばを，[　]に書きなさい。(20点) 1つ5

① 日本の国土は，<u>南北</u>に長く，弓《ゆみ》なりの列島である。

[　　　　　]

② 日本は，ユーラシア大陸の<u>南</u>のはしに位置している。

[　　　　　]

③ 日本は，<u>3</u>つの大きな島を中心に構成《こうせい》されている。

[　　　　　]

④ 日本の川は，<u>長くて流れがゆるやかなのが</u>特徴《とくちょう》である。

[　　　　　]

方角クイズ

答え→206ページ 月 日

問題 東京《とうきょう》から真東に飛行機で飛んだ場合，最初に到着《とうちゃく》する大陸は，ア～エのうちどれですか。地図を参考にして答えなさい。

目標時間 2分

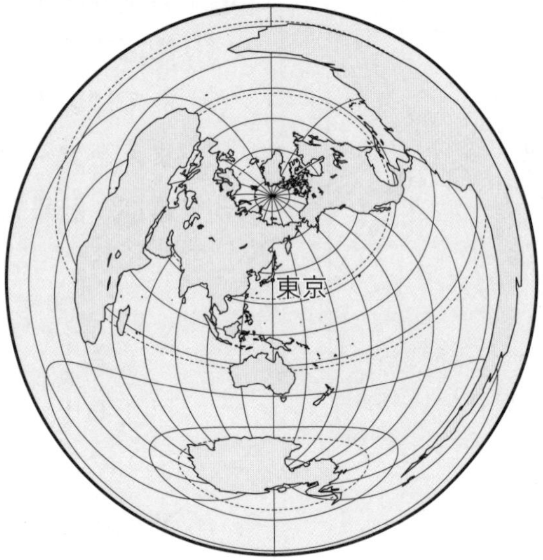

東京《とうきょう》からのきょりと方位が正しく表された地図

ア

イ

ウ

エ

ヒントの地図をもとに，日本の真東がどこにあたるか考えてみよう。

気候とくらし

なまえ　5年　組

答え→206ページ

月　日

時間 20分　合格 80点　得点　点

1 日本の気候区分について，地図中の［　］にあてはまることばを次のア～カから選び，記号を書きなさい。（30点）1つ5

ア 太平洋側《たいへいようがわ》
イ 南西諸島《なんせいしょとう》
ウ 日本海側《にほんかいがわ》
エ 中央高地《ちゅうおうこうち》
オ 北海道《ほっかいどう》
カ 瀬戸内《せとうち》

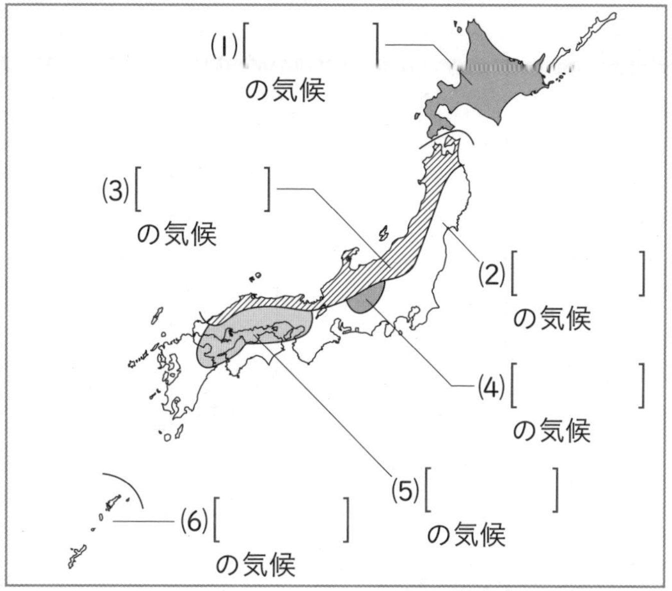

2 次の説明は，何とよばれていますか。［　］にことばを書きなさい。また，それを表す天気図はA，Bのどちらですか。□に記号を書きなさい。（20点）1つ5

(1) 北海道以外の地いきで，５月から７月にかけて雨やくもりの日が続くこと。
［　　　］□

(2) 夏から秋にかけて，九州《きゅうしゅう》や四国《しこく》地方を中心に，はげしい雨と風にみまわれること。
［　　　］□

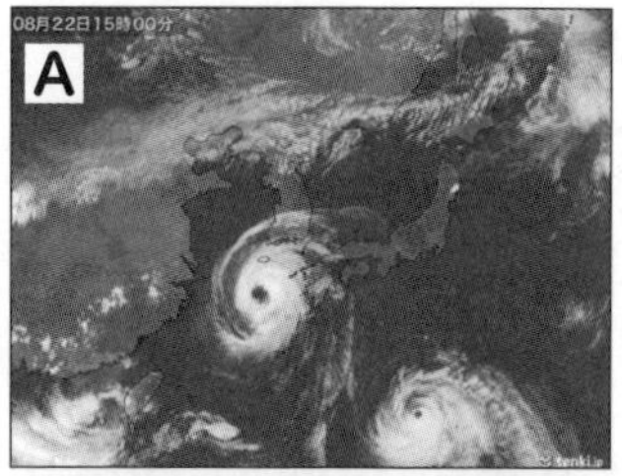

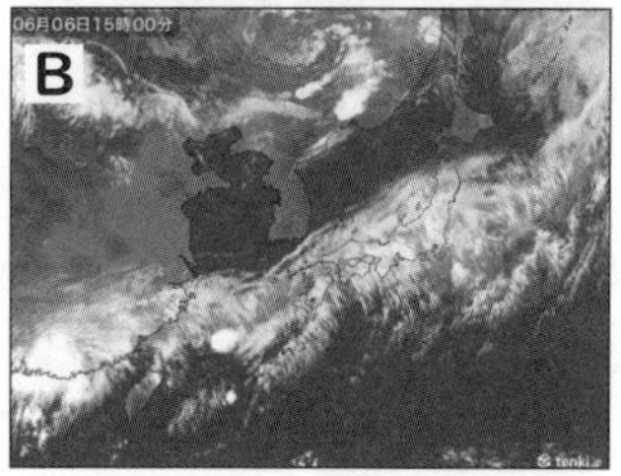

（日本気象協会）

チャレンジ

3 次の問いに答えなさい。

(1) 次の気候グラフの**ア**，**イ**は，何を表していますか。［　］に書きなさい。（20点）1つ10

ア［　　　］　**イ**［　　　］

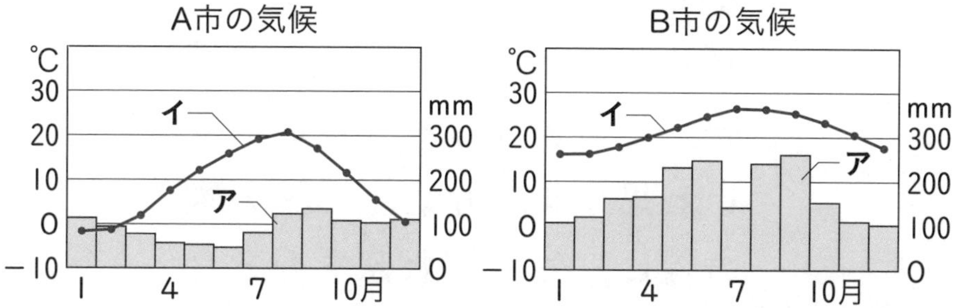

（2019年版「理科年表」）

(2) A市とB市の組み合わせとして正しいものを，下の**ア**～**エ**の中から選び，記号を書きなさい。（10点）［　　］

ア	A大阪《おおさか》市	B秋田《あきた》市	**イ**	A秋田市	B松本《まつもと》市
ウ	A札幌《さっぽろ》市	B那覇《なは》市	**エ**	A上越《じょうえつ》市	B静岡《しずおか》市

(3) 次の文で，あたたかい地方のくらしについての説明には○を，寒い地方のくらしについての説明には△を，［　］に書きなさい。（20点）1つ5

① 二重ドアや二重まど，断熱材《だんねつざい》をゆかなどに使っている。［　　］

② 屋根のかたむきが急なつくりになっている。［　　］

③ 強い風を防《ふせ》ぐために石垣《がき》を作ったり，木を植えたりしている。［　　］

④ 風通しをよくするために，戸を広くしている。［　　］

思考力トレーニング

社会②

気候にあった家の作画問題

答え→206ページ　月　日

問題 次の(1)と(2)の雨温図は，日本のある都市の月別の気温と降《こう》水量《すいりょう》を示《しめ》しています。あなたがそれぞれの都市でくらす場合，どのような家が住みやすいと思いますか。(1)と(2)の家の絵に，それぞれ窓《まど》をかきなさい。

目標時間 5分

窓の大きさをかえることで，家にどのような変化がみられるか，考えてみよう。

(1)

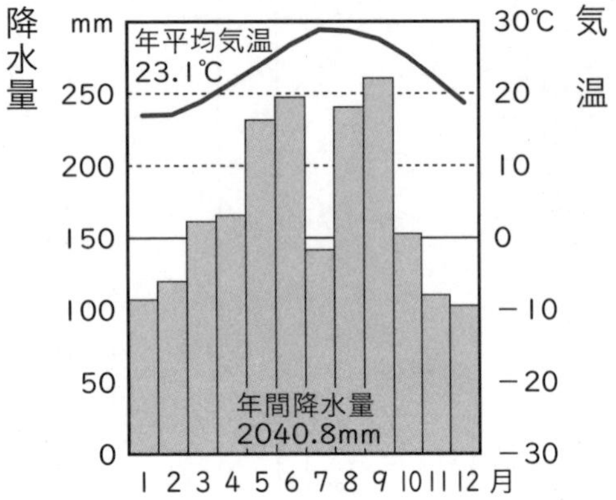

(2)

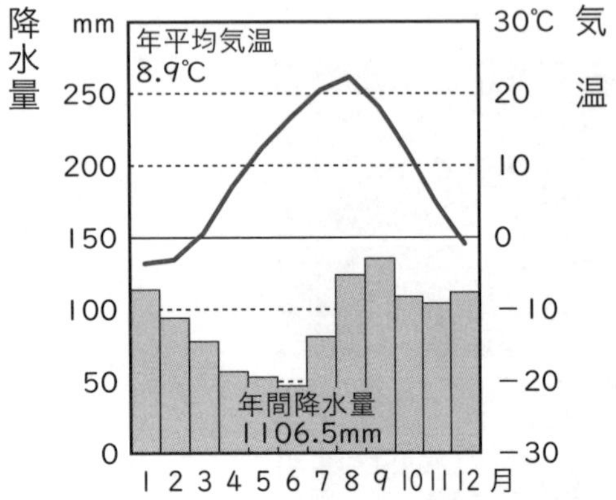

(1)

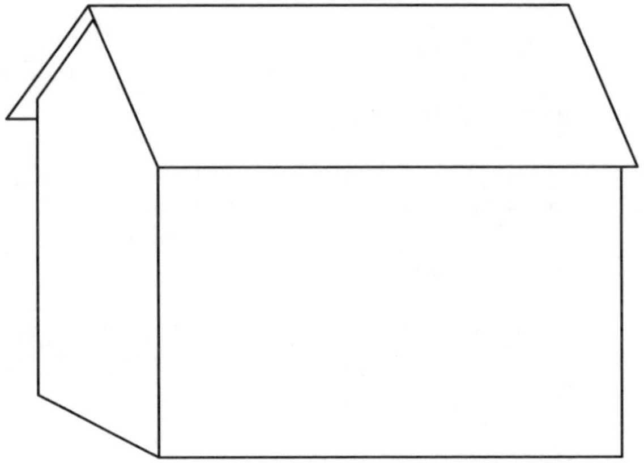

(2)

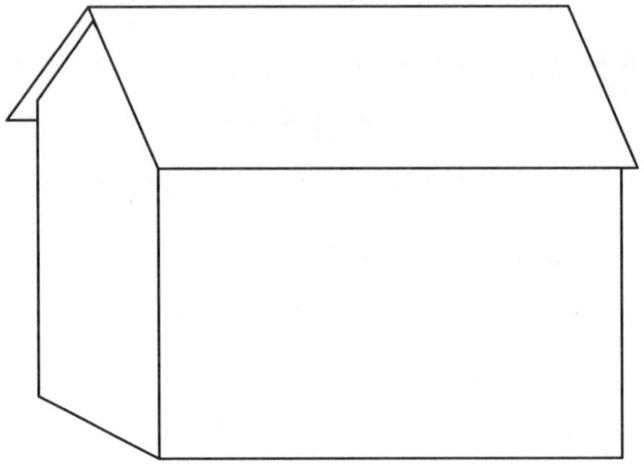

米づくり

なまえ　5年　組

答え→206ページ　月　日

時間 20分　合格 80点　得点　点

1 次の地図は米づくりがさかんな地いきをしめしています。これを見て，あとの問いに答えなさい。（20点）1つ5

〈米の生産量が多い都道府県上位10位まで〉

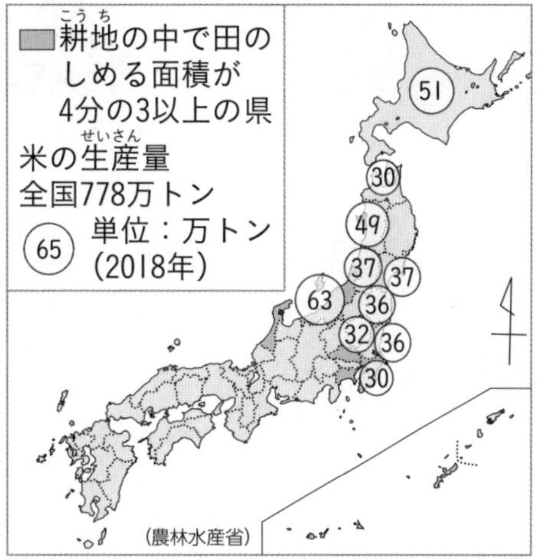

（農林水産省）

(1) 米の生産量1位～3位の都道府県名をそれぞれ答えなさい。

① 1位［　　　　　］

② 2位［　　　　　］

③ 3位［　　　　　］

(2) 米の生産量が多い地方は，北《ほっ》海道《かいどう》と何地方ですか。その地方名を答えなさい。

［　　　　　地方］

チャレンジ

2 次のグラフから，読み取れるものには○，読み取れないものには×を，［　］に書きなさい。（24点）1つ6

〈農業で働く人の数〉

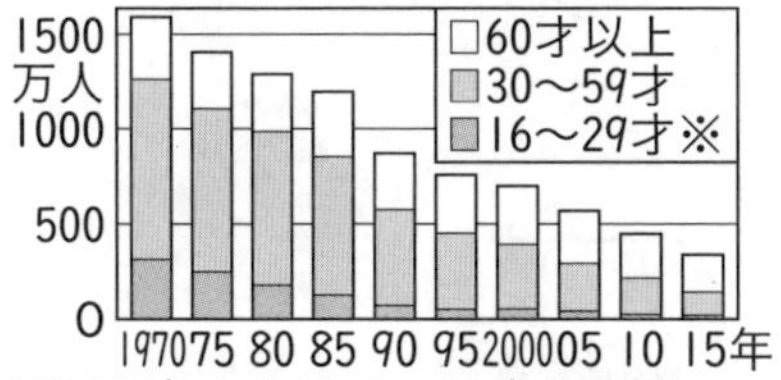

※1995年からは15～29才　（総務省など）

〈米の消費量と生産量の変化〉

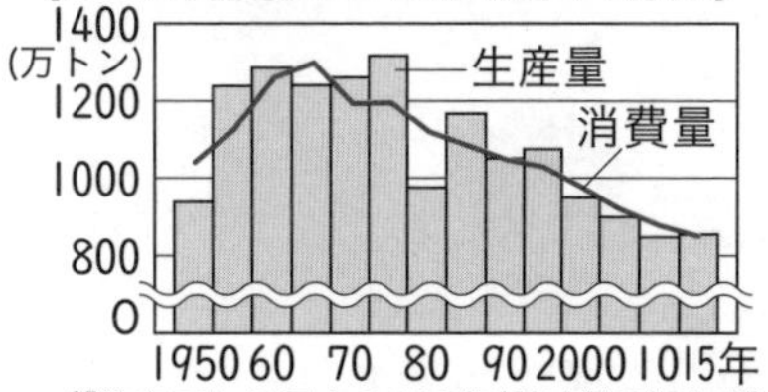

（「数字でみる日本の100年」改定第6版など）

(1) 農業で働く人の数は，減《へ》り続けている。［　］

(2) 生産組合をつくって，生産の効率《こうりつ》化《か》を図っている。［　］

(3) 2000年以こう，米の生産量が消費量を上回っている。［　］

(4) 近年，農業で働く人で一番少ないのは60才以上の人である。［　］

3 次の表は，米づくりのこよみです。これを見て，あとの問いに答えなさい。（56点）1つ8

3月	4月	5月	6月	7月	8月	9月	10月	11月
なえづくり 種もみの準備《じゅんび》	代《しろ》かき ①［　］	②［　］		中ぼし	雑草《ざっそう》をとる	③［　］ 雑草をとる	もみすり かんそう	たい肥《ひ》づくり

(1) 表中の①～③にあてはまる農作業を，下の□の中から選び，答えなさい。

①［　　　　］　②［　　　　］　③［　　　　］

田植え　田おこし　いねかり

(2) ぼう線部の代かきではどのようなことをしますか。次のア～ウの中から1つ選び，記号を書きなさい。［　］

ア 田に水を入れ，土をくだいて平らにする。

イ 田を耕《たがや》して，土をやわらかくする。

ウ 根をじょうぶにするため，田の水を全部ぬく。

(3) 表中の③の農作業のときに使う，右の機械を何というか答えなさい。［　　　　］

(4) 次の文の［　］にあてはまることばを書きなさい。

① 近年，一部の農家では，雑草をとるさい，かん境《きょう》と安全性《せい》を考えて薬を使わずに鳥を使う［　　　　］農法を行っている。

② いろいろな品種をかけあわせて，新しい品種をつくり出す［　　　　］が進められている。

算数
理科
社会
英語
国語
答え

機械を使う順番クイズ

答え→206ページ 月 日

問題 農家のAさん・Bさん・Cさんは，米づくりに使う機械を共同で使っています。Bさん・Cさん・Aさんの順に，使い終えた機械を回す場合，次のア～エの中で正しいのはどれですか。

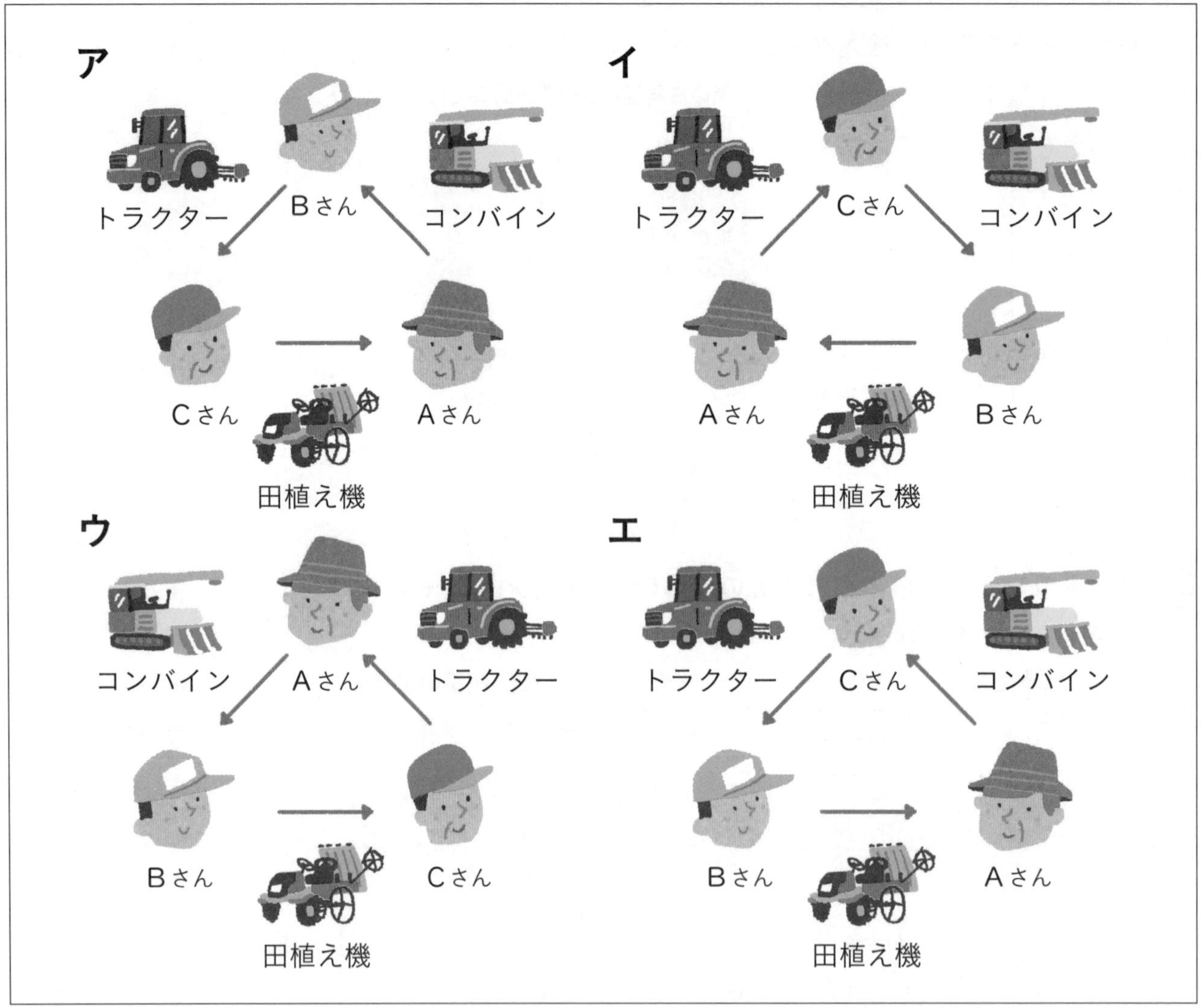

目標時間 4分

トラクターは田を耕《たがや》す機械，
コンバインはいねを収《しゅう》かくする
ための機械だよ。

野菜・果物づくり，ちく産《さん》

なまえ　5年　組

答え→206ページ

月　日

時間 20分　合格 80点　得点　点

1 野菜づくりについて，次の(1)〜(3)の農業がさかんな地いきを，地図中のア〜エの中から選び，記号を書きなさい。(24点) 1つ8

(1) 大都市向けに，野菜や花，たまごなどを生産する農業。［　　］

(2) 夏でもすずしい気候をいかして，レタスやキャベツなどを生産する農業。［　　］

(3) あたたかい気候を利用して，ビニールハウスなどできゅうりやピーマンなどの野菜の早づくりをする農業。［　　］

2 野菜づくりについて，あとの問いに答えなさい。(36点) 1つ9

(1) 右のグラフは，りんごとみかんの生産量について，県別のわり合をしめしたものです。①，②にあてはまる県名を答えなさい。

①［　　　　県］

②［　　　　県］

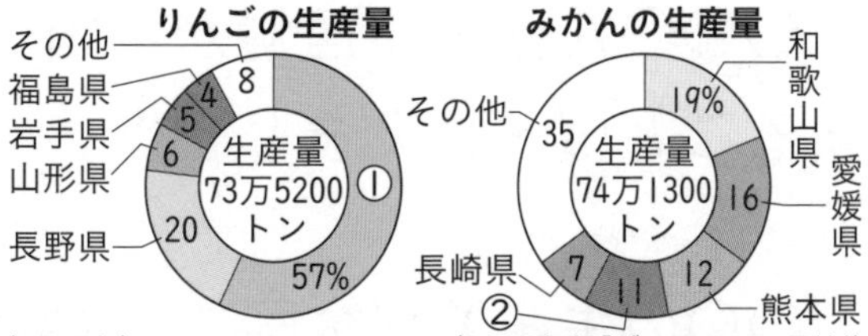

(2017年)　(2019年版「データでみる県勢」)

(2) 次の文の［　］にあてはまることばを，下の□の中から選び，答えなさい。

りんごは［①　　　　］地いき，みかんは［②　　　　］地いきでつくられている。

水はけのよい　あたたかい　すずしい　雨の少ない

チャレンジ

3 ちく産《さん》について，あとの問いに答えなさい。(40点) 1つ8

(1) 右の地図は，都道府県別の肉牛・乳牛《にゅうぎゅう》の頭数をしめしたものです。これを見て，次の問いに答えなさい。

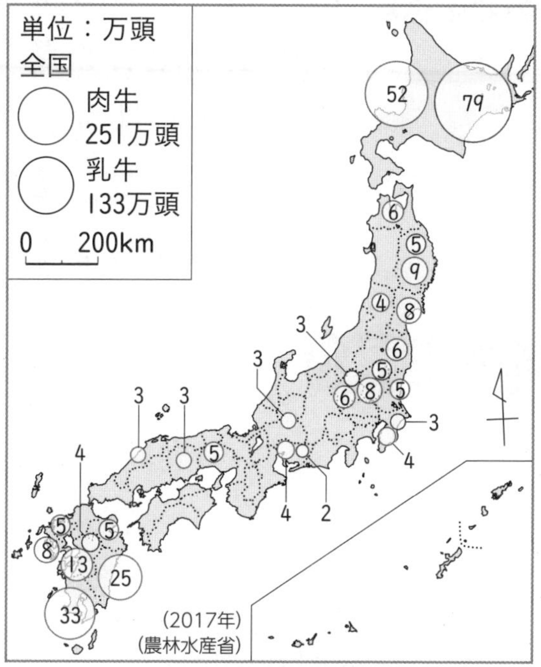

※2万頭に満たない都道府県は示していない。

① 乳牛が3万頭以上ある都道府県は，いくつありますか。数字で答えなさい。［　　つ］

② 北海道《ほっかいどう》に次いで肉牛の頭数が多い県を2つ，多い県から順に答えなさい。

［　　　　県］［　　　　県］

③ 北海道以外でちく産がさかんな地方を，次の**ア**〜**エ**の中から選び，記号を書きなさい。［　　］

ア 中部《ちゅうぶ》地方　**イ** 近畿《きんき》地方

ウ 中国《ちゅうごく》地方　**エ** 九州《きゅうしゅう》地方

(2) ちく産の中でも，乳牛を飼育《しいく》し，牛乳やチーズなどを生産することを何というか答えなさい。［　　　　］

社会④

農業の暗号解読

答え→206ページ　月　日

問題　次の暗号のような文章は，日本のある地方の農業について書かれています。あとの指示《しじ》にしたがって，書かれている内容《ないよう》を解読《かいどく》しなさい。

目標時間　4分

トウホクデハシゴナクダンナモノガナシオオクツリシナクナラレテイマス

指示　⑴〜⑷の問いに答えましょう。⑴・⑵の答えを食べてみると，上の文章が解読できます。（ヒント　食べる＝消す）

⑴ 青森県で全国のおよそ半分を生産している果物《くだもの》をカタカナ3文字で答えましょう。　[　　　　]

⑵ 山形県は，西洋○○の生産量が全国一多い県です。○○にあてはまる果物をカタカナで答えましょう。　[　　　　]

⑶ 山形県は，○○○んぼの生産量が全国一多い県です。○○○にあてはまることばを答えましょう。　[　　　　]

⑷ 福島県は，○○の生産量が全国で2番目に多い県です。○○にあてはまる果物を答えましょう。　[　　　　]

解読した内容　[　　　　　　　　]

水産業

なまえ　5年　組

答え→206ページ　月　日

時間 20分　合格 80点　得点　点

1 水産業がさかんな地いきについて，あとの問いに答えなさい。(42点) 1つ6

(1) 右の地図中のA，Cの海流を，次のア～エの中からそれぞれ選び，記号を書きなさい。

A [　　] C [　　]

ア 黒潮《くろしお》　イ リマン海流
ウ 親潮《おやしお》　エ 対馬《つしま》海流

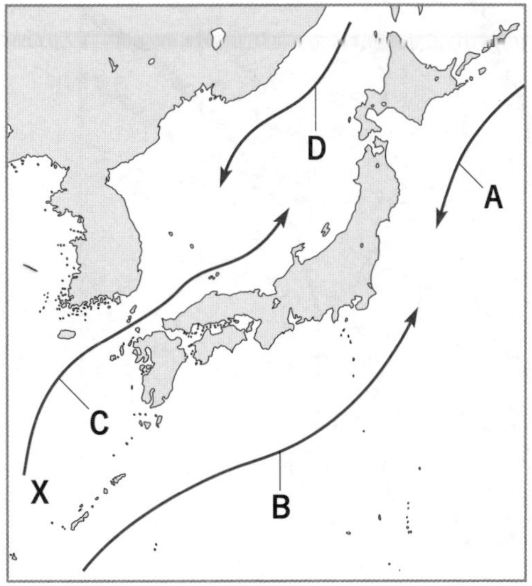

(2) 地図中のA～Dの海流のうち，暖流《だんりゅう》を２つ選び，記号を書きなさい。

[　　] [　　]

(3) 地図中のXの海を何といいますか。 [　　　　]

(4) □のうち，寒流《かんりゅう》でとれる魚を２つ選び，答えなさい。

[　　　　] [　　　　]

さけ　かつお　ぶり　かれい

2 次の文の[　]にあてはまることばを書きなさい。(12点) 1つ6

(1) 日本の近海は，暖流と寒流がぶつかり，えさとなる[　　　　]が多く，魚の種類も多いため，よい漁場になっている。

(2) 日本の近海にみられる，水深が 200 m くらいまでのゆるやかなしゃ面が続く海底を[　　　　]という。

3 次のグラフを見て，あとの問いに答えなさい。(30点) 1つ6

〈日本の漁業別の生産量の変化〉

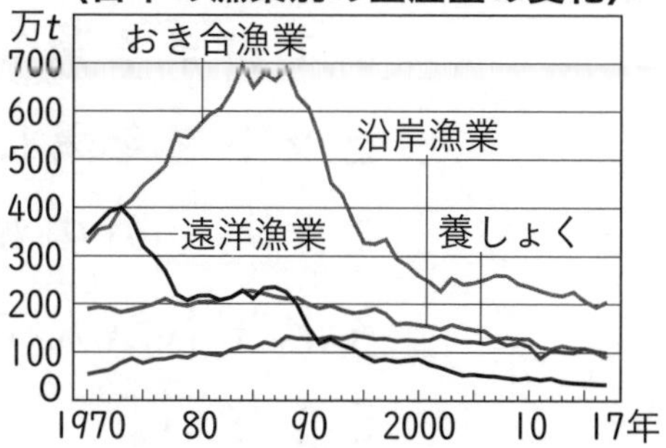

(2019/20年版「日本国勢図会」)

(1) 次の①～③は何という漁業の説明ですか。グラフ中のことばから選び，答えなさい。

① 10～100 t の船を使い，おきに出て数日がかりで行う漁業。 [　　　　]

② 100 t 以上の大型船を使い，遠くはなれた外国に行って長期間行う漁業。 [　　　　]

③ 10 t ぐらいまでの小型船を使い，岸に近いところで日帰りで行う漁業。 [　　　　]

(2) 1985 年に最も生産量が多かった漁業は何漁業ですか。

[　　　　]

(3) 次の文の[　]にあてはまる数字を答えなさい。

近年，[　　　]海里《かいり》水いきのえいきょうもあり，日本の遠洋漁業やおき合漁業の生産量が減ってきている。

4 次の説明のうち，養しょく業にはA，さいばい漁業にはB，両方にあてはまるものにはCを書きなさい。(16点) 1つ4

(1) し設《せつ》の中で大きくなるまで育ててから出荷《しゅっか》する。 [　]

(2) し設で育てた後，川や海に放流し大きく成長してからとる。 [　]

(3) 人の手で魚や貝のたまごをかえす。 [　]

(4) とる漁業ではなく，つくり育てる漁業である。 [　]

社会⑤　とれる魚クイズ

答え→207ページ　月　日

問題　地図中の(1)～(4)にあてはまる魚を，ヒントを参考にして，□の中からそれぞれ選んで書きなさい。

目標時間　2分

寒流《かんりゅう》にのってくる魚か，暖流《だんりゅう》にのってくる魚か，考えよう！

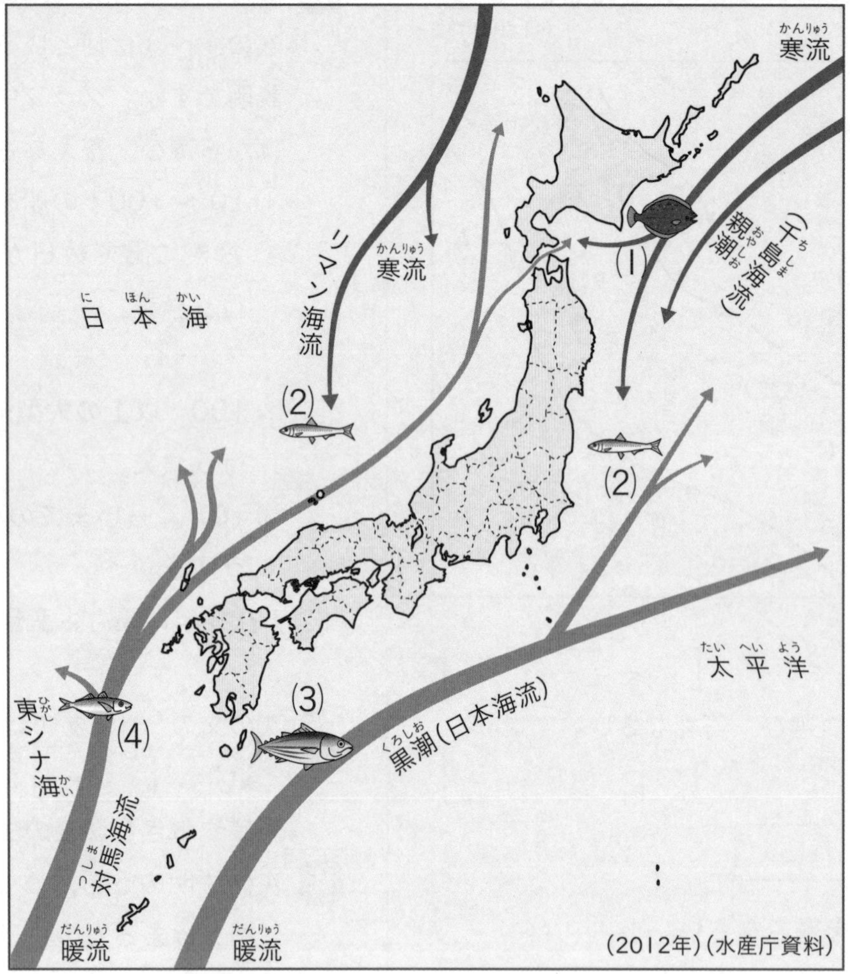

(2012年)(水産庁資料)

かつお	あじ
いわし	さば
かれい	さけ

ヒント

(1) そっくりな魚にひらめがいるよ。 □

(2) 近畿地方では，節分《せつぶん》のときに食べるよ。 □

(3) 一本づりで有名だよ。 □

(4) 干物などで食べられているよ。 □

これからの食料生産

なまえ　5年　組

答え→207ページ　月　日

時間 20分　合格 80点　得点　点

算数
理科
社会
英語
国語
答え

1 食料生産について，あとの問いに答えなさい。（28点）1つ7

⑴ 次の文の［　］にあてはまることばを，あとの**ア**～**エ**の中から選び，記号を書きなさい。

食料自給率《りつ》とは，

［①　　］のうち，［②　　］で生産された食料のわり合のことをいう。

〈主な国の食料自給率〉

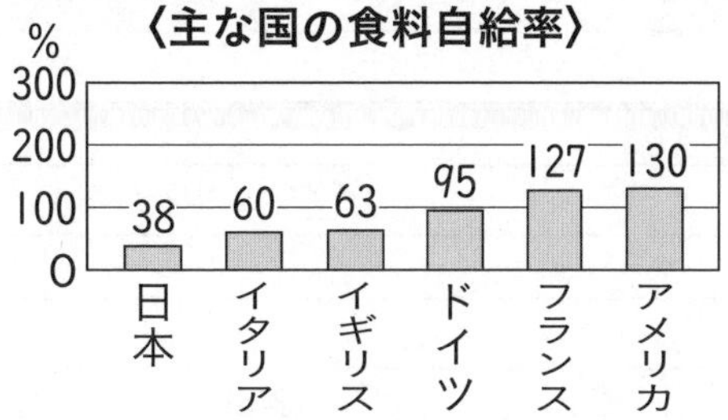

※数値はカロリーベース
（2013年，日本は2017年）（2019/20年版「日本国勢図会」）

ア 食料輸入《ゆにゅう》量　　**イ** 国内

ウ 食料消費量　　**エ** 国外

⑵ 主な国のうち，食料自給率が一番低い国はどこですか。

［　　　　］

⑶ 食料自給率が十分たりていて，食料を輸出《ゆしゅつ》することが可能《かのう》であると考えられる国を，グラフ中からすべて選び，その国名を答えなさい。［　　　　］

2 次の文の［　］にあてはまることばを書きなさい。（14点）1つ7

⑴ 自分たちの住む地《ち》いきで生産されたものを，その地いきで消費する［　　　　］の取り組みが各地で行われている。

⑵ 食品がいつ，どこで，どのように生産され，どのような経路《けいろ》を通って店にならんだのかを追せきできる［　　　　］のしくみが整えられてきている。

3 日本の食料生産について，あとの問いに答えなさい。（28点）1つ7

⑴ 日本でほぼ自給できている食料を，グラフの中から選んで答えなさい。

［　　　　］

〈日本の主な食料の自給率の変化〉

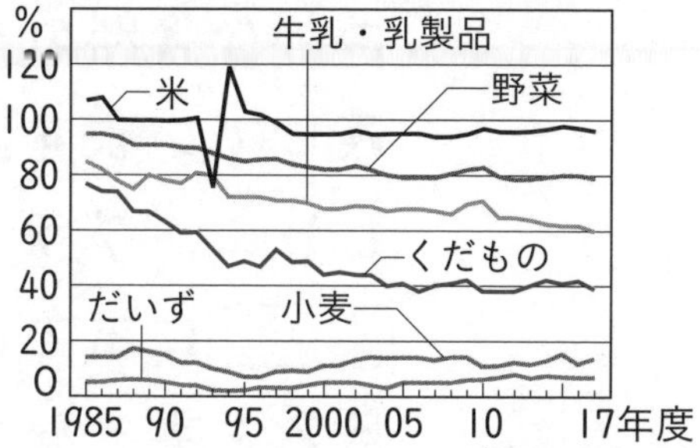

（農林水産省など）

⑵ ⑴の次に自給率が高い食料を，グラフの中から選んで答えなさい。

［　　　　］

⑶ 次の①・②は，食料自給率が特に低い食料について説明したものです。あてはまる食料をグラフの中からそれぞれ選んで答えなさい。

① みそやしょうゆ，とうふの原料となる。［　　　　］

② パンやうどんの原料となる。［　　　　］

4 近年，日本では食料の輸入が増《ふ》えていますが，その理由にあてはまるものには○，あてはまらないものには×を，［　］に書きなさい。

（30点）1つ6

⑴ 食生活が変化して，パンなどを食べるようになったから。［　］

⑵ 日本政府《せいふ》が，輸入を制限《せいげん》するようになったから。［　］

⑶ 外国の農産物よりも，日本の農産物の方が安いから。［　］

⑷ 輸送技術《ゆそうぎじゅつ》の発達により，せん度を保《たも》ったまま運べるようになったから。［　］

⑸ 国内で農業や漁業がまったく行われなくなったから。［　］

社会⑥ 自給率の読み取り問題

答え→207ページ　月　日

問題 次のグラフは，日本のおもな食料の自給率《りつ》を表しています。資料《しりょう》をもとに，グラフの横の□にあてはまる品目名を書きなさい。

目標時間 5分

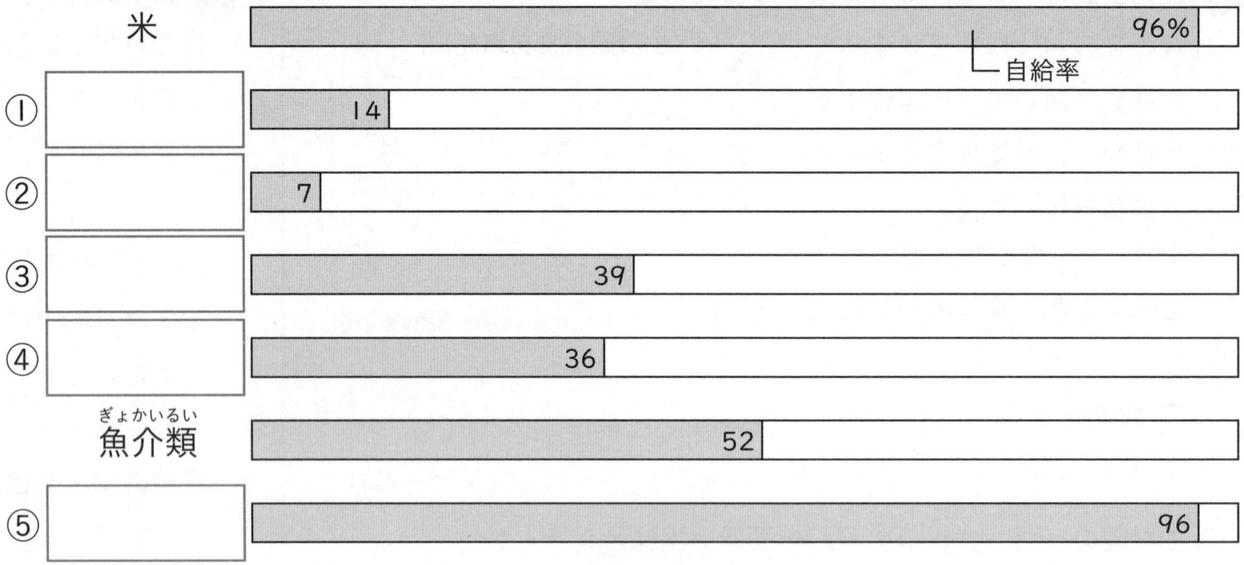

国内消費仕向量とは，国内市場に出回った食料の量のことだよ。

資料1

$$品目別自給率 = \frac{国内生産量}{国内消費仕向量} \times 100$$

資料2

（千 t）

品目	国内生産量	国内消費仕向量
卵《たまご》	2601	2710
果物《くだもの》	2792	7075
大豆	253	3601
牛肉	471	1291
小麦	907	6557

（2017年度）　（平成29年度版「食料需給表」）

自動車工業

なまえ　5年　組

答え→207ページ　月　日

時間 20分　合格 80点　得点　点

1 次の図は，自動車づくりの作業のようすをしめしています。これを見て，あとの問いに答えなさい。(56点) 1つ7

A

B

C

D

E

F

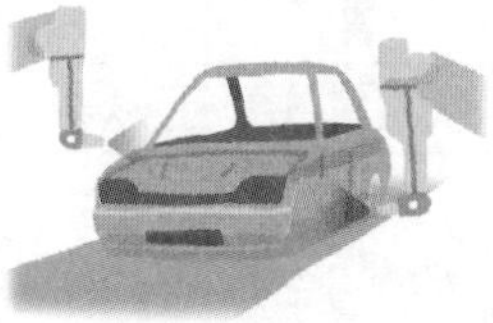

(1) A～Fは，それぞれどのような作業をしていますか。下の[　]の中から選び，答えなさい。

A [　　　] B [　　　] C [　　　]
D [　　　] E [　　　] F [　　　]

とそう	出荷《しゅっか》	検査《けんさ》	ようせつ	プレス	組み立て

(2) A～Fを自動車ができあがっていく順番にならべかえ，記号を書きなさい。

[　] → [　] → [　] → [　] → [　] → [　]

(3) 自動車は，細かいねじなどもあわせると，いくつぐらいの部品からできていますか。次の**ア**～**エ**の中から選び，記号を書きなさい。 [　　]

ア 約1000個　**イ** 約3000個　**ウ** 約1万個　**エ** 約3万個

2 自動車工場について，あとの問いに答えなさい。(24点) 1つ8

(1) 自動車工場では，シートやハンドルなどの部品は，それぞれの部品をつくる工場から取りよせています。このような工場のことを何というか，答えなさい。 [　　　]

(2) 次の文の[　]にあてはまることばを書きなさい。

① 組み立て工場では，ベルトコンベアーに乗った車体にシートやタイヤなどを分たんして次々と取りつけていく[　　　]作業で進められている。

② 組み立て工場において，重い部品の取りつけや，とそう・ようせつなどのき険《けん》な作業では，[　　　]や機械が使われている。

チャレンジ

3 これからの自動車について，あとの問いに答えなさい。

A [　　]

B ハイブリッドカー

(1) Aの[　]にあてはまる，水素《すいそ》と酸素《さんそ》で電気をつくり出して走る自動車を何というか，答えなさい。(8点) [　　　]

(2) Bの自動車について説明した，次の文の[　]にあてはまることばを書きなさい。(12点) 1つ6

ハイブリッドカーは，[①　　　]で動くモーターと，[②　　　]で動くエンジンの両方を組み合わせて走る自動車である。

自動車関連工場クイズ

答え→207ページ　月　日

問題　右の図中の(1)～(3)でつくられる製品《せいひん》を，**ア～エ**から選んで，記号を書きなさい。ふく数の記号を答えてもよい。

目標時間　1分

(1) ☐　(2) ☐　(3) ☐

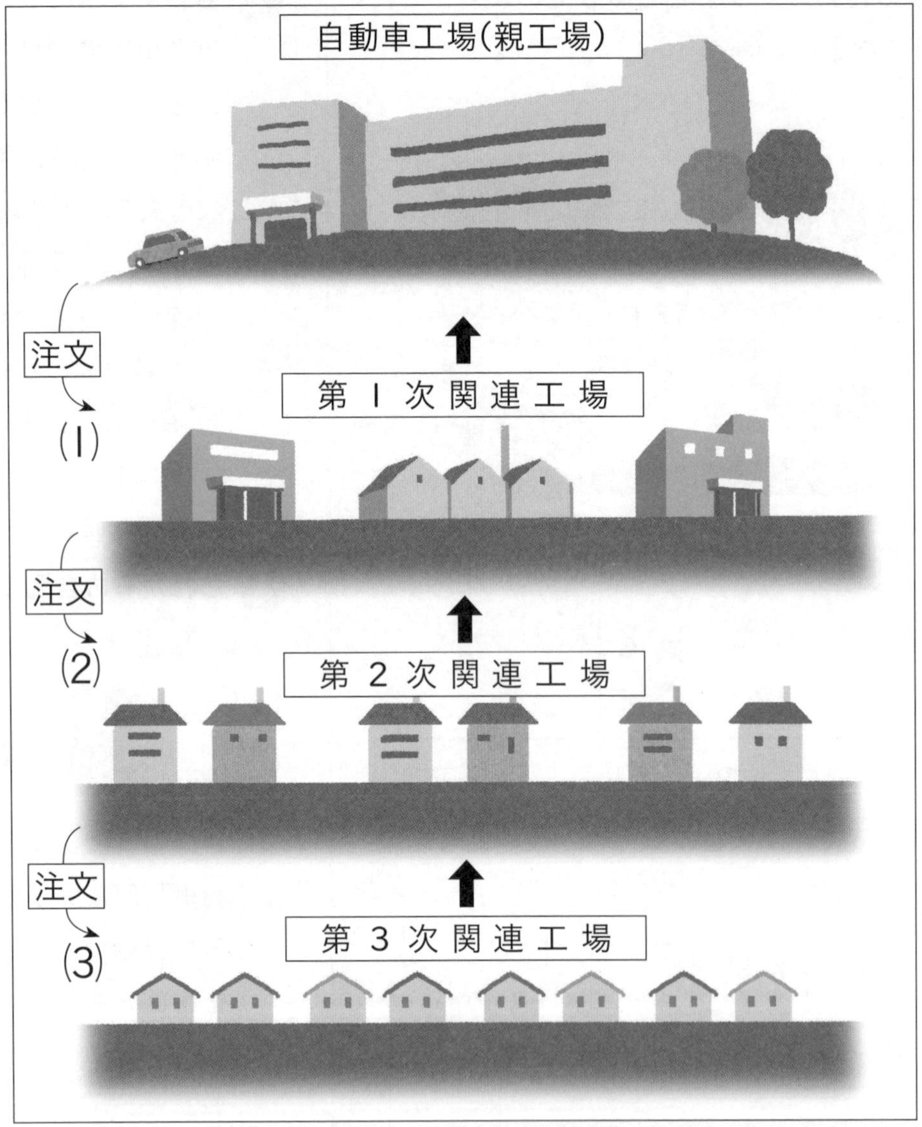

ア

イ

ウ
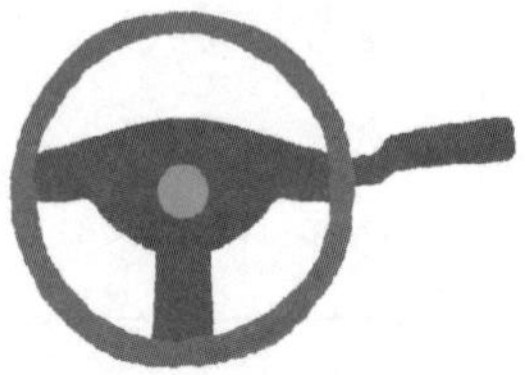

エ
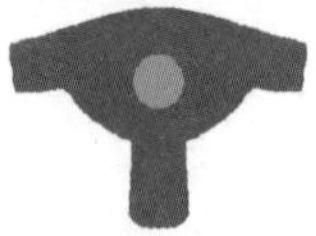

1台の自動車ができるまでには，多くの関連工場をへているよ！

工業のさかんな地いき

なまえ　5 年　組

答え→207 ページ　月　日

時間 20 分　合格 80 点　得点　点

1 次の地図を見て，あとの問いに答えなさい。（48 点）1 つ 6

(1) 地図中のＡ～Ｄの工業地帯・地いき名を，下の□の中から選んで，答えなさい。

Ａ［　　　　］工業地帯
Ｂ［　　　　］工業地帯
Ｃ［　　　　］工業地帯
Ｄ［　　　　］工業地いき

阪神《はんしん》	東海《とうかい》	北九州《きたきゅうしゅう》
京葉《けいよう》	北陸《ほくりく》	瀬戸内《せとうち》
中京《ちゅうきょう》	京浜《けいひん》	関東内陸《かんとうないりく》

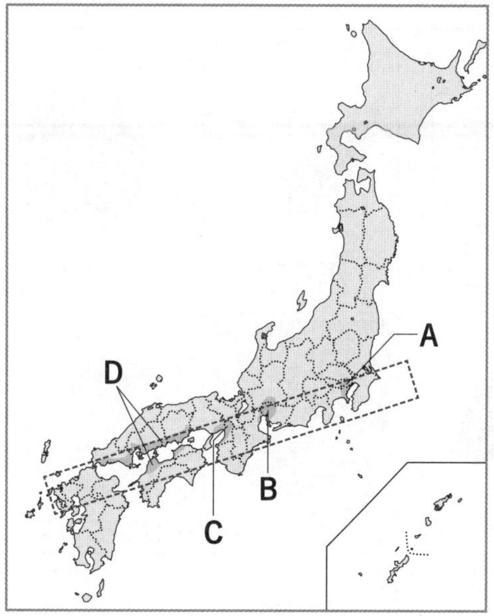

(2) 工業生産額《がく》が最も多い工業地帯・工業地いきを，地図中のＡ～Ｄの中から 1 つ選び，記号を書きなさい。［　　］

(3) 工業地帯・地いきが帯のように広がっている，地図中の⬚でしめされた地いきを何といいますか。［　　　　］

(4) (3)で工業が発達した理由として正しいものを，次の**ア**～**エ**の中から２つ選び，記号を書きなさい。［　　］［　　］

ア 石油や鉄鉱石《てっこうせき》などの工業資《し》げんの産出地に近かったから。

イ 働く人やつくった製品《せいひん》を利用する人が多かったから。

ウ 原料やつくった製品を輸送《ゆそう》するのに便利だったから。

エ 人口が少なく，工場を建てる広い土地があったから。

2 次のグラフを見て，あとの問いに答えなさい。（42 点）1 つ 7

(1) 右のグラフは，工業の種類別の生産額の変化をしめしたものです。次の①・②の工業はそれぞれ何工業といいますか。グラフ中から選び，答えなさい。

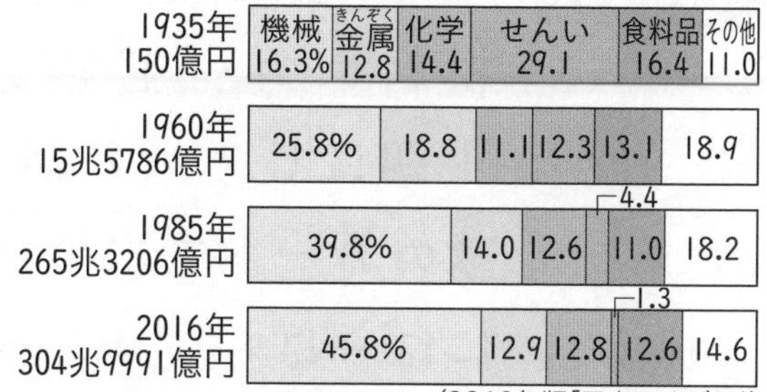

（2019年版「日本のすがた」）

① 部品を組み立てて自動車などをつくる工業。

② 石油などから，ガソリンやプラスチックなどをつくる工業。

①［　　　　工業］　②［　　　　工業］

(2) このグラフから読み取れるものには○，読み取れないものには×を書きなさい。

① 現在《げんざい》，最もわり合が高いのは化学工業である。［　］

② 1935 年には，せんい工業の生産額が最も多かった。［　］

③ 2016 年の工業生産額は，1960 年の 20 倍以上ある。［　］

④ 2016 年の食料品工業の生産額はおよそ 60 兆円である。［　］

3 次の文の［　］にあてはまることばを書きなさい。（10 点）1 つ 5

(1) 原料や製品などを利用しあい，生産効率《こうりつ》を高めるために計画してつくった工場の集まりを［　　　　］という。

(2) 近年は内陸部にも，トラックを使って原料や製品を運ぶのに便利な［　　　　］の近くに工業がさかんな地いきが発達している。

思考力トレーニング

社会⑧

工業製品の原材料あわせ

答え→207ページ　月　日

問題　工業製品《せいひん》とその主な原材料のカードを2枚1組にして，8組16枚のカードを次のようにばらばらにならべました。裏《うら》になっている3枚のカードはどんな絵ですか。下の1列の中から3枚選びなさい。

目標時間　5分

まずは工業製品のカードと
原材料のカードにわけてみよう。

社会 9

日本の貿易《ぼうえき》と運輸《うんゆ》

なまえ　5年　組

答え→207ページ

月　日

時間 20分　合格 80点　得点　点

1 次のグラフを見て，あとの問いに答えなさい。(30点) 1つ6

〈日本の主な輸出品と輸入品〉

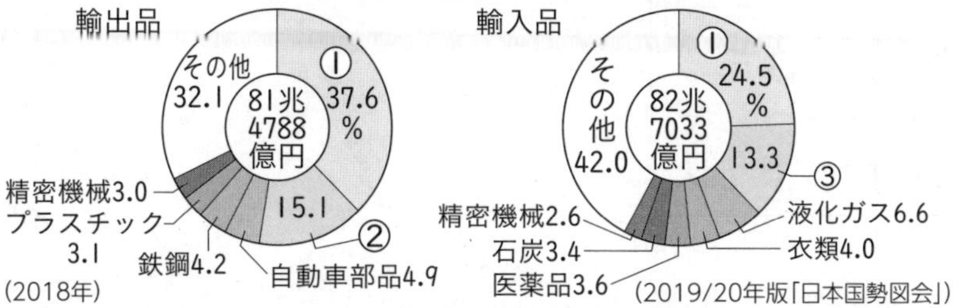

(2018年)　(2019/20年版「日本国勢図会」)

(1) 2018年では，日本の輸出額《ゆしゅつがく》と輸入《ゆにゅう》額では，どちらが多いですか。

[　　　　]

(2) グラフ中の①～③にあてはまる貿易《ぼうえき》品を，次の**ア**～**カ**の中からそれぞれ選び，記号を書きなさい。

①[　　]　②[　　]　③[　　]

ア 金属《きんぞく》品　**イ** 石油　**ウ** せんい品

エ 自動車　**オ** 石炭　**カ** 機械類

(3) 日本の工業は，原料を輸入し，すぐれた技術《ぎじゅつ》で工業製品《せいひん》をつくって海外へ輸出することで発てんしてきました。このような貿易を何というか答えなさい。[　　　　]

2 これからの貿易について，大切なことには○を，そうでないことには×を書きなさい。(24点) 1つ6

(1) 輸出と輸入のつりあいのとれた貿易を行うこと。[　　]

(2) より多くのものを輸入し，日本の産業をさかんにすること。[　　]

(3) できるだけ国内で生産し，輸出・輸入とも減らすこと。[　　]

(4) 貿易相手国に技術も輸出し，その国を発てんさせること。[　　]

3 次のグラフを見て，あとの問いに答えなさい。(36点) 1つ6

(1) グラフ中の①～③にあてはまるものを，下の□の中から選び，答えなさい。

①[　　　　]

②[　　　　]

③[　　　　]

自動車　鉄道　船

〈日本の貨物輸送《ゆそう》の変化〉

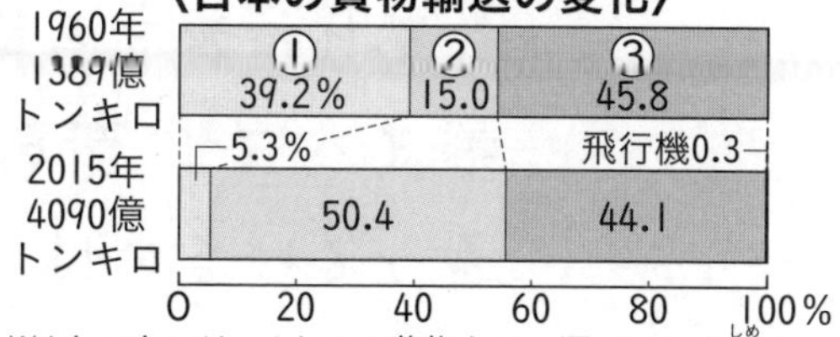

※1トンキロは，1トンの荷物を1km運ぶことを示《しめ》す。

(2018年版「EDMCエネルギー・経済統計要覧」など)

(2) 次の①～③の場合，どのような輸送機関を使うとよいですか。自動車の場合はA，船の場合はB，飛行機の場合はCを書きなさい。

① 石油や鉄鉱石《てっこうせき》を外国から輸入する場合。[　　]

② 小さな荷物を家にとどけてもらいたい場合。[　　]

③ 軽くて小さい電子部品を外国から輸入する場合。[　　]

4 次の表を見て，(1)・(2)の説明にあてはまる国を，それぞれ答えなさい。(10点) 1つ5

〈日本の主な輸入相手国〉

中国《ちゅうごく》	18.5兆円
アメリカ合衆国《がっしゅうこく》	8.1兆円
オーストラリア	4.4兆円
韓国《かんこく》	3.2兆円

〈日本の主な輸出相手国〉

アメリカ合衆国	15.1兆円
中国	14.9兆円
韓国	6.0兆円
オーストラリア	1.9兆円

(2017年)(2018/19年版「日本国勢図会」)

(1) 日本の貿易相手国のうち，貿易額が最も多い国 [　　　　]

(2) 日本との貿易で輸入額と輸出額の差が最も大きい国 [　　　　]

思考力トレーニング

社会⑨

新幹線クイズ

答え→207ページ　月　日

問題　3つのことがらがそれぞれ位置する都道府県すべてに新幹線《しんかんせん》が通っているのは，ア・イのどちらですか。いくつもの都道府県にまたがることがらは，いずれかの県に新幹線が通っていればよいことにします。

目標時間　6分

ア	イ
・日本一大きい湖 ・日本一長い川 ・日本一高い山	・日本一広い砂丘《さきゅう》 ・日本一長いつり橋 ・日本一広いぶな林

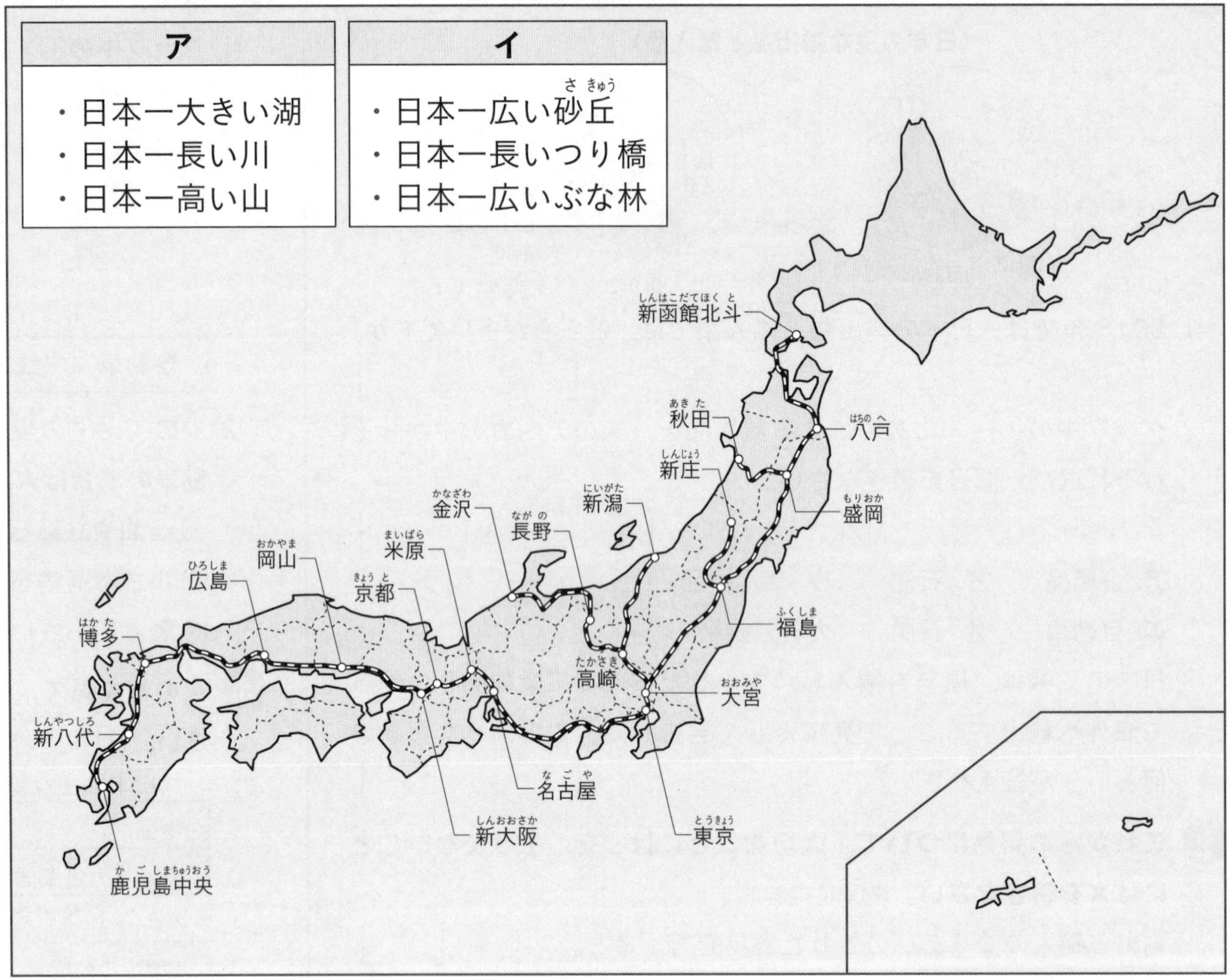

アとイのことがらがどの都道府県にあたるか考えてみよう。

社会 10

情報《じょうほう》とわたしたちのくらし

なまえ　5年　組

答え→207ページ　月　日

時間 20分　合格 80点　得点　点

1 次の図を見て，あとの問いに答えなさい。（32点）1つ8

ア テレビ　**イ** ラジオ　**ウ** 新聞　**エ** インターネット

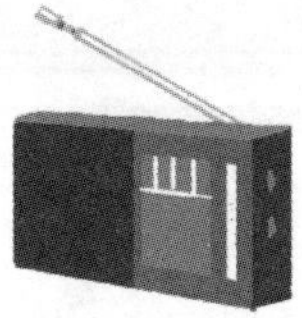

(1) テレビや新聞など，一度に多くの人に情報《じょうほう》を伝える方法のことを何といいますか。カタカナで答えなさい。［　　］

(2) 次の①～③の説明にあてはまるものを，上の**ア**～**エ**の中から選び，記号を書きなさい。

① 文字で情報を伝え，くわしく解説《かいせつ》された情報を何度も読み返すことができ，切りぬいて保《ほ》ぞんできる。［　　］

② 音声で情報を伝え，家事をしたり，自動車を運転したりしながらでも情報を得ることができる。［　　］

③ 主にえい像《ぞう》と文字で情報を世界中に伝え，検《けん》さくすることで，いつでも必要な情報を得ることができる。［　　］

2 次の図を見て，あとの問いに答えなさい。（12点）1つ6

〈ニュース番組が放送されるまでの仕事〉

情報しゅう集 ➡ 編集《へんしゅう》会議 ➡ ［　］ ➡ 原こうの作成 ➡ えい像の編集 ➡ 本番

(1) 図中の［　］の仕事の中には，記者がインタビューしたりすることもふくまれます。あてはまることばを書きなさい。［　　］

(2) 図中の下線部の本番のとき，スタジオでニュースを読み上げる人を何といいますか。［　　］

3 情報社会について，あとの問いに答えなさい。（21点）1つ7

(1) インターネットなどを利用し，多くの情報機器をつないで情報のやりとりができるしくみを何といいますか。［　　］

(2) 次の文の［　］にあてはまることばを書きなさい。

① 右の図のように，遠くにいる医師《いし》とかん者をインターネットでつなぎ，かん者の情報を伝えてしんりょうを行う［　　］医《い》りょうが行われているところもある。

② 大きな病院では，かん者の病気や検査《けんさ》結果などの記録をパソコンなどでデータとして入力した［　　］が導入《どうにゅう》されるようになった。

チャレンジ

4 情報の利用について，あとの問いに答えなさい。（35点）1つ7

(1) インターネット上での情報の特ちょうや，使うときに気をつけるべきものには○を，そうでないものには×を書きなさい。

① 個人《こじん》情報は，かんたんに他の人には教えないようにする。［　　］

② 人を傷《きず》つけるような情報は絶対《ぜったい》に発信しない。［　　］

③ 一度広がってしまった情報でも，すぐに消すことができる。［　　］

④ 多くの情報の中には，正しくないものもある。［　　］

(2) 多くの情報の中から必要な情報を選び，その情報が正しいかどうかを見ぬき，活用する能力《のうりょく》を何といいますか。カタカナで答えなさい。［　　］

くらしと情報《じょうほう》クイズ

答え→207 ページ　月　日

問題　右の図は，病院内の情《じょう》報《ほう》ネットワークを表したものです。(1)～(5)にあてはまることばを，下の**ア**～**オ**の中から選び，記号を書きなさい。

目標時間　1分

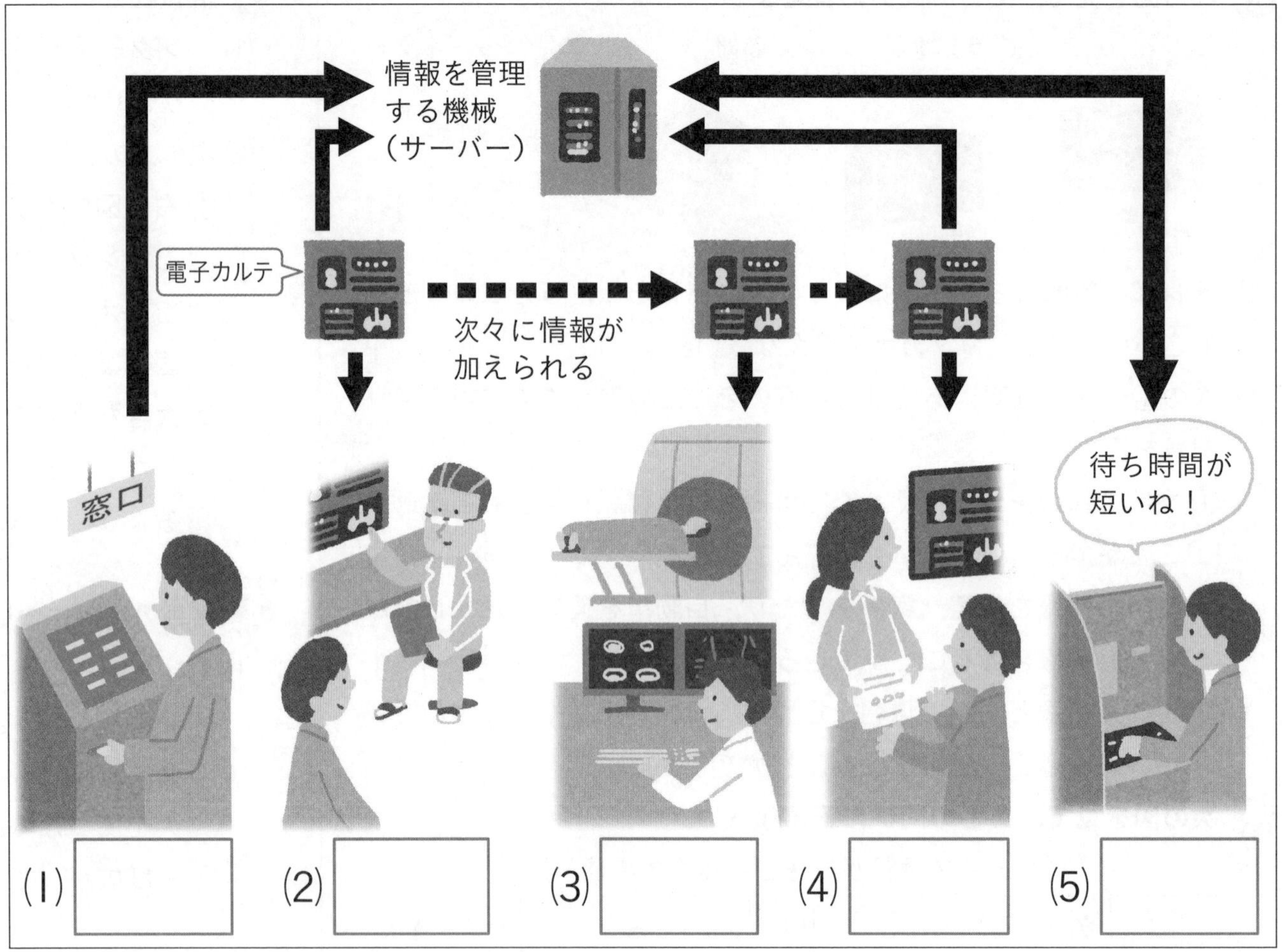

電子カルテを使って，このようなしくみが整えられたよ！

ア 検査《けんさ》　**イ** 薬のしょ方　**ウ** 会計　**エ** 受付　**オ** しん察

社会 11

わたしたちのくらしとかん境《きょう》

なまえ　5年　組

答え→207ページ

月　日

時間 20分　合格 80点　得点　点

1 公害について，あとの問いに答えなさい。 (50点) 1つ5

(1) 地図中のA～Dは，四大公害病が起きた場所をしめしています。それぞれ何という公害病ですか。

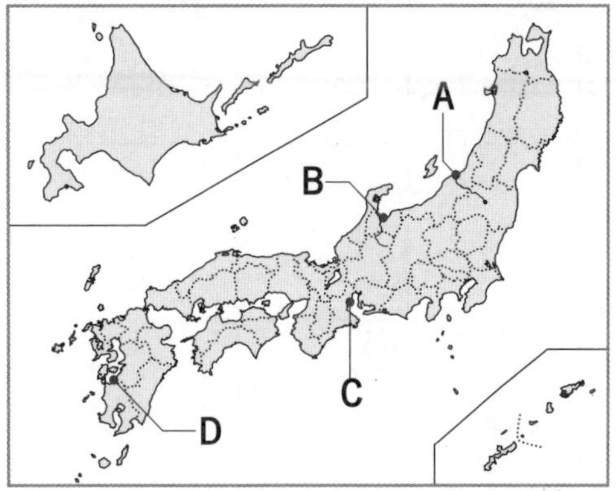

A [　　　　　]
B [　　　　　]
C [　　　　　]
D [　　　　　]

(2) A～Dの公害病の原因《げんいん》といわれているものを，次の**ア**～**エ**の中からそれぞれ選び，記号を書きなさい（同じ記号を選んでもよい）。

A [　　] B [　　] C [　　] D [　　]

ア 化学工場から出された有機水銀
イ 鉱山《こうざん》から流れ出たカドミウム
ウ 石油化学工場から出されたけむり
エ 川に流れ出た家庭はい水

(3) 次の文の[　]にあてはまる法りつを，下の□から選び，答えなさい。

① 四大公害病をはじめ，さまざまな公害が発生したことから，国は1967年に[　　　　　]を制定《せいてい》し，かん境基準《きょうきじゅん》を定めた。

② 地球温暖化《おんだんか》や酸性雨《さんせいう》などの地球かん境問題に対応するため，1993年に[　　　　　]が制定された。

公害対策《たいさく》基本法　かん境基本法

2 森林の働きについて，次の図を見て，あとの問いに答えなさい。 (30点) 1つ6

(1) 図中の①～④にあてはまる森林の働きを，下の**ア**～**エ**の中からそれぞれ選び，記号を書きなさい。

①[　　] ②[　　] ③[　　] ④[　　]

ア 木材をつくる働き　　**イ** 空気をきれいにする働き
ウ 動物をやしなう働き　　**エ** 土を支《ささ》え山くずれを防《ふせ》ぐ働き

(2) 森林は，ふった雨をたくわえて少しずつ流す働きもしています。このことから，森林は何とよばれていますか。[　　　　　]

3 森林について述《の》べた文として正しいものには○，あやまっているものには×を，[　]に書きなさい。 (20点) 1つ5

(1) 日本の森林の面積は，国土のおよそ3分の1をしめる。[　　]
(2) 現在《げんざい》，天然林よりも人工林のほうが多い。[　　]
(3) 林業で働く人は減《へ》り続けている。[　　]
(4) 木の生育をよくするため，まわりの木を切ることを間ばつという。[　　]

かん境《きょう》クロスワード

答え→208ページ　月　日

問題　クロスワードを完成させなさい（答えはカタカナで，小さな文字は大きな文字で書きましょう）。

目標時間　10分

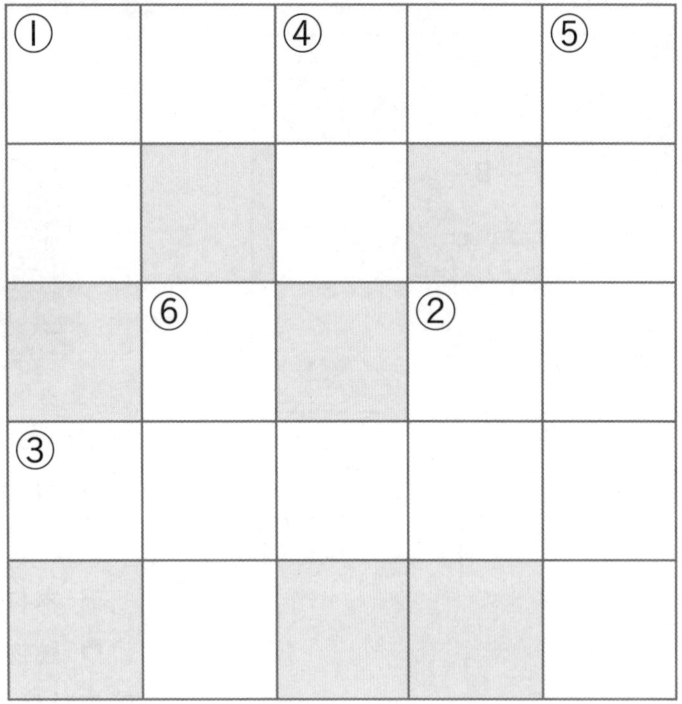

《タテのカギ》

① ○○がうるさいのも公害の一つ。

④ 森林は「緑の○○」とよばれる。

⑤ ○○○○はイタイイタイ病の原因物質《ぶっしつ》。

⑥ 火山が○○○する。

《ヨコのカギ》

① 地球○○○○○の原因《げんいん》は二酸化炭素《にさんかたんそ》。

② 木から○○がつくられ，ノートができる。

③ 地震《じしん》のとき，○○○○○ひなん速報《そくほう》が出される。

仕上げテスト

なまえ　5年　組

答え→208ページ　月　日

時間 20分　合格 80点　得点　点

1 **世界の大陸・海洋・国の名まえを書きなさい。**(60点) 1つ3

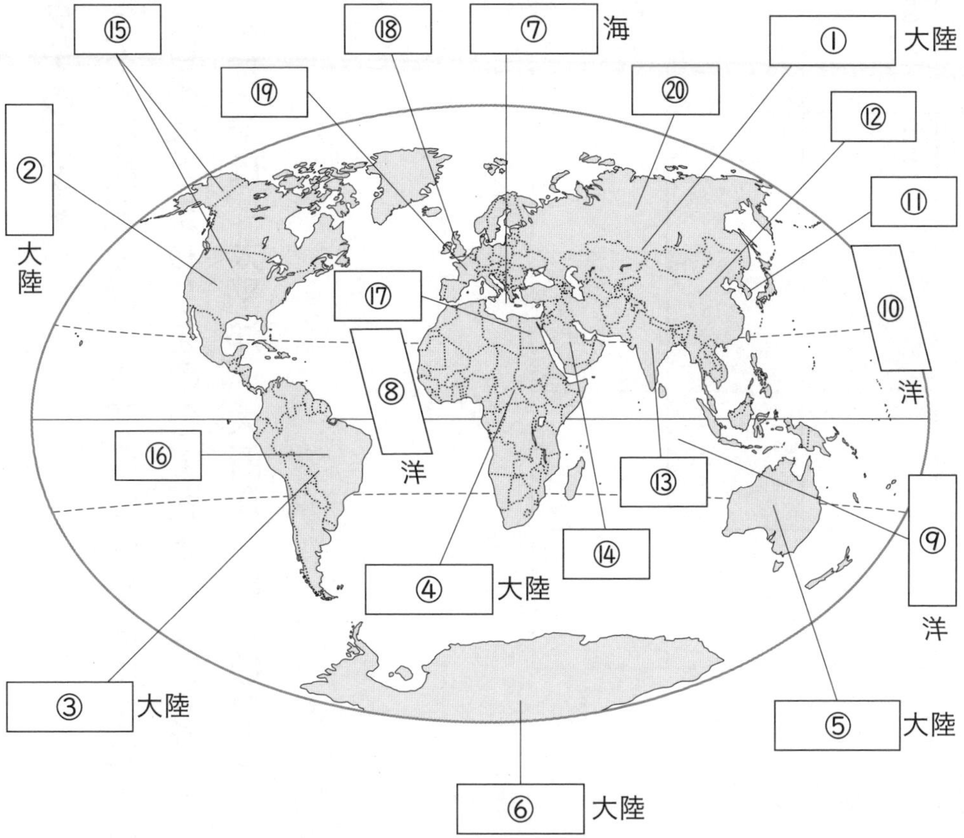

①	②	③	④
⑤	⑥	⑦	⑧
⑨	⑩	⑪	⑫
⑬	⑭	⑮	⑯
⑰	⑱	⑲	⑳

2 **第1次産業，第2次産業，第3次産業について，あとの問いに答えなさい。**

(1) それぞれどのような産業をさしていますか。正しいものを線で結びなさい。(10点)

第1次産業・　　・つくられたものを提供《ていきょう》する産業

第2次産業・　　・自然からものをつくり出す産業

第3次産業・　　・ものを加工する産業

(2) 下の□の中の仕事を，第1次産業，第2次産業，第3次産業に分けなさい。(30点) 1つ10

第1次産業	第2次産業	第3次産業

米づくり	米　屋	自動車工場	学校の先生
旅行会社	養しょく業	建設《けんせつ》業	製鉄《せいてつ》業

社会クロスワード

答え→208ページ　月　日

問題 クロスワードを完成させなさい（答えはカタカナで，小さな文字は大きな文字で書きましょう）。

目標時間 10分

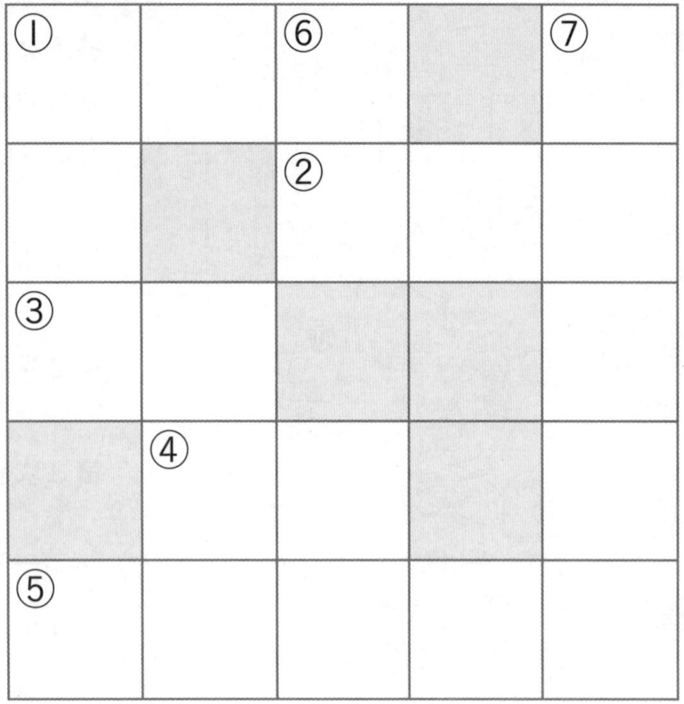

《タテのカギ》

① 大きな病院では，電子〇〇〇が活用されている。

⑥ 日本は，まわりを〇〇で囲《かこ》まれている。

⑦ 三大洋は，太平洋，大西洋，〇〇〇〇〇。

《ヨコのカギ》

① 日本は〇〇〇貿易《ぼうえき》で発てん。

② 和《わ》歌《か》山《やま》県は〇〇〇の生産日本一。

③ 森林には人工林と〇然林がある。

④ 日本海流は〇〇潮《しお》ともよばれる。

⑤ 病院でも〇〇〇〇〇ネットワークを活用。

英語 1

アルファベットの復習《ふくしゅう》

なまえ　5年　組

答え→208ページ

月　日

時間 20分　合格 80点　得点　点

1 次のアルファベットのうすい文字をなぞりなさい。(20点)

A B C D E F G

a b c d e f g

H I J K L M N

h i j k l m n

O P Q R S T U

o p q r s t u

V W X Y Z

v w x y z

2 上の大文字と同じアルファベットの小文字を下から選び，線で結びなさい。(50点) 1つ10

J　Q　B　R　D

q　r　j　b　d

3 次の大文字と小文字を，アルファベット順にならべかえて書きなさい。(30点) 1つ10

(1) URTSV

(2) knjlm

(3) gfhei

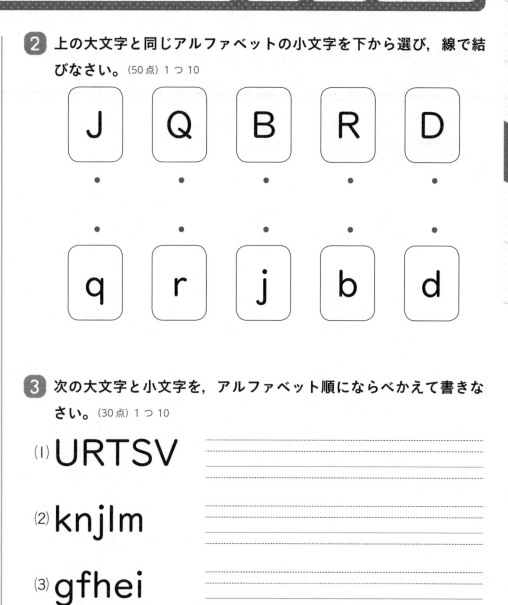

アルファベットパズル

答え→208ページ　　月　　日

問題　次のカードは全て，大文字と小文字のペアになります。うら返しになっているカードのアルファベットを答えなさい。

目標時間　8分

(1)

うら返しになっているカードのアルファベット

(2)

うら返しになっているカードのアルファベット

うら返しになっているカードは，大文字と小文字が1つずつあるよ。

英語 2

自こしょうかい

なまえ　5 年　組

答え→208 ページ

月　日

時間 20分　合格 80点　得点　点

1 日本文に合う英文を選んで，記号で答えなさい。(40 点) 1 つ 10

(1) わたしはリサです。 [　　]

ア I am Risa.
イ I like Risa.
ウ Hello, Risa.

(2) わたしは 10 さいです。 [　　]

ア It's ten.
イ I have ten.
ウ I'm ten.

(3) わたしは東京の出身です。 [　　]

ア I go to Tokyo.
イ I'm from Tokyo.
ウ I like Tokyo.

(4) わたしのたん生日は 8 月 9 日です。 [　　]

ア I like August 9th.
イ My birthday is August 9th.
ウ It's August 9th.

2 日本文に合う英文になるように，□から単語を選んで ＿＿＿ に書きなさい。(40 点) 1 つ 10

like	is
meet	want

(1) ぼくのなまえは正《まさ》也《や》です。

My name ＿＿＿＿ Masaya.

(2) はじめまして。

Nice to ＿＿＿＿ you.

(3) ぼくは野球が好きです。

I ＿＿＿＿ baseball.

(4) ぼくはT シャツがほしいです。

I ＿＿＿＿ a T-shirt.

チャレンジ 3 次の質問《しつもん》に答える文になるように，＿＿＿ に単語を書きなさい。

(20 点)

Do you like tennis?

好き

＿＿＿＿, I ＿＿＿＿.

算数
理科
社会
英語
国語
答え

思考力トレーニング　英語②

自こしょうかいを読む

答え→208ページ　月　日

問題1

健《けん》が自こしょうかいをしています。自こしょうかいを表す文とイラストを線で結びなさい。

目標時間　4分

健

- I don't like carrots.
- I like animals.
- My name is Ken.
- I want a dog.

問題2

香奈《かな》の自こしょうかいの文を読んで，質問《しつもん》の答えとして正しいものを選んで，記号を○で囲みなさい。

目標時間　4分

香奈

Hello. I'm Kana.
Nice to meet you.
My birthday is April 15th.
I like basketball.
I want new shoes.

(1) 香奈のたん生日はいつですか。

ア

イ

ウ

(2) 香奈のほしいものは何ですか。

ア

イ

ウ

学校生活や授業《じゅぎょう》

なまえ　5 年　組

答え→208 ページ　月　日

時間 20 分　合格 80 点　得点　点

1 絵に合う単語を線で結びなさい。（27 点）1 つ 9

(1)

(2)

(3)

classroom　teacher　school

2 教科を表す英語を，□から選んで に書きなさい。

（36 点）1 つ 9

(1) 算　数

(2) 英　語

(3) 社　会

(4) 国　語

English math Japanese social studies

3 日本文に合う英文になるように，□から語句《ごく》を選んで に書きなさい。（27 点）1 つ 9

(1) 月曜日に何がありますか。

________ you have on Monday?

(2) わたしは火曜日に音楽があります。

________ music on Tuesday.

(3) ぼくは水曜日に理科を勉強します。

________ science on Wednesday.

I study　I have　What do

チャレンジ

4 次の質問《しつもん》に答える文になるように， に単語を書きなさい。

（10 点）

金曜日の時間わり
1 算数　2 音楽　3 理科　4 図工　5 英語

Do you have P.E. on Friday?

________ , I ________ .

算数
理科
社会
英語
国語
答え

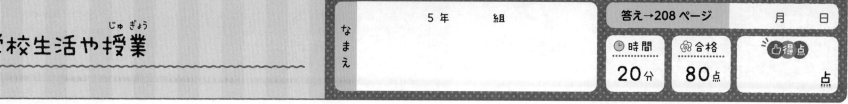

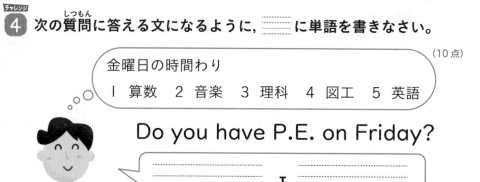

時間わりと教科名

答え→209ページ　月　日

問題　４人のヒントを読んで，時間わり表の①～④に入る教科名を英語で書きなさい。

目標時間　5分

その日は体育のあとに社会を勉強したよ。

その日は算数が２時間続けてあったよ。

その日は４時間目に楽器を使ったよ。

その日は５時間授業《じゅぎょう》だったよ。
２時間目は国語だったよ。

時間わり表

	Monday	Tuesday	Wednesday	Thursday	Friday
1	science	Japanese	social studies	English	calligraphy
2	Japanese	math	home economics	③	④
3	①	P.E.	science	music	social studies
4	math	moral education	②	math	arts and crafts
5	social studies	arts and crafts	Japanese	science	Japanese
6	homeroom	English	P.E.		math

①

②

③

④

わたしの１日

なまえ　5 年　　組

答え→209 ページ

月　　日

時間 20分　合格 80点　得点　　点

1 絵の動作を表している語句《ごく》を線で結びましょう。(36点) 1つ9

(1)  •　　• clean my room

(2)  •　　• go to school

(3)  •　　• eat breakfast

(4)  •　　• do my homework

2 時計に合う時こくになるように，□から単語を選んで書きなさい。

(27点) 1つ9

(1)  ＿＿＿＿

(2)  ＿＿＿＿ ＿＿＿＿

(3)  ＿＿＿＿ ＿＿＿＿

ten seven thirty fifteen five

3 絵を見て，質問《しつもん》に答える文になるように，＿＿に単語を書きなさい。(27点) 1つ9

(1) What time do you get up?

— I ＿＿＿＿ up at ＿＿＿＿.

(2) What time do you go home?

— I ＿＿＿＿ home at ＿＿＿＿.

(3) What time do you take a bath?

— I take a bath ＿＿＿＿ ＿＿＿＿.

チャレンジ

4 日本文に合う英文になるように，＿＿に単語を書きなさい。(10点)

わたしは９時にねます。

I ＿＿＿＿ to bed ＿＿＿＿ nine.

思考力トレーニング

英語④　1日のしょうかい

答え→209ページ　月　日

問題　友里《ゆり》の1日の行動を表す絵を見て，英文を完成させなさい。

目標時間　8分

(1)

I ______ ______ at six thirty.

(2)

I eat breakfast ______ ______.

(3)

I ______ to school by bus.

(4)

I ______ my homework at ______.

(5)

sometimes は「時どき」という意味だよ。

I sometimes ______ the dishes.

(6)

usually は「ふつう」という意味だよ。

I usually ______ to ______ at ten.

動しの復習《ふくしゅう》と「できること」

なまえ　5年　組

答え→209ページ　月　日

時間 20分　合格 80点　得点　点

算数
理科
社会
英語
国語
答え

1 絵に合う動作を表す単語を，□から選んで書きなさい。（56点）1つ8

(1)

(2)

(3)

(4)

(5)

＿＿＿＿ fast

(6)

＿＿＿＿ well

(7)

＿＿＿＿ the piano

sing　run　ski　dance
swim　play　cook

2 日本文に合う英文を選んで，記号で答えなさい。（20点）1つ10

(1) わたしはじょうずに料理ができます。

ア I cook well.
イ I can cook well.　[　　]

(2) わたしは英語を話すことができません。

ア I don't speak English.
イ I can't speak English.　[　　]

チャレンジ

3 表の内容《ないよう》に合うように，＿＿＿＿に単語を1つずつ書きなさい。

（24点）1つ8

	美奈《みな》	和也《かずや》
水泳	○	×
テニス	×	○

○…できる　×…できない

(1) Mina can ＿＿＿＿.

(2) Kazuya ＿＿＿＿ ＿＿＿＿ tennis.

(3) Mina ＿＿＿＿ ＿＿＿＿ tennis.

思考力トレーニング 英語⑤

canの使い方

答え→209ページ　月　日

問題 絵を見て，それぞれの人物の「できること」「できないこと」を表す文を，□から選んで，記号で答えなさい。

目標時間 5分

(1)

[　　]

(2)

[　　]

(3)

[　　]

ア I like music and I can play the piano.
イ I can sing well, but I can’t play the piano.
ウ I like sports, but I can’t skate.
エ I can run fast, but I can’t swim.
オ I can play basketball and I can skate.

「できること」は can，「できないことは」can’t を使うよ。

国名と行きたい国

なまえ　5 年　組

答え→209 ページ　月　日

時間 20分　合格 80点　得点　点

1 次の国旗と国名を線で結びなさい。(24点) 1つ8

(1) 

(2) 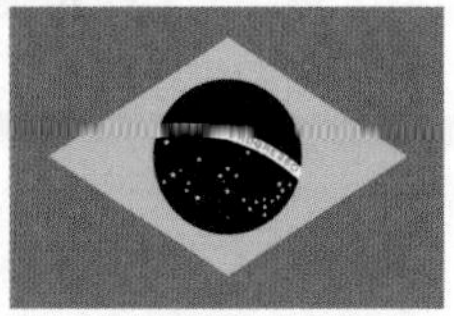

(3) 

Canada　　China　　Brazil

2 国名を表す単語になるように，＿＿にアルファベットを書きなさい。(36点) 1つ9

(1) 

アメリカ

Ame＿＿i＿＿a

(2) 

オーストラリア

＿＿＿＿stralia

(3) 

韓国《かんこく》・朝鮮《ちょうせん》

Ko＿＿＿＿a

(4) 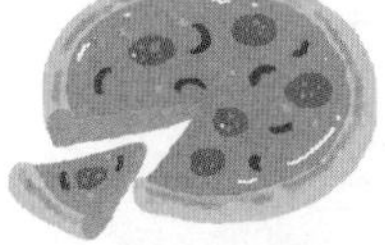

イタリア

＿＿tal＿＿

3 日本文に合う英文になるように，□から単語を選んで＿＿に書きなさい。(20点) 1つ10

(1) あなたはどこに行きたいですか。

＿＿＿＿ do you want to go?

(2) わたしはインドに行きたいです。

I ＿＿＿＿ to go to India.

Where	What	am	want

チャレンジ 4 表の内容《ないよう》に合うように，英文を完成させなさい。(20点) 1つ10

	行きたい国	したいこと
ボブ	日本	さしみを食べる

ボブ

(1) I ＿＿＿＿ ＿＿＿＿ go to ＿＿＿＿.

(2) I want to ＿＿＿＿ *sashimi*.

行きたい国，行きたい場所

答え→210ページ　月　日

問題　奈々《なな》が行きたい国について説明しています。それぞれの文の内容《ないよう》に合う絵を選んで，記号で答えなさい。

目標時間　8分

(1) I want to go to France. [　　]

(2) I want to see the Eiffel Tower in Paris. It's a beautiful tower. [　　]

(3) I want to visit some museums, too. I can see some famous paintings! [　　]

(4) Oh, I like cheese very much. I want to buy cheese. [　　]

(5) Of course, I want to eat delicious food at a nice restaurant. [　　]

ア

イ

ウ

エ

オ

カ

ものの位置を表すことば

なまえ　5 年　組

答え→210 ページ　月　日

時間 20分　合格 80点　得点　点

1 次の英文に合う絵を選んで，記号を○で囲みなさい。(40点) 1つ10

(1) My book is on the table.

ア

イ

ウ

(2) My cat is under the bed.

ア

イ

ウ

(3) Where is the cap? — It is in the basket.

ア

イ

ウ

(4) Where is the racket? — It's by the chair.

ア

イ

ウ

2 日本文に合う英文になるように，＿＿に単語を書きなさい。

(30点) 1つ10

(1) あなたのボールはどこにありますか。

＿＿＿＿＿ is your ball?

(2) それは箱の中にあります。

It is ＿＿＿＿＿ the box.

(3) わたしのTシャツはベッドの上にあります。

My T-shirt is ＿＿＿＿＿ the bed.

チャレンジ

3 次の対話が成り立つように，＿＿にあてはまる英語を書きなさい。

(30点) 1つ15

(1) あなたのギターはどこにありますか。

＿＿＿＿＿ your guitar?

(2) それはぼくの部屋にあります。

＿＿＿＿＿ my room.

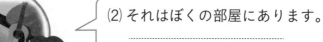

英語 ⑦　位置を表すことばを使う

答え→210ページ　月　日

問題　絵に合う文になるように，□から単語を選んで，＿＿に書きなさい。

目標時間　8分

(1) The T-shirt is ＿＿＿＿ the sofa.

(2) The newspaper is ＿＿＿＿ the table.

(3) The pictures are ＿＿＿＿ the wall.

(4) The dogs are ＿＿＿＿ the door.

(5) The bat is ＿＿＿＿ the bag.

(6) The computer is ＿＿＿＿ the table.

(7) The ball is ＿＿＿＿ the chair.

in	on	by	under

英語 8

仕上げテスト

なまえ　5年　組

答え→210ページ　月　日

時間 20分　合格 80点　得点　点

1 質問《しつもん》の答えとして正しいものを選んで，記号で答えなさい。

(40点) 1つ10

(1) Do you like soccer?　[　　]

ア Yes, I am.

イ Yes, I do.

ウ Yes, it is.

(2) What do you have on Friday?　[　　]

ア No, I don't.

イ I have three.

ウ I have math and science.

(3) What time do you go to bed?　[　　]

ア Good night.

イ At nine.

ウ In my room.

(4) Where is the apple?　[　　]

ア It's on the table.

イ It's delicious.

ウ I don't like apples.

2 日本文に合う英文になるように，＿＿に単語を書きなさい。

(40点) 1つ10

(1) わたしのなまえは由《ゆ》奈《な》です。

My name ＿＿＿＿ Yuna.

(2) ぼくは土曜日に英語を勉強します。

I ＿＿＿＿ English on Saturday.

(3) わたしは時どき皿をあらいます。

I sometimes ＿＿＿＿ the dishes.

(4) ぼくは速く走ることができます。

I ＿＿＿＿ run fast.

チャレンジ

3 次の質問に答える文になるように，＿＿に英語を書きなさい。

(20点)

Where do you want to go?

I ＿＿＿＿＿＿＿＿.

思考力トレーニング

英語 ⑧　会話を読む

答え→210ページ　月　日

問題　里美《さとみ》とトムの会話の内容《ないよう》に合うものには○，合わないものには×を書きなさい。

目標時間　8分

里美

里美: Are you from Canada?

トム

トム: Yes, I am. I can ski well. Satomi, what sport do you like?

里美: I like tennis. I have a sister. We sometimes play tennis together.

トム: Satomi, you can speak English well.

里美: I study English on Wednesday. I want to go to Australia.

トム: I want to see koalas in Australia. I like animals.

(1) トムはスキーがじょうずではありません。　[　　]

(2) 里美はテニスをします。　[　　]

(3) 里美はオーストラリアにいます。　[　　]

(4) トムはコアラを見たいと思っています。　[　　]

国語 1 漢字の読み書き ①

なまえ　5年　組

答え→211ページ

時間 25分
合格 80点
得点　点
月　日

1 次の――線の漢字に読みがなを書きなさい。（48点）一つ3

(1) 村の人は、ほとんどが漁師です。［　　］
(2) はま辺で見つけた貝がら。［　　］
(3) だいじなことは、すぐに報告しなさい。［　　］
(4) 山田夫妻は、来月帰国の予定だ。［　　］
(5) 草を取り、肥やしを入れる。［　　］
(6) 険しい山を登る。［　　］
(7) この本の持ち主は、だれですか。［　　］
(8) 明日あたり暴風雨になるそうだ。［　　］
(9) 島には広い森林がある。［　　］
(10) たいへんな苦労の連続だ。［　　］
(11) 終戦で日本に帰ってきた。［　　］
(12) 考え方や感じ方を豊かにする。［　　］
(13) 今日は母が留守をする。［　　］
(14) わが国初のノーベル賞だ。［　　］
(15) 昨日、底が平らなべを買った。［　　］
(16) ごく親しい友達どうしだ。［　　］

2 次の――線のかたかなを漢字に直しなさい。（52点）一つ4

(1) 外国の文化にキョウミを持つ。［　　］
(2) 会場のジュンビをする。［　　］
(3) ひみつを守るギムがある。［　　］
(4) ものごとのキホンをつかむ。［　　］
(5) 部屋でユウカンを読んだ。［　　］
(6) 国へゼイキンをおさめる。［　　］
(7) 雪ドけの水は冷たい。［　　］
(8) 水はエキタイだ。［　　］
(9) 特急列車が駅をツウカする。［　　］
(10) 社員をサイヨウする。［　　］
(11) ちがいを言葉でヒョウゲンする。［　　］
(12) やっと薬のキき目が出てきた。［　　］
(13) 作文のコウセイを考える。［　　］

熟語《じゅくご》パズル①

答え→211ページ

月　日

問題

次の□には、漢字一字が入ります。矢印の方向に読むと熟語《じゅくご》ができるように、正しい漢字を書き入れなさい。

目標時間　5分

(1)

才 ↓ □
機 → □ → 率
知 ↑ □

(2)

礼 ↑ □
感 → □ → 辞
□ ↓ 罪

(3)

予 ↓ □
衛 ← □ ← 消
□ ↓ 止

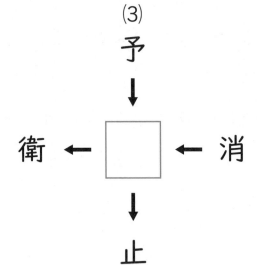

国語 2

漢字の読み書き ②

なまえ　5年　組

時間 25分　合格 80点　得点　点　月　日

答え→211ページ

1 次の——線の漢字の読みをひらがなで書き、その漢字の音を示《しめ》す部分を書きなさい。 (30点)一つ3

例 校内を案内する　[あん]→[安]

(1) 水道管の破裂《はれつ》　[　]→[　]
(2) 漁業の仕事　[　]→[　]
(3) 構想を練る　[　]→[　]
(4) 目標をたてる　[　]→[　]
(5) 問題を解《と》く　[　]→[　]
(6) 明るい北極星　[　]→[　]
(7) 学校に行く　[　]→[　]
(8) 交通安全週間　[　]→[　]
(9) 市町村の会議　[　]→[　]
(10) 自分の手帳　[　]→[　]

2 次の——線の漢字の読みをひらがなで書き、その熟語《じゅくご》の組み立てに合うものをあとから選び、記号で答えなさい。 (20点)一つ5

(1) 利益《りえき》が少しずつ減少した。[　]　[　]
(2) 損得ぬきで付き合う。[　]　[　]
(3) 問題を再考する。[　]　[　]
(4) 細かい点にまで留意する。[　]　[　]

ア 下の字が、上の字の目的や対象《たいしょう》を表すもの。
イ 似《に》ている意味の字を重ねたもの。
ウ 反対の意味の字を重ねたもの。
エ 上の字が、下の字をくわしくするもの。

3 次の——線のかたかなを漢字に直しなさい。また、その意味に合うものをあとから選び、記号で答えなさい。 (30点)一つ5

(1) 法のモトに平等だ。[　]　[　]
(2) 大モトを正す。[　]　[　]
(3) 話をモトにもどす。[　]　[　]
(4) 今年の夏はとくにアツい。[　]　[　]
(5) この温泉《おんせん》はアツい湯だ。[　]　[　]
(6) ぶアツい本を読み終えた。[　]　[　]

ア 下の意味　**イ** 物事のはじめ
ウ 大事なところ　**エ** 土台の意味
オ 物の表とうらとの間のはばがある様子
カ 空気の温度が高い様子
キ おさえつけている様子
ク 物の温度が高い様子

4 次の——線のかたかなを漢字に直しなさい。また、その漢字と同じような意味の漢字をあとから選び、記号で答えなさい。 (20点)一つ10

(1) その意見にドウカンだ。[　]　[　]
ア 失望　**イ** 共鳴　**ウ** 反対　**エ** 要望

(2) かれの作品はシュッショクのできだった。[　]　[　]
ア 賞賛《しょうさん》　**イ** 成功　**ウ** 抜群《ばつぐん》　**エ** 普通《ふつう》

国語②

正しい漢字のならべかえ

答え→211ページ　月　日

問題

次の□の中にある漢字のうち、正しい形から一画足りない漢字をぬりつぶし、残った四つの漢字を組み合わせて四字熟語《よじじゅくご》を作りなさい。

目標時間　5分

新	温	敵	応
因	断	果	故
油	報	知	ナ

どの画が足りないのか、細かいところまでよく見よう。

算数
理科
社会
英語
国語
答え

国語 3

漢字の読み書き③

なまえ　5年　組

時間 25分
合格 80点
得点　点
月　日

答え→211ページ

1 **次の各文の□に入る適当《てきとう》な四字熟語《よじじゅくご》をあとから選び、記号で答えなさい。**（20点）一つ4

(1) かれは□の危険《きけん》な目にあった。

(2) 九回二死満塁《まんるい》から、□のホームランが出た。

(3) 会議のメンバーはみな□に賛成《さんせい》した。

(4) 自分の意見は□と言わなければならない。

(5) 人の好みや性格《せいかく》は、まさに□といえる。

ア 心機一転　イ 起死回生　ウ 馬耳東風《ばじとうふう》
エ 理路整然　オ 絶体絶命《ぜったいぜつめい》　カ 独立独歩《どくりつどっぽ》
キ 十人十色　ク 異口同音《いくどうおん》

（神戸国際中―改）

2 **次の［ ］に「不・無・未・非」のいずれかをあてはめて三字熟語を完成させ、その読みを下に書きなさい（同じものを何度使用してもよい）。**（24点）一つ3

(1)［ ］常識
(2)［ ］意味
(3)［ ］完成
(4)［ ］公式
(5)［ ］売品
(6)［ ］始末
(7)［ ］解決
(8)［ ］責任

（立正中―改）

3 **次の――線の漢字の読みを書きなさい。**（20点）一つ5

(1) むだを省く。

(2) 風に逆らって進む。

(3) ここは景色のよい場所だ。

(4) 利益を得《え》る。

4 **次の――線のかたかなを、必要なものは送りがなをつけて、漢字に直しなさい。**（16点）一つ4

(1)
㋐ 木かげからすがたをアラワス。
㋑ 合格《ごうかく》の喜《よろこ》びを顔にアラワス。

(2)
㋐ わたしはその意見をシジする。
㋑ 部下が上司のシジにしたがう。

(3)
㋐ それはカンシンできない行いだ。
㋑ 日本の伝統《でんとう》にカンシンを持つ。

(4)
㋐ 学問をオサメル。
㋑ 国をオサメル。

5 **次の――線のかたかなを、必要なものは送りがなをつけて、漢字に直しなさい。**（20点）一つ2

(1) 大学教授《きょうじゅ》のコウギを受ける。

(2) ムゾウサにカバンを置く。

(3) 発言をセイシする。

(4) シッソな暮《く》らし。

(5) 中学生をタイショウとする。

(6) 果物屋をイトナム。

(7) フタタビ会うことはない。

(8) かれの申し出をコトワル。

(9) シボウする大学に入る。

(10) 逆転《ぎゃくてん》のキカイをのがす。

「寺」のつく漢字

答え→211ページ
月　日

問題

それぞれの漢字の説明に合うように、「寺」という漢字に、あとの□の中から部首を選んでつけて、漢字を四つ作りなさい。

目標時間　5分

(1) 差がなく、まったく同じであることを表す漢字 … 寺＋□＝□

(2) 物などを手でつかむことを表す漢字 … 寺＋□＝□

(3) 過《か》去《こ》から未来へと流れていくものを表す漢字 … 寺＋□＝□

(4) 文学の形式の一つを表す漢字 … 寺＋□＝□

扌	日	宀	辶
言	刂	⺮	氵

それぞれの部首に「寺」をつけて、実《じっ》際《さい》に書いてみよう。

熟字訓《じゅくじくん》

算数 理科 社会 英語 国語 答え

なまえ　5年　組

時間　25分

合格　80点

得点　点

月　日

答え→211ページ

1 次の――線の漢字に読みがなを書きなさい。（52点）一つ4

(1) お姉さんは中学二年生だ。

(2) 友達の家に遊びに行く。

(3) こわれた時計を修理《しゅうり》する。

(4) 弟は字が下手だ。

(5) 八百屋でキャベツを買った。

(6) 急に真面目な顔になる。

(7) 大人と子どもがいっしょに遊ぶ。

(8) 誕生日《たんじょうび》は九月二十日だ。

(9) お母さんの手伝いをする。

(10) 川原のごみを拾う。

(11) 食後に果物を食べる。

(12) 二人で声を合わせて歌う。

(13) 知らない町で迷子になる。

2 次の――線のかたかなを、□の中の二字を組み合わせて漢字に直しなさい（同じ漢字を何度使用してもよい）。（20点）一つ5

(1) 東京《とうきょう》駅には、ケサ早く着いた。

(2) キノウは一日中雨がふっていた。

(3) 元日にコトシの目標を立てた。

(4) アスはよい天気になりそうだ。

明　年　去　日　朝　昨　今

3 次の――線のかたかなを漢字に直しなさい。（28点）一つ4

(1) タナバタの日に願いごとを書く。

(2) かれは、もの知りハカセだ。

(3) 岩の間からシミズがわき出ている。

(4) ドアを開けてヘヤを出る。

(5) 新しいメガネをかける。

(6) 父は料理がジョウズだ。

(7) おニイさんと公園でサッカーをした。

漢字しりとり ①

答え→211ページ　　月　　日

問題

スタートからゴールまでは、二字の熟語《じゅくご》のしりとりになってならんでいます。□に入る漢字をあとの□から選び、しりとりを完成させなさい。

目標時間 5分

例　子↓馬↓車（子馬↓馬車）

スタート
友
↓
人
↓
情
↓
□
←
道
←
路
↑
□
↑
球
↑
□
↑
□
→
力
↓
□
↓
業
ゴール

作　技　景　地　報　体　術　能

「人」は、「友人」と「人情」で読み方が変わっているよね。読み方が変わる字は他にもあるよ。

国語 5

同音異義語《どうおんいぎご》・同訓異字《どうくんいじ》

なまえ
5年　組

答え→211ページ

時間 25分
合格 80点
得点 点
月　日

1 次の――線のかたかなは、漢字でどのように書きますか。あとから選び、記号で答えなさい。(24点)一つ4

(1) 水があったとカテイする。
ア 家庭　イ 過程　ウ 仮定

(2) 駅への入場をキセイする。
ア 帰省　イ 規制　ウ 寄生

(3) 本屋でシュウカン誌《し》を買った。
ア 週間　イ 週刊　ウ 習慣

(4) 有名人に会うキカイを得《え》る。
ア 機会　イ 機械　ウ 器械

(5) 会議をシンコウする。
ア 新興　イ 親交　ウ 進行

(6) 名所でカンコウを楽しんだ。
ア 観光　イ 刊行　ウ 慣行

2 次の――線のかたかなを漢字に直しなさい。(32点)一つ4

(1)
㋐ イガイな結果になる。
㋑ 電車イガイの乗り物。

(2)
㋐ 小学生タイショウの本。
㋑ タイショウ的な性格《せいかく》。

(3)
㋐ かれジシンの問題だ。
㋑ 勝つジシンがある。

(4)
㋐ 出場をジタイする。
㋑ ジタイが悪化する。

3 次の――線のかたかなは、漢字と送りがなでどのように書きますか。あとから選び、記号で答えなさい。(24点)一つ4

(1) 車のまどをアケル。
ア 空ける　イ 開ける　ウ 明ける

(2) 意見が二つにワカレル。
ア 分かれる　イ 別れる

(3) 書面をもってあいさつにカエル。
ア 変える　イ 代える　ウ 返る

(4) 問題の解決《かいけつ》をハカル。
ア 計る　イ 測る　ウ 図る

(5) 航空機が消息をタツ。
ア 絶つ　イ 建つ　ウ 立つ

(6) 司会をツトメル。
ア 努める　イ 務める

4 次の――線の漢字はまちがっています。正しい漢字に直し、送りがなをつけて書きなさい。(20点)一つ5

> 今日は、お酒を⑴作る工場を見学した。工場には十時に⑵付いた。中では、むした米や水、こうじを⑶交ぜる作業を行っていた。工場の⑷回りには畑が広がっていた。

(1)　(2)
(3)　(4)

「口」が入る漢字

答え→212ページ　月　日

問題

次のうち、□の部分に「口」が入る漢字が書かれたますをぬりつぶして、できあがったかたかなを書きなさい。

目標時間　5分

例　告→告　○
取→最　×

桜	募	捉	銅	卒
税	屋	程	額	保
締	厚	容	適	弐
鉱	可	右	造	均
格	姉	増	破	複

実際《じっさい》に「口」を書いて、正しい漢字になるかどうか確《たし》かめよう。

国語 6

複合語《ふくごうご》

なまえ　5年　組

時間 25分　合格 80点　得点　点

答え→212ページ

月　日

1 次の言葉と言葉をつなげて、例のように、一つの言葉を作りなさい。 (24点)一つ4

例 〔昼〕＋〔休み〕→ 昼休み
〔話す〕＋〔合う〕→ 話し合う

(1)〔力〕＋〔強い〕〔　　〕
(2)〔練習〕＋〔試合〕〔　　〕
(3)〔始業〕＋〔式〕〔　　〕
(4)〔帰る〕＋〔道〕〔　　〕
(5)〔見る〕＋〔送る〕〔　　〕
(6)〔書く〕＋〔加える〕〔　　〕

2 次の言葉を、例のように、もとの言葉に分けなさい。 (24点)一つ4

例 〔無人駅〕→ 無人＋駅
〔持ち運ぶ〕→ 持つ＋運ぶ

(1)〔音楽会〕〔　　〕＋〔　　〕
(2)〔体育委員〕〔　　〕＋〔　　〕
(3)〔新記録〕〔　　〕＋〔　　〕
(4)〔ごみ拾い〕〔　　〕＋〔　　〕
(5)〔起き上がる〕〔　　〕＋〔　　〕
(6)〔引きちぎる〕〔　　〕＋〔　　〕

3 上の言葉とつなげて一つの言葉になる言葉を下から選び、――線で結びなさい。 (16点)一つ4

(1) 新聞 ・　　・ 定規《じょうぎ》
(2) オレンジ ・　　・ 電気
(3) 三角 ・　　・ ジュース
(4) 静 ・　　・ 社

4 次の言葉と言葉をつなげて一つの言葉を作り、その読みがなも書きなさい。 (16点)一つ4

(1)〔夜〕＋〔空〕〔　　〕 読みがな〔　　〕
(2)〔犬〕＋〔小屋〕〔　　〕 読みがな〔　　〕
(3)〔雨〕＋〔雲〕〔　　〕 読みがな〔　　〕
(4)〔風〕＋〔下〕〔　　〕 読みがな〔　　〕

5 □の中の言葉を組み合わせて、言葉を四つ作りなさい。 (20点)一つ5

箱　パン　健康　カレー
しん断《だん》　メダル　貯金《ちょきん》　金

〔　　〕〔　　〕
〔　　〕〔　　〕

□のある漢字

答え→212ページ　月　日

問題　漢字の中に「□」がたくさんある字を考えて書きなさい。

目標時間　10分

例　□が二つ→日・回・白

(1)　□が三つ→

(2)　□が四つ→

(3)　□が五つ→

(4)　□が六つ→

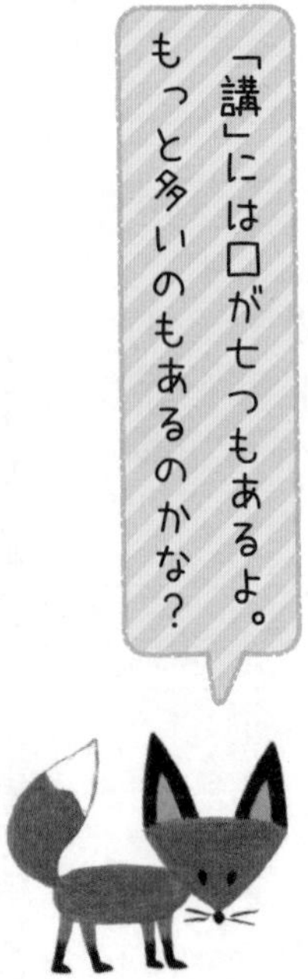
「講」には□が七つもあるよ。もっと多いのもあるのかな？

国語 7

和語・漢語・外来語

なまえ
5年　組

時間 25分
合格 80点
得点　点

答え→212ページ

月　日

1 和語・漢語・外来語の説明として正しいものをあとから選び、記号で答えなさい。（12点）一つ4

(1) 和語
(2) 漢語
(3) 外来語

ア 昔、中国から日本に入ってきた言葉や、日本で漢字を組み合わせて作られた言葉。
イ 世界各国から日本に入ってきた言葉。
ウ 日本でもともと使われていた言葉。
エ 漢字の訓読みで表される言葉。
オ ふつう、かたかなで表される言葉。
カ 漢字の音読みで表される言葉。
キ やわらかい感じがする言葉。
ク かたい感じがする言葉。

2 次の言葉が和語なら○、漢語なら△、外来語なら×を書きなさい。（42点）一つ3

(1) 意見　(2) ペン
(3) 赤い　(4) 円
(5) 運動　(6) ランチ
(7) ポスター　(8) 鼻
(9) 食べる　(10) 新学期
(11) アジア　(12) 五つ
(13) 児童会長　(14) 雪道

3 次の外来語の意味として正しいものをあとから選び、記号で答えなさい。（15点）一つ3

(1) レポート
(2) ハッピー
(3) コンピューター
(4) センター
(5) コミュニケーション

ア 中心
イ 電子計算機
ウ 人が意思や思考を伝達し合うこと
エ 幸せ
オ 報告書《ほうこくしょ》

4 次の言葉の読みがなを、和語と漢語で書きなさい。（15点）一つ5

(1) 色紙　和語　漢語
(2) 年月　和語　漢語
(3) 市場　和語　漢語

5 次の――線の言葉を、【　】の言葉に書きかえなさい。（16点）一つ4

(1) デスクの上に書類を置く。【和語】
(2) 夏休みに山登りをする。【漢語】
(3) 深海の生物について研究する。【和語】
(4) 大きな玉を転がす。【外来語】

思考力トレーニング

国語⑦ 読みがなクロスワード

答え→212ページ

月　日

問題　たて、横それぞれの――線の漢字の読みがなを□に書き入れなさい。また、ア～エの順で文字をならべてできる言葉を漢字で書きなさい。

目標時間　5分

たて

(1) 横浜《よこはま》港は、日本有数の貿易港だ。
(2) 発表会に友人を招待する。
(3) 委員長は重大な責務を負っている。

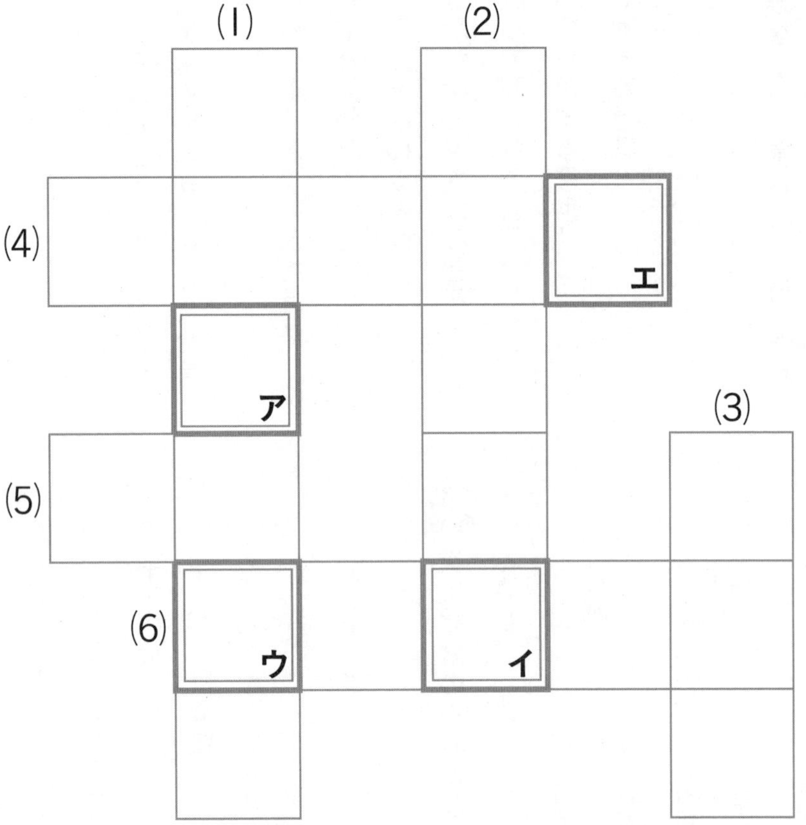

横

(4) 輸送力を増強する。
(5) 兵士が武器をすてる。
(6) かれは個性的な絵をかく。

どの言葉にも五年生で習う漢字が使われているよ。しっかり覚えよう。

国語 8

漢字の成り立ち

1 **漢字の成り立ちには、主に次の四つがあります。それぞれの説明として正しいものをあとから選び、記号で答えなさい。** (12点)一つ3

(1) 象形《しょうけい》文字〔　〕
(2) 指事文字〔　〕
(3) 会意文字〔　〕
(4) 形声文字〔　〕

ア 二つ以上の漢字の意味を組み合わせた漢字（例…「林」「信」）。
イ 物の形をかたどった漢字（例…「日」「耳」）。
ウ 意味を表す部分と音を表す部分を組み合わせた漢字（例…「紙」「週」）。
エ 形で表せないことがらを、図形や記号で表した漢字（例…「二」「上」）。

2 **次の漢字の成り立ちをあとから選び、記号で答えなさい。** (36点)一つ3

(1) 一〔　〕　(2) 胃《い》〔　〕
(3) 知〔　〕　(4) 象〔　〕
(5) 門〔　〕　(6) 時〔　〕
(7) 飯〔　〕　(8) 末〔　〕
(9) 本〔　〕　(10) 弓〔　〕
(11) 森〔　〕　(12) 標〔　〕

ア 象形文字　**イ** 指事文字
ウ 会意文字　**エ** 形声文字

3 **上の成り立ちに合う漢字を下から選び、――線で結びなさい。** (12点)一つ3

(1)  ・　　・魚
(2)  ・　　・下
(3)  ・　　・火
(4)  ・　　・車

4 **次の二つの漢字を組み合わせてできる漢字を書きなさい。** (16点)一つ4

(1) 田＋力〔　〕
(2) 言＋正〔　〕
(3) 食＋官〔　〕
(4) 自＋心〔　〕

5 **次の漢字を、例のように、意味を表す部分と音を表す部分に分けて、音読みをかたかなで書きなさい。** (24点)一つ4

例 晴→〔日〕(意味)＋〔青〕(音)〔セイ〕
(1) 粉→〔　〕＋〔　〕〔　〕
(2) 貨→〔　〕＋〔　〕〔　〕
(3) 製→〔　〕＋〔　〕〔　〕
(4) 個→〔　〕＋〔　〕〔　〕
(5) 速→〔　〕＋〔　〕〔　〕
(6) 志→〔　〕＋〔　〕〔　〕

なまえ　5年　組

時間 25分
合格 80点
得点　点

答え→212ページ

月　日

熟語《じゅくご》パズル②

答え→212ページ

月　日

問題

次の□には、漢字一字が入ります。矢印の方向に読むと熟語《じゅくご》ができるように、正しい漢字を書き入れなさい。

目標時間
5分

(1)

和
↓
正 → □ ← 分
↓
散

(2)

成
↑
図 ← □ → 想
↓
築

(3)

国
↓
心 → □ → 界
↓
目

熟語によって漢字の読み方が変わることがあるよ。

国語 9 敬《けい》語《ご》

なまえ

5年　組

時間 25分

合格 80点

得点　点

月　日

答え→212ページ

1 次の――線の敬語の種類をあとから選び、記号で答えなさい。 (40点)一つ5

(1) 今日は日曜日です。
(2) お顔を見せてください。
(3) 部屋へご案内する。
(4) 手紙をくださる。
(5) お茶をいただく。
(6) もうすぐ家に着きます。
(7) 本をお買いになる。
(8) こちらでございます。

ア 尊敬語《そんけいご》　**イ** けんじょう語
ウ ていねい語

2 次の――線の言葉を、「お…になる」「ご…になる」の形の尊敬語に直しなさい。 (12点)一つ4

(1) 校長先生がみんなの前で話す。
(2) 田中さんが飛行機を利用する。
(3) お客様がおかしを食べる。

3 次の――線の言葉を、「れる」「られる」を使った尊敬語に直しなさい。 (12点)一つ4

(1) 先生が教科書の文章を読む。
(2) お客様が会場に入る。
(3) 教授《きょうじゅ》が公会堂で講演《こうえん》をする。

4 次の――線の言葉を、「お…する」「ご…する」の形のけんじょう語に直しなさい。 (12点)一つ4

(1) 商品について、お客様に説明する。
(2) 明日、先生に知らせる。
(3) 駅まで荷物を持つ。

5 次の言葉の尊敬語・けんじょう語をそれぞれあとから選び、記号で答えなさい。 (12点)一つ4

(1) 行く　尊敬語　けんじょう語
(2) 言う　尊敬語　けんじょう語
(3) する　尊敬語　けんじょう語

ア 申し上げる　**イ** なさる
ウ いらっしゃる　**エ** おっしゃる
オ いたす　**カ** うかがう

6 次の――線の敬語の使い方が正しければ○を書き、まちがっていれば正しい敬語に直しなさい。 (12点)一つ4

> 今日、お客様が家に参って(1)、わたしに本を差し上げました(2)。お客様は、五時にお帰りになりました(3)。

(1)
(2)
(3)

敬語《けいご》パズル

答え→212ページ
月　日

問題

次の□に、□の言葉をひらがなで一字ずつ書き入れなさい（上から下、左から右へ読みます）。

目標時間
5分

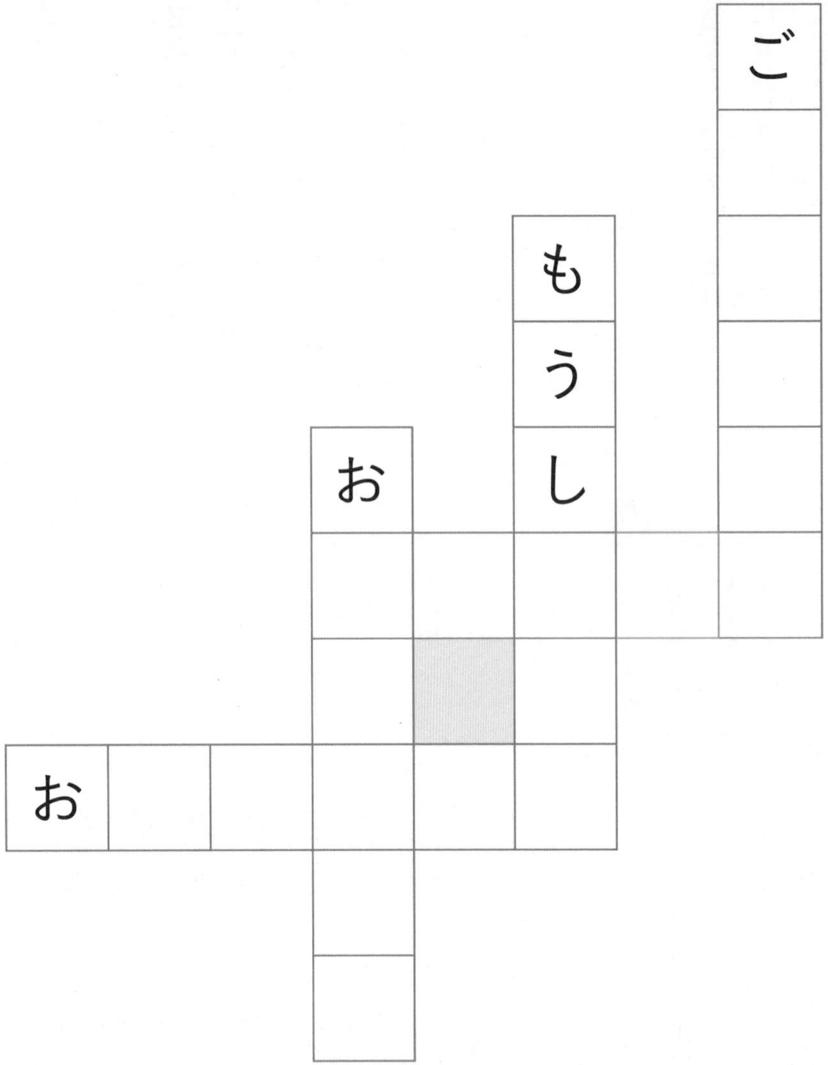

・「食べる」の尊敬語《そんけいご》（「食べる」とは別の言葉）
・「書く」の尊敬語（「お…になる」の形）
・「見る」の尊敬語（「ご…になる」の形）
・「着る」の尊敬語（「お…になる」の形）
・「話す」のけんじょう語

国語 10 チャレンジテスト 1

なまえ　5年　組

答え→213ページ

時間 25分　合格 80点　得点　点　月　日

1 次の文章を読んで、あとの問いに答えなさい。

　ダイバーの方ならよく□だと思うが、①水族館の水槽《すいそう》は、自然の海や川よりきれいだ。そうでなければ魚が見えなくなるのだから、きれいなのは当たり前だけれど、その当たり前の状態《じょうたい》を作りだすのは、なかなか難《むずか》しい。

　水泳のプールは、とてもきれいだ。オリンピックなどを見ていると、プールの端《はし》から端まで、すっかり見渡《わた》せるくらいの透明《とうめい》度《ど》がある。でも殺菌《さっきん》もしっかりされている②水泳用のプールでは、金魚でも生きられないだろう。魚は水で呼吸《こきゅう》をしなくてはならないから、水槽の水をきれいにするには、プールの水の透明度を上げるのと同じ理屈《りくつ》ではダメなのだ。

　水族館の水は、日本ではたいていの場合、海水なら近くの海の水を使っているのだから、もともとはふつうの水だ（海外の内陸部では海が遠いので人工海水を使う）。

　でも、ふつうの水というのが、なかなかくせ者で、たとえば海からくみ上げる海水には、細かい泥《どろ》や砂《すな》が入っている以上に、小さなプランクトンや生物の卵《たまご》が入っている。それらの生物が大はんしょくしたときには、水槽が真っ白ににごり、なんにも見えなくなってしまうのだ。

　これを防《ふせ》ぐために、海から海水をくみ上げると、まず*濾過《ろか》を通して貯水槽《ちょすいそう》に貯《た》めておく。

（中村《なかむら》元《はじめ》「水族館の通になる」）

*濾過＝液体《えきたい》や気体をこして、ごみなどを取りのぞくこと。

(1) □に入る「知っていること」という意味の敬語《けいご》をひらがな四字で答えなさい。（10点）

［　　　　］

(2) ——線①とありますが、筆者はどのようにして「きれい」にしていると言っていますか。最も適当《てきとう》なものを次から選び、記号で答えなさい。（15点）

ア 水の透明度を上げている。
イ 水を殺菌して白くにごるのを防いでいる。
ウ きれいな水をくみ上げて使っている。
エ くみ上げた海水を濾過して使っている。

［　］

(3) ——線②「水泳用」と熟語《じゅくご》の組み立てが同じものを次から一つ選び、記号で答えなさい。（15点）

ア 最新式　**イ** 大勝利
ウ 新発売　**エ** 高性能《こうせいのう》

［　］

〔関大第一中—改〕

2 次の——線のかたかなを漢字に直しなさい。（48点）一つ8

(1) 三陸《さんりく》海岸はフクザツな地形をしている。［　］
(2) あなたの質問《しつもん》は、ヨウリョウを得《え》ない。［　］
(3) 駅前で広告をハイフする。［　］
(4) かれはキョウチョウ性に欠けている。［　］
(5) すべてビョウドウに分けよう。［　］
(6) 投手が投げた球の速さをソクテイする。［　］

3 次の——線の漢字に読みがなを書きなさい。（12点）一つ4

(1) 雨戸を開ける。［　］
(2) 安楽に生きる。［　］
(3) 馬を飼育する。［　］

〔日出女子学園中—改〕

思考力トレーニング

国語⑩

送りがなパズル

答え→213ページ　月　日

問題

次のうち、送りがなが「る」にならない漢字が書かれたますをぬりつぶして、できあがったアルファベットを書きなさい。

目標時間　5分

比	移	破	燃
増	織	設	断
貸	老	減	寄
保	限	確	似
備	採	余	構

漢字の下に「る」をつけて、正しい言葉になるかどうかたしかめよう。

国語 11 説明文を読む①

なまえ 5年 組

答え→213ページ

時間 25分 合格 80点 得点 点 月 日

1 次の文章を読んで、あとの問いに答えなさい。

1 今から約七十年前、アルフレッド＝ウェゲナーというドイツの学者は、［A］地図を見ながら、①不思議な事実を発見した。アフリカ大陸と南アメリカ大陸とを切りぬいてならべてみたら、ほぼぴったりと、くっ付いてしまうではないか。これは、［B］ではないと思ったかれは、つぎのような考えを発表した。

「かつて、アフリカと南アメリカとは、ひと続きの大陸だった。それが、やがて二つに分かれて動き始め、今では何千キロメートルもはなれてしまった。それだけでなく、もともと世界じゅうの大陸は、みな一つにまとまっていたのだが、しだいにはなればなれになっていったのだ。」と。いわゆる「②大陸移動《いどう》説」である。

2 ところが、この大たんな考えに対して、当時の多くの学者たちは賛成《さんせい》しなかった。いったいどんな力が大陸を動かしているのか、はっきりしなかったからである。「大陸移動説」は、単なる［C］にすぎないということで、しだいにわすれられていった。

3 ［D］、現代になって、地球の観測《かんそく》や研究がさかんになるにつれて、一度みすてられた「大陸移動説」が、再《ふたた》びよみがえったのである。

4 広大な大西洋の中央部には、長さ一万数千キロメートルにおよぶ海底山脈《さんみゃく》が、ほぼ南北に走っている。そのいただきを、深いわれ目がたてにつらぬいている。［E］、このわれ目の近くではいつも地しんが起こっていて、その辺りの海底の温度は、他の場所に比《くら》べてはるかに高い。観測の結果、このようなことが明らかになってきた。

（竹内《たけうち》 均《ひとし》「大陸は動いている」）

(1) 「大陸が動く、そんなことがあるのだろうか。」という文は、1〜4のどの段落《だんらく》の前に入りますか。(10点)

［　　］の前

(2) A〜Eに入る言葉を□からそれぞれ選び、答えなさい。(20点)一つ4

A［　　］ B［　　］ C［　　］ D［　　］ E［　　］

ぐうぜん・空想・しかし・そして・世界

(3) ——線①「不思議な事実」とは、どのようなことですか。(20点)

［　　］

(4) ——線②「大陸移動説」について、

① どのような説ですか。文中から「という説。」に続く形で四十七字でさがし、初めと終わりの五字をぬき出しなさい。(10点)

□□□□□〜□□□□□という説。

② 「大陸移動説」が発表された当時、多くの学者たちはなぜ賛成しなかったのですか。(15点)

［　　］

③ 「大陸移動説」は、何につれて再びよみがえったのですか。(15点)

［　　］

(5) 〰〰線「このようなこと」の具体的な内容《ないよう》が書かれている部分を文中から三文でさがし、初めと終わりの五字をぬき出しなさい。(10点)

□□□□□〜□□□□□。

画数迷路《めいろ》

答え→213ページ　月　日

問題

スタートから十一画の漢字をたどっていくと、ゴールはア～ウのどこになりますか。

目標時間 5分

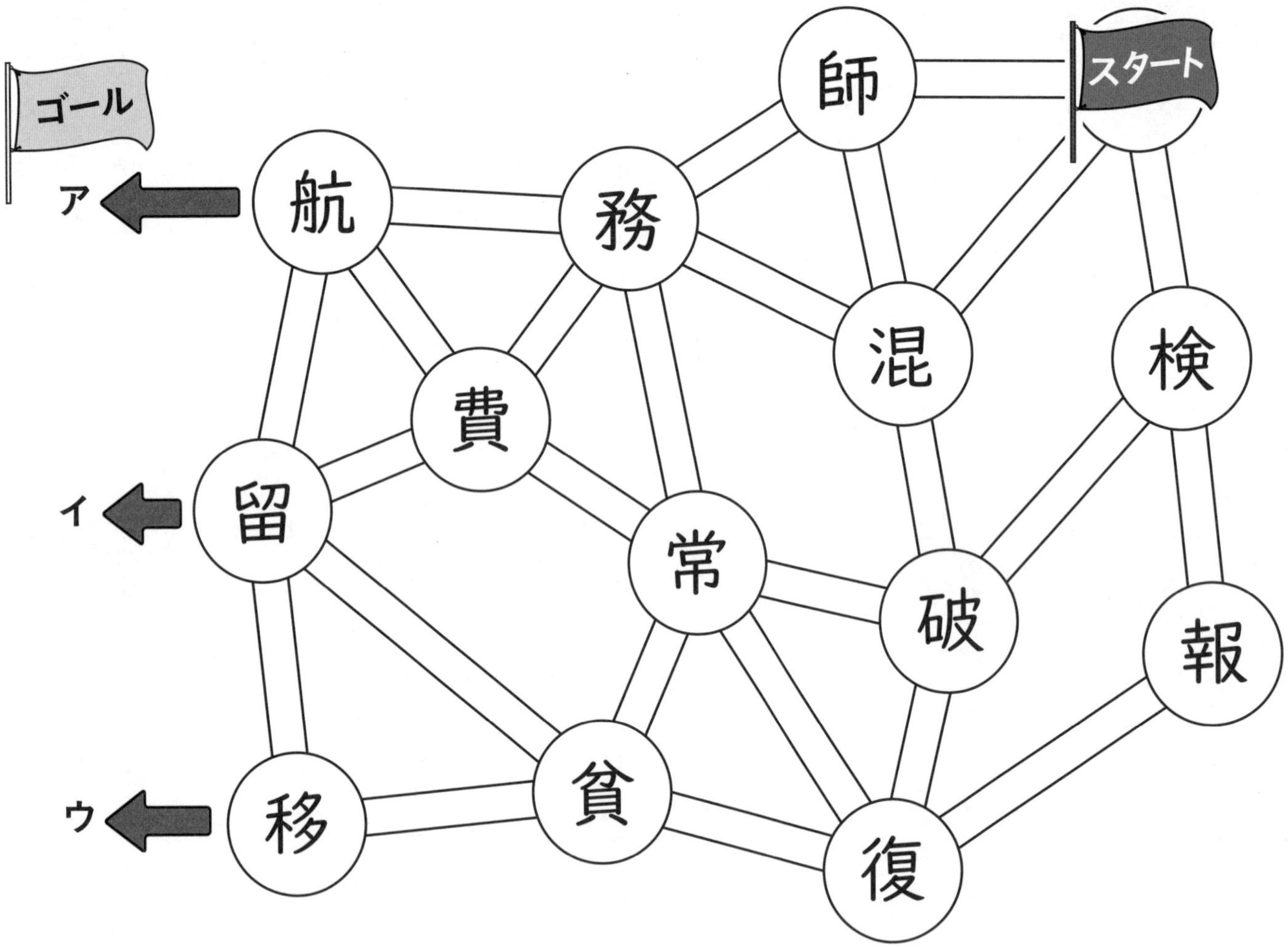

続けて書くところ、分けて書くところに気をつけよう。

国語 12 説明文を読む ②

なまえ
5年　組

答え→213ページ

時間 25分
合格 80点
得点　点
月　日

1 次の文章を読んで、あとの問いに答えなさい。

　米国シカゴ郊外《こうがい》にあるブルックフィールド動物園で、囲《かこ》いの中に落ちた三才の子供《こども》をゴリラ（八才になるメスでビンティという名）が助けて運ぶ事件《じけん》があった。

　なぜこれが「事件」なのか。一般《いっぱん》に野生動物は人間と利害をともにすることはない。それどころか、人間に迫害《はくがい》されて強いきょうふ心や敵《てき》がい心をいだいていることが多い。

　ビンティも人間に育てられた経験《けいけん》をもっている。動物園で人間の子供を見て知っているし、自ら赤ん坊《ぼう》をもつ母親でもある。しかし、①それだけの理由で②この快挙《かいきょ》が実現《じつげん》したとは思えない。ビンティは人間の子供の危機《きき》を理解《りかい》し、とっさに何が必要かを判断《はんだん》し、子供をおびやかさないように行動しなければならなかった。それができたのは、ビンティに人間の行動やその意図をよく理解し、人間に不安をあたえずに接《せつ》する能力《のうりょく》が備《そな》わっていたからである。

　これまで、私《わたし》たちは、人間だけが自分たち以外の生命を気づかい、その将来《しょうらい》を考えることができると自負してきた。［　　］、それはとんでもない思い上がりだったかもしれない。他の生命を救《すく》うどころか、利用しつくした末に絶《ぜつ》めつの危機に追いつめ、さらに都合の良いように改造《かいぞう》していこうというのが人間の姿勢《しせい》である。それは、他種の仲間と傷《きず》つけ合わずに共存《きょうぞん》しようとするゴリラの流儀《りゅうぎ》（やり方）とは遠いところにある。ビンティの美談が、③人間と野生動物とのつき合い方を反省するきっかけになればと思わずにはいられない。

（山極寿一《やまぎわじゅいち》の文章による）

(1) ［　　］に入る言葉を次から選び、記号で答えなさい。(10点)　［　　］

ア ところで　**イ** したがって
ウ さらに　**エ** しかし

(2) ——線①「それだけの理由」について、文中にあげられている「理由」はいくつですか。漢数字で答えなさい。(10点)　［　　］つ

(3) ——線②「この快挙」について、

① どのようなことを指していますか。(20点)

［　　　　］

② 「この快挙」が実現できたのはなぜですか。文中から初めと終わりの五字をぬき出しなさい。(20点)

［　　　　　］〜［　　　　　］

(4) ——線③「人間と野生動物とのつき合い方」について、野生動物に対して人間はどのような姿勢なのですか。(20点)

［　　　　］

(5) この文章を説明したものとして最も適当《てきとう》なものを次から選び、記号で答えなさい。(20点)　［　　］

ア ゴリラには他の動物にない特別な能力があるので、知能が高い。

イ 人間に育てられた動物は、人間に対して危害を加えることはない。

ウ ゴリラも人間と同様に、他種の動物を利用する能力をもっている。

エ 人間だけが、他種の動物に同調する能力をもっているわけではない。

バラバラ熟語《じゅくご》パズル ①

答え→213ページ　月　日

問題

次の漢字の中から、意味が似《に》ているもの同士を合わせて、二字の熟語《じゅくご》を四つ作りなさい。

目標時間　5分

寒　謝　温　富

屋　去　多

空　来　家　過

豊　罪　冷

例えば「岩石」は、意味が似ている漢字を合わせた熟語だね。

国語 13　説明文を読む ③

答え→213ページ

なまえ　5年　組

時間 25分　合格 80点　得点　点　月　日

1 次の文章を読んで、あとの問いに答えなさい。

　あいさつされたらあいさつを返すのが常《じょう》識《しき》だ。だれがだれに向かってどのようにあいさつするか、またはしないかという決まりは社会や文化によって異《こと》なる。日本語コミュニケーションの常識では、「おはよう」と言われたら「[A]」と返事をし、「ただいま」には「[B]」と応《おう》じ、「ありがとうございました」に対しては、「[C]」と返すことになっている。

　日本国内であれ外国であれ、すれちがう人すべてとあいさつを交《か》わすのが常識だという地域《ちいき》がある。また、①赤の他人同士であっても、バスやエレベーターなどに乗り合わせたら、あいさつを交わすなりほほえみ合うなりすることが常識の地域もある。それに対して、顔見知り以外とは会釈《えしゃく》もしない習慣《しゅうかん》を持つ地域がある。

　フランスを例にとると、サービス業者と客の場合、何も買うつもりがなくてふらりと入った店で――高級ブランド店では、それ自体非常識《ひじょうしき》な行為《こうい》だが――、また、スーパーマーケットのレジで、客は最低限《さいていげん》三つの言葉を発しなければならない。「こんにちは」と「ありがとう」と「さようなら」に当たるフランス語だ。もちろん店員側も、最低限この三つの言葉を、客の目をまっすぐに見つめて笑顔《えがお》で言う。②無言、無表情《むひょうじょう》で入ってきて同様に立ち去る客は、店員にその場で罵倒《ばとう》こそされないが、まちがいなく軽蔑《けいべつ》される。

　ひるがえって日本では、「やまびこあいさつ」をはじめとする接客業《せっきゃくぎょう》の「いらっしゃいませ、こんにちは」に、客は「こんにちは」と応《こた》えない。試《ため》しに、客が満面の笑《え》みをたたえて元気に「こんにちは」と返事をするとどうなるか。予期せぬ反応《はんのう》に、店員はぎょっとして後ずさりするか、自分が先に言ったにもかかわらず、あわてて再度《さいど》「こんにちは」と言い直すにちがいない。これは来日したての留学生《りゅうがくせい》がしばしば経験《けいけん》することだ。「こんにちは」と言われてだまっていることは常識に反するという文化を持つ者にとって、客が「こんにちは」も「どうも」も言わず、軽い会釈すらしない日本式のマナーは不ゆかいであり、不気味である。

（野口恵子《のぐちけいこ》「かなり気がかりな日本語」）

(1) [A]～[C]に入るあいさつとして最も適当《てきとう》な言葉を、それぞれ十字以内のひらがなで答えなさい。（30点）一つ10

A

B

C

(2) ――線①と反対の意味にあたる言葉を、文中から五字以内でぬき出しなさい。（30点）

(3) ――線②とありますが、なぜですか。文中の言葉を使って、「から。」に続く形で三十五字以内で説明しなさい（句読点《くとうてん》も一字として数えます）。（40点）

から。

〔大阪女学院中―改〕

熟語《じゅくご》パズル ③

答え→213ページ

月　　日

問題

次の□には、漢字一字が入ります。矢印の方向に読むと熟語《じゅくご》ができるように、正しい漢字を書き入れなさい。

目標時間 5分

(1)

師 ↑ □ → 養
育 ← □ ↓ 室

(2)

話 ↑ □ ↓ 術
相 → □ ← 選

(3)

責 ↓ □ ↓ 務
辞 → □ → 命

(3)の「○命」は、ある役目などにつくように命令することだよ。

国語 14 説明文を読む ④

答え→213ページ

時間 25分　合格 80点　得点　点

月　日

なまえ　5年　組

1 次の文章を読んで、あとの問いに答えなさい。

僕《ぼく》たち人間という存在《そんざい》を考えてみよう。人間の面白いところは「前」と「後ろ」があるところである。目がついている方、鼻がついている方、口がついている方が前である。耳は横についているが、なぜか耳たぶがついていて、前からの音だけを聴《き》く。人間は①丸い世界の中に生きている生き物のはずなのに、前しか見ることのできない、前を向いてしか喋《しゃべ》ることのできない、前からくる匂《にお》いしか嗅《か》ぐことができない、前からくる音しか聞くことができない存在である。全能《ぜんのう》の神からすればずいぶん不便な形に人間を②作□□たものである。後ろには排泄《はいせつ》のための器官しかない。不思議だ。でもそれにはきっと意味がある。

③その意味を考えてみると、僕たちは前を向いた世界の半分としか向き合えず、その世界の半分について一所懸命《いっしょけんめい》、目や鼻や耳や口の力を用いて観察したり理解《りかい》したりする。そして理解をすれば、この世界に対する優《やさ》しさを身につけることができる。だが、後ろにも目や鼻や口があったら、もっと優しくなれるかもしれないというのは間違《まちが》いである。語りかけられない後ろ、聞こえない後ろ、それは観察することはできないが想像《そうぞう》することはできる。どんなものがあるんだろう、どういう声を発しているのだろう、どういう匂いを発しているのだろうと、僕たちは一所懸命想像する。その想像することがまた優しさを生む。

映画《えいが》の中では俳優《はいゆう》は鼻や口や相手から聞こえる耳を一所懸命使って演技《えんぎ》をする。しかし、④名優は後ろ姿《すがた》で演技をする。目も鼻も口も何もない後ろ姿で。後ろ姿を見るとなぜか僕たちはその人の優しさや悲しさや喜《よろこ》び、願いや夢《ゆめ》を見ることができる。つまり、後ろ姿からはその人物の心を感じることができる。僕たちの想像力がそれを捉《とら》えるのである。

（大林宣彦《おおばやしのぶひこ》「今僕たちは本当に幸せか」）

(1) ――線①「丸い世界の中に生きている」とはどういうことですか。次から選び、記号で答えなさい。(20点)　［　　］

ア 球体であるこの地球上に生きている

イ 優しさと思いやりに満ちた世界に生きている

ウ 前後左右、取り囲《かこ》まれた世界に生きている

エ 上下前後、はさみ込《こ》まれた世界に生きている

オ 自分を中心にした世界に生きている

(2) ――線②「作□□た」とありますが、その□に入るひらがな二字を答えなさい。(20点)

(3) ――線③「その意味」とありますが、人間の形の「意味」を説明した次の文の A ・ B に入る言葉を文中からそれぞれ三字以内でぬき出しなさい。(30点)一つ15

自分の後ろのことを A することで理解し、それによって B を生むことができること。

A

B

チャレンジ

(4) ――線④「名優は後ろ姿で演技をする」とありますが、それはどういうことですか。それを説明した次の文の□に入る内容《ないよう》を三十字以内で答えなさい（句読点《くとうてん》も一字として数えます）。(30点)

僕たちが

ということ。

〔洛南高附中―改〕

数字を使った言葉

答え→213ページ　月　日

問題

次のことわざや四字熟語《じゅくご》の□には、数字を表す、同じ漢字が入ります。合う漢字を下の□に書きなさい。

目標時間　5分

(1)
□階から目薬
天は□物《ぶつ》をあたえず
一石□鳥

(2)
一刻《こく》□金
□里《り》の道も一歩から
□客万来《ばんらい》

(3)
明日の□より今日の五十
すずめ□までおどりわすれず
五十歩□歩

(4)
□寸《すん》の虫にも五分《ごぶ》の魂《たましい》
□年の計は元旦《がんたん》にあり
□刀両断《りょうだん》

それぞれのことわざや四字熟語の意味も確《たし》かめておこう。

国語 15 説明文を読む ⑤

なまえ　5年　組

答え→213ページ

時間 25分
合格 80点
得点　点
月　日

1 次の文章を読んで、あとの問いに答えなさい。

　しかし、多くの人は海水からとれる塩を大事にした。海水から塩をとる、つまり製《せい》塩《えん》することが大切になる。食塩水である海水そのものは、そのまま飲むと人は病気になるからだ。なぜかというと、塩化物である海水には、塩化ナトリウムだけではなく、他の塩化物もふくまれている①□□だ。これらの塩化物は人間の胃《い》壁《へき》をおかすから、病気になるのである。そのために、塩化ナトリウムを中心とした結晶《けっしょう》を作る必要がある。

[A] ②食塩を海水からとって結晶させることが大切になる。そのためには、海水そのものをいきなり煮《に》ても濃縮《のうしゅく》できるが、手間もかかり、できる量も少なくて効率《こうりつ》が悪い。そこで、いわゆる天日製塩的なやり方を併用《へいよう》することになった。これが③「藻塩《もしお》焼き」とよばれる日本人の塩づくりのアイディアである。

　藻塩焼きというのは、簡単《かんたん》にいえばホンダワラを利用して塩をとる方法であった。海藻《かいそう》のなかで、食べられないのはホンダワラだけで、ほとんどの海藻は食用になった。食べられないホンダワラとよばれるその海藻を、俗《ぞく》に「藻塩刈《が》り」とよばれるように刈りとって集める。[B]、刈りとったものを桶《おけ》にくんだ海水の中に一度ひたす。海水にひたしたホンダワラを桶の上に棒《ぼう》をわたして、天日で干《ほ》す。海藻の表面は複雑《ふくざつ》な広がりをもっているから、蒸発《じょうはつ》する面積が広いので、短い時間で海水が蒸発する。蒸発して濃縮された食塩を、もう一度その桶の水で洗《あら》って、またそれを干す。それをくり返すことを一日中続けていると、藻塩、つまりホンダワラの中の塩水の濃度が、ほぼ十一パーセントほどの塩分を持つようになる。それを今度は煮るわけである。そうすると、自然の海水を煮るやり方に比《くら》べて、多くの十倍ぐらいの効率で水分が蒸発して、多くの結晶した塩がとれる。

（樋口清之《ひぐちきよゆき》「逆《さか》ねじの思想」）

(1) [A]、[B] に入る言葉を次からそれぞれ選び、記号で答えなさい。(10点)一つ5

ア たとえば　**イ** そして　**ウ** なぜなら
エ つまり　**オ** しかし　**カ** あるいは

A［　　］　B［　　］

(2) ――線①「□□だ」とありますが、その□に入るひらがな二字を答えなさい。(10点)

(3) ――線②とほぼ同じ内容《ないよう》を表す言葉を文中から二字でぬき出しなさい。(10点)

(4) ――線③「藻塩焼き」について、次の問いに答えなさい。

① 海藻のなかでもホンダワラを使うのはなぜですか。その理由を答えなさい。(20点)

［　　　　］

チャレンジ
② 海水の濃縮という点から見て、藻塩焼きの長所は何ですか。二十字以内で答えなさい。(20点)

③ 「藻塩焼き」の手順を説明した次の文章の [ⓐ]～[ⓔ] に入る言葉を、文中からそれぞれぬき出しなさい。(30点)一つ6

　ホンダワラを刈りとって集め、桶の [ⓐ] にひたし、それを [ⓑ] で干す。海藻は表面積が広く、[ⓒ] が広いので、それをくり返していると、ホンダワラの中の [ⓓ] が高くなり、それを [ⓔ]。

ⓐ［　　］　ⓑ［　　］
ⓒ［　　］
ⓓ［　　］　ⓔ［　　］

〔横浜共立学園中―改〕

四字熟語《じゅくご》さがし

答え→213ページ　月　日

問題

次の表から四字熟語《じゅくご》をさがして、線でかこみ、最後まで使わずに残った二つの漢字で言葉を作りなさい。熟語はたて・横・ななめに読み、下から上、右から左に読むものもあります。

目標時間 5分

例（三字熟語）

産	小	用
自	動	車
信	物	不

↓

産	小	用
自	動	車
信	物	不

↓

信用

大	正	明	公
義	務	教	育
名	主	児	体
分	休	護	健
業	備	守	保

一つの文字が二回以上使われることもあるよ。

国語 16 チャレンジテスト 2

なまえ　5年　組

時間 30分
合格 70点
得点　点
月　日

答え→214ページ

1 **次の文章を読んで、あとの問いに答えなさい。**

　あとに述《の》べるが、世界の言語は五〇〇〇ぐらいあると聞く。こんな多くの言語の中で①日本語だけがもっているという性質《せいしつ》は、さぞ少なかろう。以前は、敬語《けいご》は日本語の特質だとか②「が」と「は」の区別があるのは日本語だけだとか言われた。が、③目を外に向けてみると、敬語は、東南アジアの言語に広く見られるし、「が」と「は」の区別は、朝《ちょう》鮮《せん》語にそっくりのものがあり、さすがに隣《となり》に住む民族の言語だと感じさせる。しかし、日本語だけがもっている性質は全然ないと言い切ってよいものだろうか。文字の面で漢字・カタカナ・平がな・ローマ字・アラビア数字といった多くのちがった体系《たいけい》のものを使っている言語は、④世界唯一《ゆいいつ》のはずである。そうして、その漢字の読み方に、音読みと訓読みがあり、ごく一部の文字ではなく、日常《にちじょう》用いられる多くの漢字が、「春」はハルとシュン、「秋」はアキとシュウのように、相互《そうご》に関係の考えられない二つのオトで読まれているということも、世界に例がない。表記法から離《はな》れると、野《の》元菊雄《もときくお》が言っていたが、一つの国がこんなに多くの人口をもっていて、それが全部といっていいくらい同じ言語を使っている。そうして一歩国内から離れるとこの言語を使っている人がいない、ということも類がないはずである。

（金田一春彦《きんだいちはるひこ》「日本語」）

チャレンジ
(1) この文章を三段落《だんらく》に分け、第二・第三段落の、初めの三字をぬき出しなさい。（20点）一つ10

第二段落 [　　　]
第三段落 [　　　]

(2) ——線①と同じ意味で使われている言葉を、文中から六字でぬき出しなさい。（10点）

[　　　　　　]

(3) ——線②「『が』と『は』の区別」とありますが、これについて述べているものとして最も適当《てきとう》なものを次から選び、記号で答えなさい。（10点）

ア 日本語だけがもつ性質である。
イ 日本語以外にも見られる性質である。
ウ 日本語だけがもたない性質である。
エ どの言語にも見られない性質である。

[　　]

(4) ——線③「目を外に向けてみる」とは、どういうことですか。（10点）

[　　　　]

(5) ——線④「世界唯一」について、

① 同じ意味で使われている部分を、文中から七字と四字で二か所ぬき出しなさい。（20点）一つ10

・[　　　　　　　]
・[　　　　]

② 「世界唯一」として挙げられている、日本語の文字の面での性質をまとめた次の文の ⓐ ～ ⓒ に入る言葉を、それぞれ文中からぬき出しなさい。（30点）一つ10

　漢字や平がななど、多くの ⓐ の文字を使い、漢字の読み方には ⓑ があり、相互に関係の考えられない ⓒ で読まれているということ。

ⓐ [　　　]
ⓑ [　　　]
ⓒ [　　　]

〔名古屋学院中—改〕

漢字パーツパズル

答え→214ページ 月　日

問題

次の○と□には漢字の一部が入っています。○と、□のパーツのどれか一つを組み合わせて、正しい漢字を作りなさい。

目標時間
5分

(1)
○：言
□：巴　支　𠬝　刂　蒦
答え：□

(2)
○：各
□：田　弓　禾　令　ネ
答え：□

(3)
○：罒
□：心　谷　皿　非　豆
答え：□

(4)
○：米
□：正　午　分　攵　七
答え：□

○の中のパーツは、漢字の上下左右のどの部分になるかな。

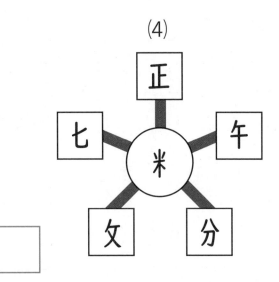

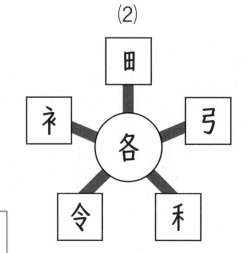

国語 17 物語を読む ①

なまえ

5年　組

時間 25分

合格 80点

得点　点

月　日

答え→214ページ

1 **次の文章を読んで、あとの問いに答えなさい。**

　そのくまと、散歩のようなハイキングのようなことをしている。動物には詳《くわ》しくないので、ツキノワグマなのか、ヒグマなのか、はたまたマレーグマなのかは、わからない。面と向かって訊《たず》ねるのも□である気がする。名前もわからない。なんと呼《よ》びかければいいのかと質問《しつもん》してみたのであるが、近隣《きんりん》にくまが一匹《いっぴき》もいないことを確《かく》認《にん》してから、

「今のところ名はありませんし、僕《ぼく》しかくまがいないのなら今後も名をなのる必要がないわけですね。呼びかけの言葉としては、貴方《あなた》、が好きですが、ええ、漢字の貴方です、口に出すときに、ひらがなではなく漢字を思い浮《う》かべてくだされればいいんですが、まあ、どうぞご自由に何とでもお呼びください」

との答えである。どうもやはり少々大時《おおじ》代《だい》なくまである。大時代なうえに理屈《りくつ》を好むとみた。

　川原までの道は水田に沿《そ》っている。舗装《ほそう》された道で、時おり車が通る。どの車もわたしたちの手前でスピードを落とし、徐行《じょこう》しながら大きくよけていく。すれちがう人《ひと》影《かげ》はない。たいへん暑い。田で働く人も見えない。くまの足がアスファルトを踏《ふ》む、かすかなしゃりしゃりという音だけが規則《きそく》正しく響《ひび》く。

　暑くない？　と訊ねると、くまは、

「[A]」

と答えた。

「[B]」

続けて言う。さらには、

「[C]」

などと、細かく気を配ってくれる。わたしは帽子《ぼうし》をかぶっていたし暑さには強いほうなので断《ことわ》ったが、もしかするとくま自身が一服したかったのかもしれない。しばらく無言で歩いた。

（川上弘美《かわかみひろみ》「神様」）

---

(1) □に入る言葉を次から選び、記号で答えなさい。（10点）

ア 親切　**イ** 迷惑　**ウ** あわれ

エ 不思議　**オ** 失礼

［　　］

チャレンジ

(2) [A]～[C]にはどのような言葉が入りますか。最も適当《てきとう》なものを次から選び、記号で答えなさい。（60点）一つ20

A［　　］　B［　　］　C［　　］

ア 川原まではそう遠くないから大丈夫《だいじょうぶ》、ご心配くださってありがとう

イ 暑さにやられそうなので、その帽子をわたしにかしてくれませんか

ウ もしあなたが暑いのなら国道に出てレストハウス*にでも入りますか

エ 暑くないけれど長くアスファルトの道を歩くと少し疲《つか》れます

オ 疲れましたから、国道のレストハウスで休ませてください

＊レストハウス＝休けいができる所。

(3) ――線「一服」の文中での意味として最も適当なものを次から選び、記号で答えなさい。（10点）

ア 服を一枚《いちまい》ぬぐ。

イ 少しの間休む。

ウ 一口おなかに入れる。

エ 少しムッとする。

［　　］

(4) 「くま」についての説明として最も適当なものを次から選び、記号で答えなさい。（20点）

ア 気づかいはできるがつっけんどんな性格《せいかく》。

イ きちんとしているが冷たい性格。

ウ 古めかしくすじ道を通したい性格。

エ 時代おくれで人を寄《よ》せつけない性格。

［　　］

〔武蔵野女子学院中―改〕

バラバラ熟語《じゅくご》パズル②

答え→214ページ

月　日

問題

次の漢字の中から、対《つい》や組になるものを合わせて、二字の熟語《じゅくご》を六つ作りなさい。

目標時間　5分

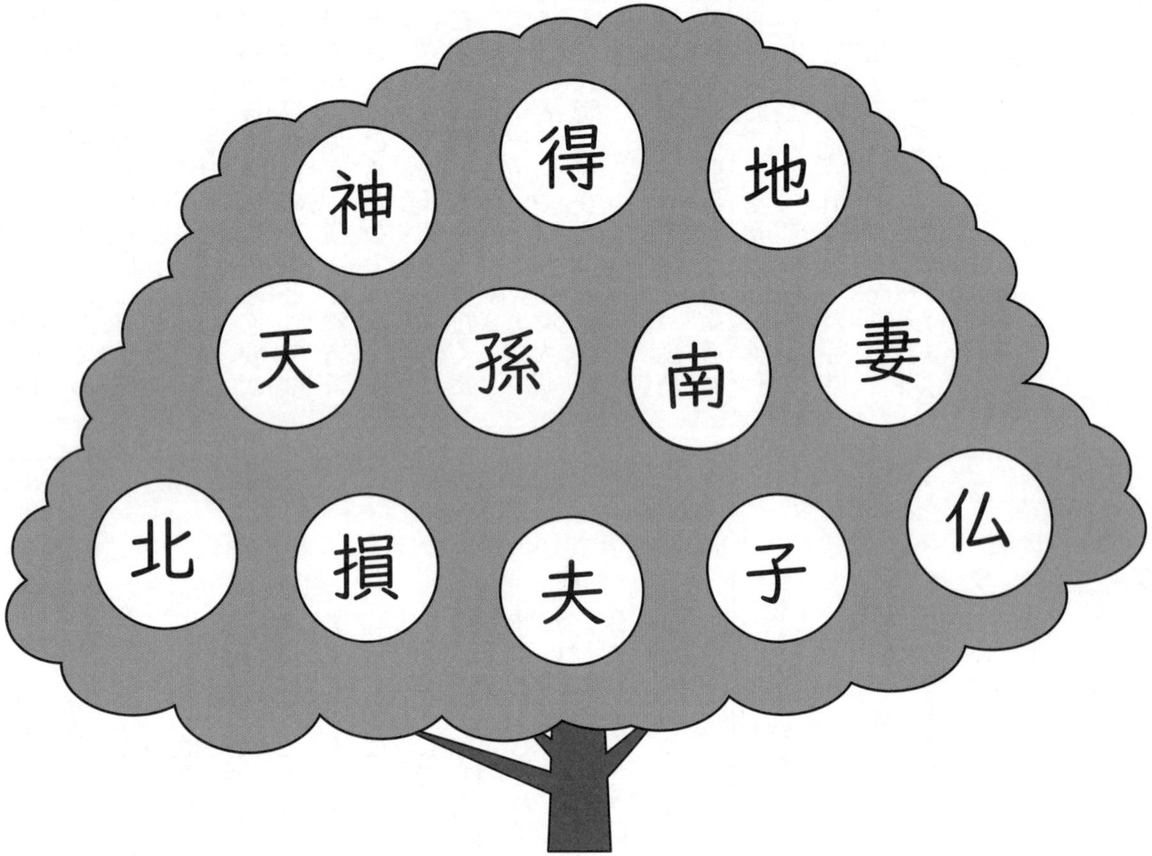

例えば「東西」は、対になる漢字を合わせた熟語だよ。

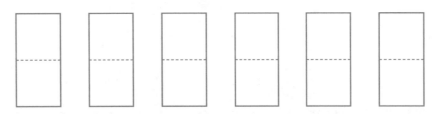

物語を読む ②

なまえ　5年　組

答え→214ページ

時間 25分　合格 80点　得点　点　月　日

1 **次の文章を読んで、あとの問いに答えなさい。**

〔教室で、香水《こうすい》をつけてきた転校生の貴伊子《きいこ》はからかわれたが言い訳《わけ》しなかった。新子《しんこ》は貴伊子を追って、下校途中《とちゅう》、彼女《かのじょ》の家に寄《よ》った。〕

貴伊子がガラスコップを取り出しているあいだに、隣《となり》の部屋を覗《のぞ》くと、ソファーがあってお酒のビンが並《なら》んだガラス棚《だな》もある。

その上に黒い木で囲まれた女の人の写真が置かれていた。新子の家の仏壇《ぶつだん》の壁《かべ》に並んでいる写真と同じ大きさだ。女の人はひづる先生のように美人だ。首に真珠《しんじゅ》のネックレスをしている。

でもきっと①この人は死んでしまったんだわ。

写真の前に、ダリアの黄色い花の花びんと、何色ものガラスが渦《うず》を巻《ま》いている小ビンが置かれていた。小ビンの方をそっと手に持つと、あの匂《にお》いだ。貴伊子がつけていた香水の匂いだ。

どきどきし、新子は大慌《おおあわ》てで②元の場所に戻《もど》した。そして、牛乳《ぎゅうにゅう》を持って入ってきた貴伊子に聞いた。

「お父さん、偉《えら》い人なの？」

「うん、お医者さん。会社の中のお医者さん」

本当はそんなこと、どっちでもよかったのだ。聞きたかったのは、あの写真はお母さんなのかってこと。あの香水は、お母さんの香水なのかってこと。それからそれから、どうして貴伊子がその香水をつけたのかってこと。

でも、本当に聞きたいことは、③なかなか口にできないこともあるのだ。

新子は女の人の写真から目をそらせて、牛乳をのんだ。いつも飲む牛乳とは違《ちが》う味がした。

（高樹《たかぎ》のぶ子《こ》「マイマイ新子」）

(1) ――線①「この人」とは、だれを指していますか。次の[A]〜[C]の字数の指示《しじ》に合うように、文中からそれぞれぬき出しなさい。（30点）一つ10

[A（三字）]で囲まれた[B（二字）]の中の、きれいな[C（一字）]の人。

A［　　　］　B［　　］　C［　］

(2) ――線②「元の場所に戻した」とありますが、何を戻したのですか。文中から十八字でぬき出しなさい。（35点）

［　　　　　　　　　　　　　　　　　　］

(3) ――線③「なかなか口にできない」とありますが、なぜですか。最も適当《てきとう》なものを次から選び、記号で答えなさい。（35点）　［　　］

ア 貴伊子がいない間に隣の部屋を覗いただけでなく、いろいろなものにさわったりしているのは、みっともないことだと気がついたから。

イ 貴伊子の家の大きさ、部屋の中の珍《めずら》しい家具や道具類などから、貴伊子の父親はよほど偉い人にちがいないと気がついたから。

ウ 貴伊子の母親が亡《な》くなっている証拠《しょうこ》を見つけようと、あれこれ部屋をさがしていたとき、貴伊子が戻ってきたことに気がついたから。

エ 貴伊子が学校でからかわれても言い訳しなかった香水の秘密《ひみつ》に、黒わくの写真と小ビンの匂いで気がついたから。

〔目黒学院中―改〕

共通の部首

答え→214ページ

月　日

問題

次の各チームに、共通の部首を加えると漢字ができます。それぞれに合う部首を真ん中の□に書いて、部首名も答えなさい。

目標時間 5分

(1) Aチーム

寅	咸	永
可		台
立	谷	夜

(2) Bチーム

呂	元	奇
各		祭
寸	佰	疋

(3) Cチーム

是	斤	妾
采		召
合	受	支

(4) Dチーム

占	氏	予
付		車
廷	隶	芆

「へん」は漢字の左側に、「かんむり」は漢字の上の方につくよ。

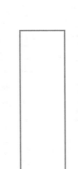

国語 19

物語を読む ③

なまえ

5年　組

答え→214ページ

時間 25分

合格 75点

得点　点

月　日

1 次の文章を読んで、あとの問いに答えなさい。

ふっと気がつくと、足は川のほうへ向かっていた。みんなのいる公園から見えないように、遠まわりして川ぞいの道へ出た。川向こうに、白っぽく枯《か》れたすすきの原が広がっていた。その向こうの土手には、さくらの大木が高速道路までつづいている。

こちらの土手にも、赤茶色の葉を残したさくらの木が数本立っていた。その木にもたれて、ケンはすわりこんだ。さっき自分のしでかしたことが、自分でもわからない。

①なんでぶつけちまったんだ？　あんなにうまく、なかまになってボールをけっていたのに……。自分で自分をなかまの輪から、はじきとばしてしまった！　かっとした頭が風に冷やされてみれば、きっかけはなんでもないことだった。

昭平《しょうへい》は正直に感じたことを言っただけなのだ。ふつうなら、ケンは笑いとばすか、ちょっとむくれてみせるかして、切りぬけてみせる。ハラへった、くらい言えるさ。かるーいかるい、って。

でも、ケンだって切れてしまうことがある。ほんと、どれだけくり返して言えば、ぼくを日本人とみとめてくれるんだ？　ひょっとして、一生むりってこと？　この顔でいるかぎり？　そんなの、絶望《ぜつぼう》的だよ。

そうか！　②ママはぼくよりもっと絶望してるんだ！　ママは百パーセント、アメリカ人だもの。ママは日本人のパパを愛して、日本人と結婚《けっこん》したからって、日本人になろうと努力しつづけてた。なるべく英語は使わないで、日本語だけで話してたし、食べものにも慣《な》れようとしてきらいな生の魚にも挑戦《ちょうせん》していた。

だから、ぼくはなんでも食べられるようになった。でも、ママのほうは限界《げんかい》を強く強く感じてしまったんだ。

そう、どんなにがんばったって、日本人にはなれないし、なかまに入れてもらえないんだ、って……。だから、アメリカへ帰りたい、って言い出したんだ。

③ママの今の思いが、まっすぐケンの心に流れこんできた。でも、いったいどうすればいいんだ？

（遠藤《えんどう》みえ子「やなぎ通りのスージーさん」）

(1) ――線①「なんでぶつけちまったんだ？」とありますが、その理由がはっきり示《しめ》されている段落《だんらく》を文中からさがし、初めの五字をぬき出しなさい（句読点《くとうてん》も一字として数えます）。(25点)

(2) ――線②「ママはぼくよりもっと絶望してるんだ！」とありますが、ママが「もっと絶望している」理由を表している一文を、それよりあとの段落からさがし、初めの五字をぬき出しなさい（句読点も一字として数えます）。(25点)

(3) ケンのママが、「なるべく日本語を話し、きらいな生の魚にも挑戦した」のはなぜですか。(25点)

(4) ――線③「ママの今の思い」が、はっきりと示されている部分を、文中から十字以内でぬき出しなさい。(25点)

〔郁文館中―改〕

熟語《じゅくご》しりとり

答え→214ページ

月　日

問題

スタートからゴールまで、熟語《じゅくご》のしりとりになるように、□から選んで漢字に直し、□に書き入れなさい。

目標時間 5分

例　栄→養→分（栄養→養分）

スタート

入 →	学 →	→	友 ↓
機 ↓ ←	←	感 ←	←
会 →	→	話 →	題 ↓
性 ↓ ←	←	料 ←	←
→	問 →	→	案

ゴール

しつ　り　ざい　じょう
どう　きゅう　だん　とう（どう）

国語 20 物語を読む④

なまえ　5年　組

答え→214ページ

時間 25分
合格 70点
得点　点
月　日

1 次の文章を読んで、あとの問いに答えなさい。

　あわただしく帰り支度《じたく》にとりかかった。いつの間にか荷物が増《ふ》えていた。潮《しお》だまりでひろった、大きさも色も形もさまざまな巻《ま》き貝や二枚《まい》貝たち。それらをリュックのすきまにぎゅうぎゅうおしこんだとたん、実感がわいた。恵理《えり》に会える。うれしーい。すごいスピードで心はどんどん岡山《おかやま》の生活へもどっていく。新しい家って、どんなんだろう？　庭のある家に住むのって、初めて。こんどは自分の部屋、持てるかな。よしひろと二段《だん》ベッドで寝《ね》るのは、もううんざり。ねえ、ばあちゃん、どう思う？　興奮《こうふん》ぎみに声をかけようとして、①ハッとした。いそいでとりこんだわたしたちの洗濯物《せんたくもの》をたたんでいるばあちゃんの背中《せなか》が丸い。よしひろのT《ティー》シャツを、まるで手のひらでアイロンをあてるようにいとおしげになでさすっている。――そうか。……ばあちゃん、またひとりになるんだ。気づいたとたん、恥《は》ずかしくなった。あっという間に気持ちを、ばあちゃんから岡山の生活へとシフトさせていた自分を恥じた。②「うわぁー。」とさけびたくなった。顔をあげたら、じっとわたしを見つめるばあちゃんの目と出会った。

　――いらんこと考えんと、前だけ見て歩け。

　ばあちゃんの強い目が、そういっていた。③気持ちがしんと静まった。

　――わかった。そうする。

　それから、なにもなかったようにわたしたちは荷作りをつづけた。

（八《や》束《つか》澄《すみ》子《こ》「海で見つけたこと」）

(1) ――線①「ハッとした」とは、どのようなことに気づいたからですか。気づいたことについて書いてある部分を、文中から二十字以内でぬき出しなさい（句読点《くとうてん》も一字として数えます）。（30点）

(2) ――線②『うわぁー。』とさけびたくなった」とありますが、その理由を答えなさい。（40点）

［　　　　］

(3) ――線③「気持ちがしんと静まった」とありますが、ばあちゃんのどのような思いをくみ取ってそのようになったのですか。ばあちゃんの思いの説明として最も適当《てきとう》なものを次から選び、記号で答えなさい。（30点）

［　］

ア わたしのことなど心配しなくてもよいから、おまえは急いで荷作りをしなさいと急《せ》かす思い。

イ わたしのことを心配してくれてうれしいが、おまえたちのつらい生活のことを考えると、わたしも岡山に行き、いっしょにくらしたいという思い。

ウ わたしのことなど心配しなくてもよいから、新しい家で友達や弟と仲良く生活するようにという思い。

エ 一人ぐらしのわたしは、明るい気持ちでいるからさみしくはない。むしろおまえたちのことが心配だ。新しい家に引っこしてもくらしに困《こま》るだろうという思い。

〔玉川聖学院中―改〕

熟語《じゅくご》作りパズル

答え→214ページ

月　日

問題

次の□に漢字を一字書き入れて、熟語《じゅくご》を二つ作りなさい。

目標時間　5分

例

□
向　法
↓
方
向　法
（方法）（方向）

(1)
□
見　明

(2)
□
在　実

(3)
□
低　高

(4)
公　講
□

(5)
教　技
□

(6)
経　実
□

どちらかの漢字とつながる漢字を入れてみて、もう一方の漢字ともつながるかどうか確《たし》かめよう。

国語 21 物語を読む ⑤

なまえ 5年 組

時間 25分
合格 70点
得点 点

月 日

答え→214ページ

1 次の文章を読んで、あとの問いに答えなさい。

左の道をすすんだ三郎次《さぶろうじ》は、兄弟の中ではいちばん年もわかく、気もやさしかったので、ふたりの兄とわかれると、さびしくてなきだしそうになりました。が、これではならぬと①思いかえして、元気よくすすんでいきました。この道は、ひろい川にそっておりました。が、都まではよほど遠いとみえ、日のくれかかるころに、[A]都のはずれにつきました。もう足がくたびれて、ひと足もあるけないほどにつかれていました。どこかに宿屋はないかと、きょろきょろ見まわしながらやってきますと、

「[B]。」

と、三郎次をよびとめる女の人がありました。

「はい、はい、わたしをおよびになりましたか。」

と、立ちどまりますと、女の人は三郎次の顔を見ながら、

「あなたは旅のおかたでございますか。」

と聞きました。

「はい、わたしは丹波《たんば》の国から、都へまいるのです。」

と言いました。すると、女の人はよろこんで、

「それではおきのどくですが、わたしの主人の家まで、ちょっとおいでください。けっしてわるいことではありませんから。」

と申しました。

三郎次は、よろこびまして、だれひとりしるべのない都の中で、こんなしんせつな人に会うのは、②地獄《じごく》で仏《ほとけ》にあうようなものだと思いました。

女の人は、三郎次をつれて半町ばかりあるいたかと思うと、りっぱな家の中にはいりました。（**ア**）その家は、まわりが六、七町もあるひろい屋敷《やしき》で、屋敷の中には大きなお倉《くら》が十五、六も、ずらりと立ちならんでおりました。（**イ**）

（菊池《きくち》 寛《かん》「三人兄弟」）

(1) ——線①で、なぜ思いかえしたのですか。次から選び、記号で答えなさい。(10点) ［　］

ア ないたら、兄のことが思いだされ、あるけなくなるのではないかと考えたから。

イ これからは、だれにもたよらず、自分ひとりであるいていかねばならないと思ったから。

ウ 遠くまで続いて見える道を、自分の足であるいていこうと決心したから。

(2) [A]に入る言葉を次から一つ選び、記号で答えなさい。(10点) ［　］

ア ついに　**イ** ようやく　**ウ** それでも

(3) [B]に入る言葉を次から一つ選び、記号で答えなさい。(10点) ［　］

ア もしもし　**イ** もしもし、三郎次さん　**ウ** もしもし、旅のお人

(4) この文章には「三郎次も、あとからつづいてはいりました。」という文がぬけています。（**ア**）・（**イ**）のどちらへ入れるとよいですか。記号で答えなさい。(10点) ［　］

(5) チャレンジ ——線②とありますが、「地獄」にたとえているものを文中からぬき出しなさい。(10点)

［　　　　　　　　］

(6) 三郎次が心の中で思ったところが三か所あります。その部分の初めの五字をぬき出しなさい。(30点)一つ10

(7) チャレンジ この文章を二つの場面に分けます。二つめの初めの五字を書きなさい(句読点も一字として数えます)。(20点)

〔清風南海中〕

かたかな足し算漢字

答え→214ページ　月　日

問題　かたかなを組み合わせてできる一字の漢字を足して書きなさい。

目標時間　5分

例　イ＋ヒ＝化　ム＋ハ＝公

(1) ロ＋ム＝□

(2) ロ＋ノ＋一＝□

(3) ム＋イ＋ニ＝□

(4) カ＋ツ＋ワ＝□

(5) ロ＋タ＝□

(6) カ＋エ＝□

(7) 一＋ノ＋イ＋エ＝□

(8) ロ＋ロ＋ツ＋ノ＋ワ＝□

漢字の中には、かたかなを組み合わせたように見えるものもあるんだね。

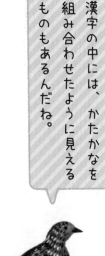

算数
理科
社会
英語
国語
答え

国語 22

脚本《きゃくほん》を読む

なまえ

5年　組

答え→214ページ

時間 25分

合格 80点

得点　点

月　日

1 **次の文章を読んで、あとの問いに答えなさい。**

権八《ごんぱち》　(やがて) こら、藤六《とうろく》。

藤六　あいよ。(ズイコ、ズイコ。)

権八　おめえののこぎりを貸《か》せ。おらのは、ちっとも切れん。

藤六　あいよ。(すぐ取りかえてやる。)

二人、しばらく切っている。

権八　(また手を休めて、) やい、藤六。

藤六　あいよ。(ズイコ、ズイコ。)

権八　おらの切った枝《えだ》も、みんなおまえがしょって、山を下りるだぞ。

藤六　なんでや。

権八　おめえののこぎりで切った枝だ。みんなおめえが運ぶのがあたりまえでないか。

藤六　ああ、そうか。うん、よし。

(ズイコ、ズイコ。)

二人、しばらく切っている。

藤六　(切りながら、) このこぎりは切れんのう。おらが、今ばん目立てをしてやろう。

権八　(手をや《(休)》めて、) やい、藤六。おめえ、こんな切れるのこぎり持っとるなら、おらの分も切ってくれ。

藤六　そうだなあ。おまえののこぎりゃ、こらだめだ。よし、そんならよこせ。

(木下順二《きのしたじゅんじ》「木竜《もくりゅう》うるし」)

(1) この文章に関係が深いものを次から選び、記号で答えなさい。(10点)

ア 手紙　**イ** 日記　**ウ** 伝記
エ 演《えん》げき　**オ** 短歌

(2) ——線「ズイコ、ズイコ」は、何を表している音ですか。(10点)

(3) どうして権八の切った枝も、みんな藤六がしょって山を下りなければならなくなったのですか。(15点)

(4) どうして権八の分まで藤六が枝を切るはめになったのですか。(15点)

(5) 文中の(　)の中の部分を何といいますか。また、それは何のために書かれているのですか。(20点)一つ10

・何というか

・何のため

(6) 藤六はどのような人ですか。次から選び、記号で答えなさい。(10点)

ア 権八にさからうとおそろしいので、いやいや言うことをきいている人。

イ 気持ちがやさしいので、すぐ、相手の身になって考える人。

ウ 権八の性格《せいかく》をよく知っていて、わざとすなおにふるまっている人。

(7) 権八は、どのような人ですか。(20点)

音読みパズル

答え→214ページ

月　日

問題

次の○の音読みをする漢字を、下の□からすべて選んでぬりつぶすとかたかながでます。できた四字を組み合わせて言葉を作りなさい。

目標時間　5分

(1) イ

永	印	衣
測	位	迷
胃	移	似
留	易	辞

(2) コ

効	去	子
過	戸	耕
護	個	功
航	故	粉

(3) サイ

妻	際	再
帯	祭	参
酸	災	材
採	西	菜

(4) セイ

製	政	整
勢	証	精
西	築	性
静	制	青

読み方がわからないときは、それぞれの漢字を使った熟語《じゅくご》を考えてみよう。

国語 23

古典を読む

なまえ

5年　組

時間 25分

合格 80点

得点　点

月　日

答え→215ページ

1 **次の文章を読んで、あとの問いに答えなさい。**

秋は夕暮《ゆうぐ》れ。夕日のさして山の端《は》いと近《ちこ》うなりたるに、烏《からす》の寝所《ねどころ》へ行くとて、三つ四つ、二つ三つなど飛び急ぐさへ《(え)》あは《(わ)》れなり。まいて*雁《かり》などの連ねたるが、いと小さく見ゆるは、いとを《(お)》かし。日入り果てて、風の音、虫の音など、はた言ふ《(う)》べきにあらず。

冬はつとめて。雪の降りたるは言ふ《(う)》べきにもあらず、霜《しも》のいと白きも、またさらでもいと寒きに、火など急ぎおこして、炭もて渡《わた》るも、いとつきづきし。昼になりて、ぬるくゆるびもていけば、*火桶《ひおけ》の火も、白き灰《はい》がちになりてわろし。

（清少納言《せいしょうなごん》「枕草子《まくらのそうし》」）

*雁＝カモ科の水鳥。ガンの別名。
*火桶＝丸形の火ばち。

〔現代語訳《げんだいごやく》〕

秋は夕暮れ(がよい)。夕日がさして、山の空と接《せっ》する部分にとても近づいたころに、烏が寝場所へ行こうとして、三羽四羽、二羽三羽などと急いで飛んで行く様子さえもしみじみと心にしみる。まして、雁などの連なって飛んでいるのがたいへん小さく見えるのは、とてもおもむきがある。夕日がすっかりしずんで、風の音、虫の声など、これもまた言うまでもない。

冬は早朝(がよい)。雪が降っているのは言うまでもなく、霜がとても白いのも、またそうでなくても、とても寒い朝に、火などを急いでおこして、炭を持って運んでまわるのもとてもふさわしい。昼になって、だんだんあたたかくなって、寒さがゆるんでくると、火桶の火も白い灰が多くなってよくない。

(1) ——線①「おもむきがある」という作者の気持ちは、どのように表されていますか。古文の中から三字でぬき出しなさい。(10点)

(2) 現代語で「とても」「たいへん」と訳される言葉を、古文の中から二字でぬき出しなさい。(10点)

(3) 作者が好ましく思う秋の情景《じょうけい》に合うものを次から選び、記号で答えなさい。(20点)

〔　〕

ア

イ

(4) 作者が秋に聞こえてくるものでよいと述《の》べているものを、古文の中から二つぬき出しなさい。(20点)一つ10

・〔　〕
・〔　〕

(5) ——線②「ふさわしい」とありますが、どのようなことが、何にふさわしいのですか。(20点)

〔　〕

チャレンジ

(6) 作者が冬にあることでよくないと述べているのは、どのようなことですか。(20点)

〔　〕

漢字クイズ迷路《めいろ》

答え→215ページ　月　日

問題

ア・イから正しい方を選び、スタートからゴールまで進みましょう。

目標時間　5分

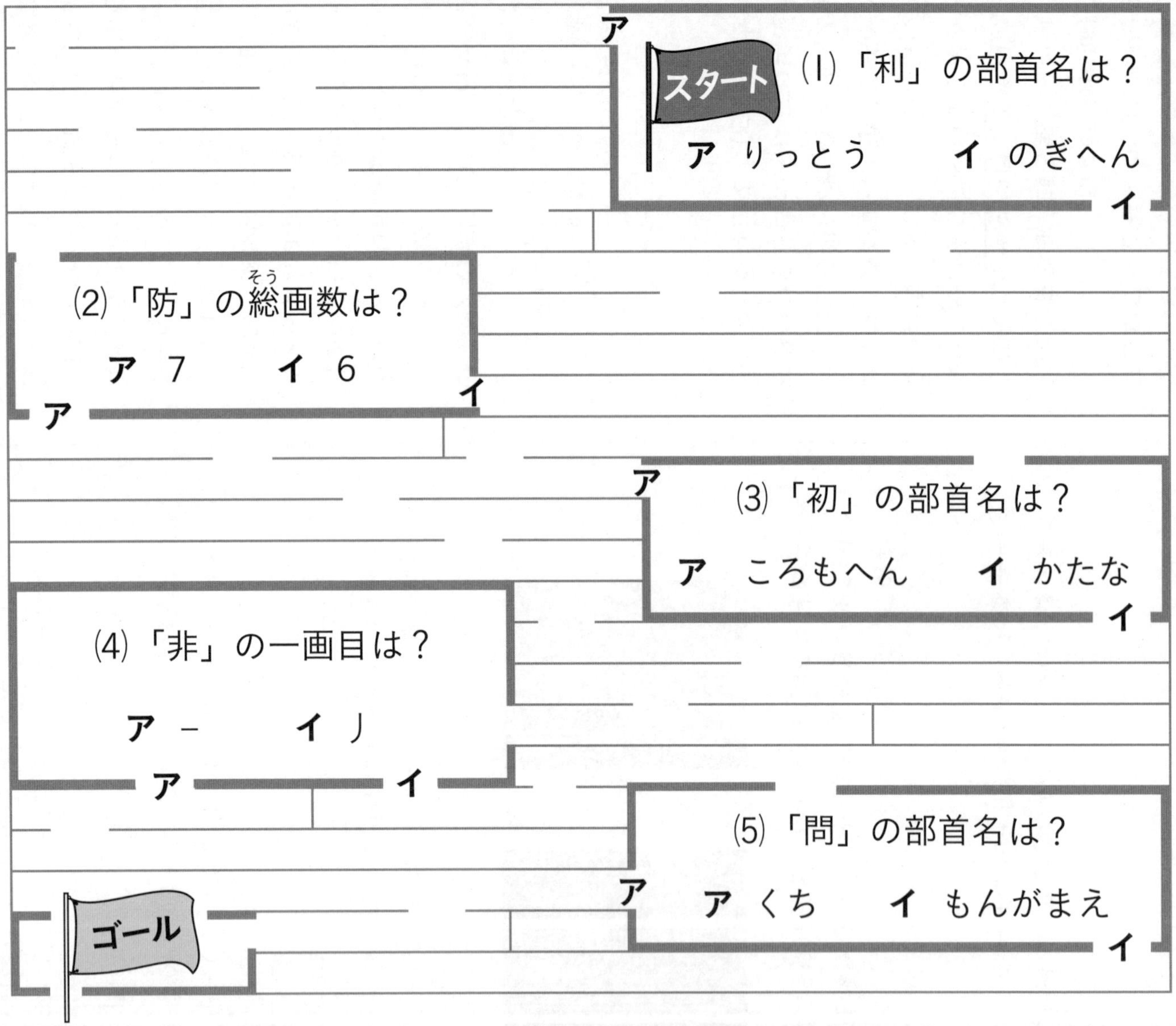

国語 24 詩を読む ①

なまえ　5年　組

時間 25分　合格 80点　得点　点　月　日

答え→215ページ

1 次の詩を読んで、あとの問いに答えなさい。

山頂《さんちょう》から

小野十三郎《おのとおざぶろう》

山にのぼると
海は天まであがってくる。
なだれおちるような若葉みどりのなか。
下の方で　しずかに
かっこうがないている。
風に吹《ふ》かれて高いところにたつと
だれでもしぜんに世界のひろさをかんがえる。
ぼくは手を口にあてて
なにか下の方に向かって叫《さけ》びたくなる。
五月の山は
ぎらぎらと明るくまぶしい。
きみは山頂よりも上に
青い大きな弧《こ》をえがく
水平線を見たことがあるか。

(1) 作者はどこにいますか。詩の中からぬき出しなさい。(10点)

(2) 作者は何に感動しているのですか。自分の言葉で答えなさい。(20点)

チャレンジ
(3) この詩で、作者の心情が最もよく表れている部分として最も適当《てきとう》なものを次から選び、記号で答えなさい。(10点)

ア かっこうがないている。
イ 世界のひろさをかんがえる。
ウ 叫びたくなる。
エ 見たことがあるか。

2 次の詩を読んで、あとの問いに答えなさい。

雪の朝

草野心平《くさのしんぺい》

まぶしい雪のはねっかえし。
①青い。
②きらら子たちははしゃいで、
跳《と》びあがったりもぐったりしての鬼《おに》ごっこだ。
ああ。
まぶしい光のはねっかえし。
自分の額《ひたい》にもきらら子は映《うつ》り、
うれしい。
空は□前にのり出し、
③天の天まで見え透《す》くようだ。

(1) ――線①とありますが、何が青いのですか。(10点)

(2) ――線②は何ですか。次から選び、記号で答えなさい。(10点)

ア キラキラ輝《かがや》く雪　**イ** 雪に反射《はんしゃ》する日光
ウ 遊ぶ子どもたち　**エ** 雪の結晶《けっしょう》

(3) 〰〰線のような表現上の工夫《くふう》を何といいますか。次から選び、記号で答えなさい。(10点)

ア 名詞《めいし》止め　**イ** 倒置《とうち》法　**ウ** 擬人《ぎじん》法

(4) □に入る言葉を次から選び、記号で答えなさい。(10点)

ア ゆっくりと　**イ** だんだんと
ウ ぐうんと

チャレンジ
(5) ――線③とは、どういう様子を表現《ひょうげん》していますか。(20点)

〔金城学院中・上宮中―改〕

バラバラ熟語《じゅくご》パズル ③

答え→215ページ　月　日

問題

次の漢字の中から、意味が反対のものを組み合わせて、二字の熟語《じゅくご》を四つ作りなさい。

目標時間
5分

減　益　加
旧　復　帰　確
複　因　新　果
授　願　往

例えば「長短」は、意味が反対の漢字を合わせた熟語だね。

国語 25 詩を読む ②

なまえ　5年　組

時間 25分　合格 80点　得点　点　月　日

答え→215ページ

1 次の詩を読んで、あとの問いに答えなさい。

[　　]

阪本越郎《さかもとえつろう》

さくらの花の散る下に
小さな屋根の駅がある
白い花びらは散りかかり
停車場《ていしゃば》の中は
花びらで　いっぱい
花びらは　男の子の帽子《ぼうし》にも
せおった荷物の上にも来てとまる
この村のさくらの花びらをつけたまま
遠くの町へ行く子もあるんだな
待合室のベンチの上にも
白い花びらは散りかかり
旅人は花びらの上にこしかけて
春の山脈《さんみゃく》をながめている

(1) この詩にえがかれている場所を次から選び、記号で答えなさい。(10点)　[　　]

ア 山近くの都市　**イ** 都市近郊《きんこう》の住宅地《じゅうたくち》
ウ 谷間に近い町　**エ** 山あいの村

(2) この詩には句点《くてん》(。)が五か所ついています。その行番号を前から順に答えなさい。(10点)

[　　] [　　] [　　] [　　] [　　]

(3) 花びらがまるで生きているように表現《ひょうげん》されている言葉を、詩の中から五字で二つぬき出しなさい。(10点)一つ5

[　　　　　] [　　　　　]

(4) 作者の思いについて、次の問いに答えなさい。

① 作者の思いが表れているところを行番号で答えなさい。(10点)　[　　]

② どのような思いですか。次から選び、記号で答えなさい。(10点)　[　　]

ア 別れのものさびしい思い
イ ふるさとをなつかしむ思い
ウ 未来への希望をふくらませる思い
エ 過《す》ぎ去った春をおしむ思い

(5) この詩の題名として、最も適当《てきとう》なものを次から選び、記号で答えなさい。(10点)　[　　]

ア 満開のさくら　**イ** 白い花
ウ 花ふぶき　**エ** はざくらのころ

〔同志社中〕

2 次の詩を読んで、あとの問いに答えなさい。

ある日ある時

黒田三郎《くろださぶろう》

秋の空が青く美しいという
①ただそれだけで
何かしらいいことがありそうな気のする
そんなときはないか
空高くふき上げては
むなしく地に落ちるふん水の水も
わびしくこずえをはなれる一枚《いちまい》の落葉さえ
何かしら喜《よろこ》びにおどっているように見える
②そんなときが

(1) 季節はいつですか。(10点)　[　　]

(2) ——線①「ただそれだけで」は、前の行と次の行をどのようにつないでいますか。次から選び、記号で答えなさい。(10点)　[　　]

ア 前を弱めて、次の断定《だんてい》に続けている。
イ 前を強めて、次の不確《ふたし》かさに続けている。
ウ 前のことを、次で否定《ひてい》している。
エ 前のことを、くわしく言いかえている。

(3) ——線②「そんなとき」とは、どのようなときですか。(10点)

[　　　　　　]

(4) 作者の気持ちがいちばん表れている一行をぬき出しなさい。(10点)

[　　　　　　]

思考力トレーニング

国語㉕

漢字クロスワード①

答え→215ページ

月　日

問題

次のあいているますに、たて・横に読んで熟語《じゅくご》になるように、□の中から漢字を選んで書き入れなさい。

目標時間 5分

管		人	■	■
楽	■		体	■
	具	■	重	
■	体		■	
標		■		者

勇	績	任	積	気
責	理	器	機	的

使った漢字は消して、残った漢字をあてはめていこう。

国語 26 作文の書き方 ①

1 次の文章を読んで、あとの問いに答えなさい。

逆立ち《さかだち》

今日は、運動会の練習で、組み体操《たいそう》をしました。二人一組で逆立ちをしました。ぼくは、健太《けんた》くんと組みました。健太くんは、体は大きいのですが、足をける力が少し弱いので、ぼくの手まで足がとどきません。何回もやってみましたが、なかなか逆立ちができないので、そのときに先生が来て、手を貸《か》してくれたので、やっとぼくの手に足がとどきました。ぼくはしっかりと健太くんの足を持ちました。「できたよ、健太くん！」と、ぼくがさけぶと、健太くんは「うん！」と言って、ぐにゃっとたおれました。次の日も練習がありました。しかし、昨日とちがって、健太くんの足のけりが力強くなっていました。一回で逆立ちができました。「すごいね！」と言うと、健太くんは「うん、家に帰って、夜練習したんだ。」と言いました。

(1) 右の文章は、だらだらと続いて、読みにくくなっているところがあります。わかりやすい文章にするために直すとよいところを——線で消し、その右側に句点（。）を一つ使って書き直しなさい。(20点)

(2) 右の文章を二つの段落《だんらく》に分けるとすると、どこで分けられますか。二段落目の最初の七字をぬき出しなさい（(1)で書き直したところもふくめて考えなさい）。(15点)

［　　　　　　　］

2 北中《きたなか》君は、おじさんがブラジルから帰ってきたときのことを作文に書こうと思いました。時間の順に書くためには、どのように組み立てるとよいですか。［　］に番号を書きなさい。(25点)

［　］帰りの電車の中での、おじさんと父の話。
［　］おじさんの話を聞いて、ぼくもブラジルへ行きたくなったこと。
［　］行きの電車で聞いたおじさんの話。
［　］成田《なりた》空港へ、父とむかえに行ったこと。
［　］おじさんから帰国を知らせる電話があったときのこと。
［　］家に着いてからのおじさんのブラジルでの話。
［　］夜、おじさんといっしょにねたこと。

3 次の各文の——線の言葉の使い方に注意して、文に続く適当《てきとう》な短文を書きなさい。(20点)一つ5

(1) 空が真っ暗になり、風も出てきた。たぶん［　　　　］

(2) そんなに興奮《こうふん》しないで、どうか［　　　　］

(3) 二人は笑いながらころげまわっている。まるで［　　　　］

(4) おねがいします。あなたしか［　　　　］

4 次の各文を正しい順にならべかえると、意味の通った文章になります。正しい順になるよう、記号で答えなさい。(20点)

［　］→［　］→［　］→［　］

ア 父の場合は、家に帰ると、まずつくえの前にどんとすわる。
イ よく観察すると、人には、それぞれおもしろい習慣《しゅうかん》がある。
ウ 父がふだん着でくつろぐのは、それからだ。
エ コンピューターを立ち上げて、すぐに目を通す。

仲間さがし

答え→215ページ

月　日

問題

次の言葉の組から一つだけ種類のちがう言葉を選び、記号で答えなさい。

目標時間 5分

(1)

ア 書く
イ 走る
ウ 寒い
エ 読む

□

(2)

ア 少ない
イ 来ない
ウ 切ない
エ あぶない

□

(3)

ア おや
イ でも
ウ はい
エ やあ

□

(4)

ア 住める
イ 見つめる
ウ 広める
エ 集める

□

それぞれの組には、どんな種類の言葉が集まっているかな。

国語 27

作文の書き方 ②

なまえ　5年　組

時間 25分　合格 80点　得点　点

月　日

答え→215ページ

1 **次の文章を――線の言葉を必ず用いて、書き出しの言葉に続くように書きかえなさい。また、できるだけ簡潔《かんけつ》に書きなさい。** (20点)一つ10

(1) ぼくの弟の名前は、真広《まさひろ》といいますが、小さいころから「まこちん」とよばれています。ぼくも「まこちん」、父母も「まこちん」とよびます。

ぼくの弟は、

(2) わたしは毎朝のように、午前六時に目を覚まします。けさも起きてから、早く学校へ行こうと思って、急いでしたくをしました。家の外へ出ると、家の中とくらべて、寒いなあと感じました。バスの停留所《ていりゅうじょ》まで、歩こうかな、走ろうかなと思いましたが、走ったらあたたかくなりました。

けさは六時に起き、

2 **「わたしの尊敬《そんけい》する人」という題の作文を書くとき、書くことがらとして適当《てきとう》なものを次から四つ選び、記号で答えなさい。** (20点)一つ5

［　・　・　・　］

ア 自分の尊敬する人はだれか。
イ 自分はその人から何を学んだか。
ウ どうしたら尊敬されるような人になれるか。
エ その人の生《お》い立《た》ち・生き方・業績《ぎょうせき》など。
オ 自分がその人を尊敬する理由。
カ 尊敬する人をもつと得《とく》をする点。
キ 自分の生き方で尊敬できるところ。

3 **次の作文には、書き足りない部分があります。そこで、あとの(1)～(4)の内容《ないよう》を書き加えたいと思います。筆者のそのときの様子を想像《そうぞう》して書きなさい。** (40点)一つ10

虫取りに行ったこと

近くの川の土手に、虫取りに行った。バッタを見つけた。追いかけて、一気にあみをかぶせた。それを虫かごに入れた。みんなも二・三匹《びき》つかまえていた。

それから、川に足だけをつけて、水のかけあいをして遊んだ。

(1) いつ行ったのか。

(2) だれと行ったのか。

(3) 土手で見つけたバッタの色や様子は、どうだったか。

(4) 川で水のかけあいをして遊ぶようになったのは、なぜか。

4 **「むねをなでおろす」という慣用句《かんようく》を使って文を書きなさい。** (20点)

送りがな足し算

答え→216ページ　月　日

問題
スタートから送りがなの正しいほうをたどってゴールまで行きます。正しいほうの□の中の数を全部足すと、いくつになりますか。

目標時間
5分

スタート
- 1 細まかい　2 細かい
- 1 務める　2 務る
- 1 永がい　2 永い
- 1 転ろがる　2 転がる
- 1 確かに　2 確に
- 1 落とす　2 落す
- 1 向かう　2 向う
- 1 働らく　2 働く

ゴール

どれもまちがえやすい送りがなだよ。

作文の書き方③

なまえ　5年　組

時間 25分　合格 80点　得点　点　月　日

答え→216ページ

1 次の文章は、五年生の読書感想文です。これを読んで、あとの問いに答えなさい。

「本がよみたくなる本」を読んで

私《わたし》の教室に本読み競争のグラフがはってある。それにはたくさんの書名が書いてある。

どれも厚《あつ》い本、いい本、高学年むきの本だ。教室にそれがはられた時、よし一番さきに読んでやろうと思った。だが、一月・二月たつうちに友だちにはなされ、追いつかなきゃとあせり出した。①私は厚い本全部読んだのでは追いつけないと考え、ちょっとだけ読んでグラフに色をぬった。目次を見ておもしろそうな所だけ読んでぬったのもある。私のグラフはどんどんぬりつぶされていった。あっというまに友だちに追いつき追いぬいた。私は得意《とくい》になった。だけど心の中はなんだか②モヤモヤしていた。その時、この本と出あった。

何気なくそれを読み始めた私は、本の中にグイグイとひきこまれていった。

「本は見えで読むものではない」という所では私の事を言われた様な気がしてギクッとした。そして、友だちに追いつかなきゃとあせった自分を反省した。はなされてもいい、おしまいまでしっかり読もうと決心した。

「本は人をかえる」という所ではなるほどと思った。私にも思いあたる事があった。

あれは去年のことだ。「消えたまきもの」という本を読んだ私は自分の事を反省した。まきもののおかげでなんでもできていた松《まつ》七《しち》さんは、まきものがなくなったとたんに自信をなくし何もできなくなった。自分にできる事までも母にさせていた私も、母が病気にでもなったら松七さんみたいになっちゃう、これではいけないと思った。それからだ。自分でできる事は自分でやろうと考え、実行するようになったのは。

（松尾《まつお》彌太郎《やたろう》 編《へん》「読書感想文の書き方」）

(1) ――線①の文を二つの文に分けるとき、文と文の間に入れるつなぎ言葉を書きなさい。(20点)

［　　　］

(2) この文章は三つの意味段落《だんらく》に分けられます。第二段落と第三段落の初めの言葉を、五字でぬき出しなさい。(20点)一つ10

第二段落　□□□□□

第三段落　□□□□□

(3) ――線②「モヤモヤしていた」とありますが、なぜですか。(20点)

［　　　］

(4) 筆者は二つのことを反省しています。このことから、あなたはどのような本の読み方をすればよいと考えますか。自分の考えを百字程度《ていど》にまとめなさい。(40点)

三字熟語《じゅくご》パズル

答え→216ページ　月　日

問題

□の漢字の中から、ヒントを参考にして三字熟語《じゅくご》を三つ作り、ますにあてはまるように書き入れなさい。（◻には、二つの熟語に共通の漢字が入ります。）

目標時間　5分

ヒント

○どのように考えても理由や原因《げんいん》がわからないこと。説明のつかないこと。
○まったく何の味わいもない景色。
○社会全体の経済《けいざい》活動に活気がないこと。

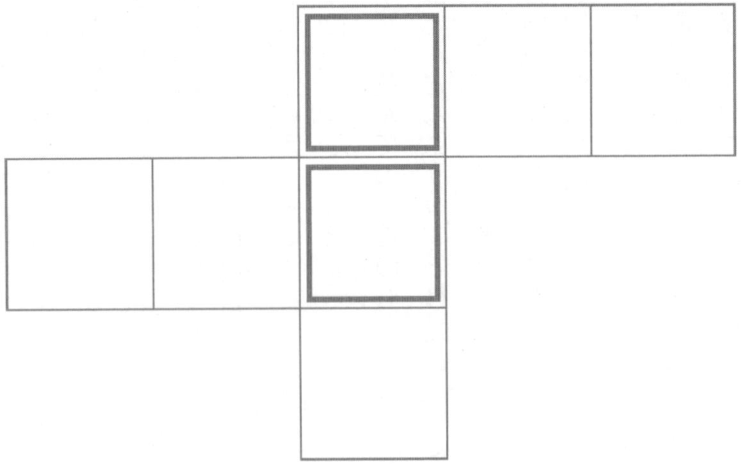

無	議	不	風	気	散
	殺	的	因	景	解
	画	思	損	空	成

上から下、左から右に読めるように、ますに漢字を入れていこう。

国語 29 チャレンジテスト 3

1 次の詩を読んで、あとの問いに答えなさい。

『日記』

工藤直子《くどうなおこ》

[A]の海は　太陽の日記帳です
雲や風と　出会ったことや
カニやカモメと　遊んだことを
[B]の文字で　海に書きます
海にうかぶ　小さな島々は
あれは　句読点《くとうてん》です
書きおとしはないかと
太陽は　もういちど海を照らし
ぱたりと「今日」のページを閉《と》じます

(1) [A]に入る言葉を次から選び、記号で答えなさい。(10点)　【　　】

ア あけがた　イ ひるすぎ
ウ ゆうがた　エ まよなか

(2) [B]に入る言葉を次から選び、記号で答えなさい。(10点)　【　　】

ア 光　イ 雲　ウ 雨　エ 風

(3) ――線は、どのようなことをたとえていますか。十字程度《ていど》で答えなさい（句読点も一字として数えます）。(30点)

(4) この詩の説明として最も適当《てきとう》なものを次から選び、記号で答えなさい。(10点)　【　　】

ア 「です」「ます」をきちんと使うことによって、しっかりとした文章を自分が書けることを読み手に示《しめ》している。

イ 大人たちが日常《にちじょう》使う表現《ひょうげん》をたくさん用いることによって、大人が読んでも共感できる風景の美しさを伝えている。

ウ 自分の好きなものを太陽の友だちとして示すことで、太陽と他のものたちのつながりの中に自分も入りこんでいる。

エ 目の前の風景に対し、太陽が人と同じく生活をしているようにながめることで、自分もまた一日をふり返っている。

（三田学園中）

2 次の文章を読んで、あとの問いに答えなさい。

その竹の中に、もと光る竹なむ《(ん)》一筋《ひとすじ》ありける。①あやしがりて、寄《よ》りて見るに、筒《つつ》の中光りたり。それを見れば、三寸《ずん》ばかりなる人、いとうつくしう《(しゅう)》てゐ《(い)》たり。

（「竹取《たけとり》物語」）

〔現代語訳《げんだいごやく》〕

その竹の中に、根元の光る竹が一本あった。（竹取の翁《おきな》が）不思議に思って、近寄ってみると、竹筒の中が光っている。それを見ると、十センチメートルほどの（身長の）人が、とてもかわいらしい様子で②すわっていた。

(1) ――線①「あやしがりて」とありますが、その意味を〔現代語訳〕の中から七字でぬき出しなさい。(20点)

(2) ――線②「すわっていた」とありますが、主語にあたる人物を古文の中から八字でぬき出しなさい。(20点)

なまえ　5年　組

答え→216ページ

時間 25分
合格 80点
得点　点
月　日

漢字クロスワード②

答え→216ページ　月　日

問題　次のあいているますに、あとの□の言葉を漢字に直して書き入れなさい。

目標時間　5分

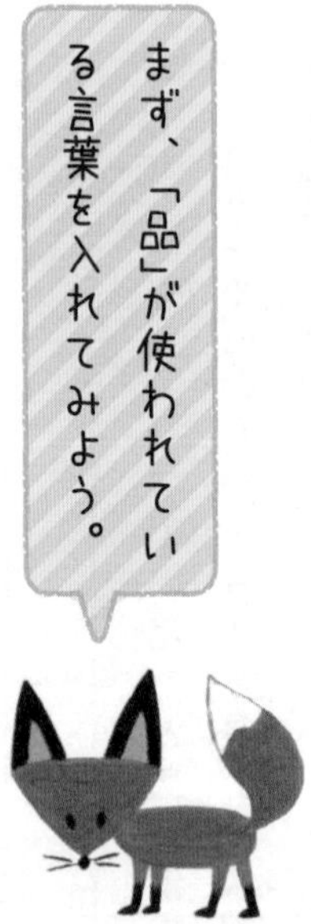

まず、「品」が使われている言葉を入れてみよう。

(1)

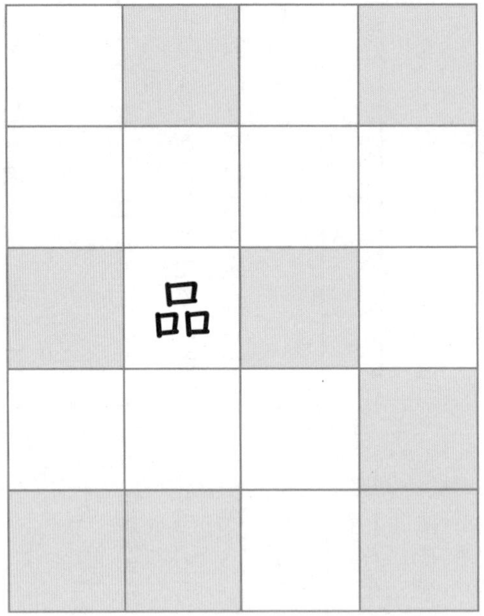

品

ギョウセキ　エイエン　ショウテンガイ
ヨウヒンテン　エンヨウギョギョウ
タイリョウ　マチカド

(2)

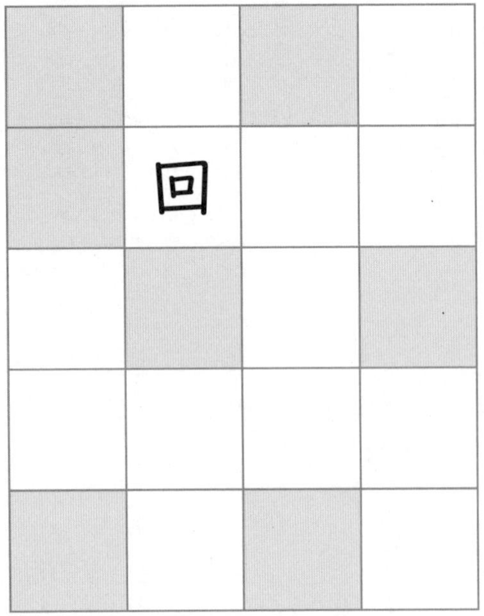

回

ゴガク　ニンギョ　ダンネン
カイユウギョ　ジカイ　ハツゲン
ユウホドウ　ゴンゴドウダン

答え→216ページ

時間 25分
合格 80点
得点 点
月 日

なまえ
5年 組

1 **次の文章を読んで、あとの問いに答えなさい。**

　じっさい妹は鼻のところくらいまで水にしずみながら声を出そうとするのですから、そのたびごとに水を飲むとみえて、まっさおな苦しそうな顔をして私《わたくし》をにらみつけるように見えます。私も前に泳ぎながら心は後ろにばかりひかれました。いくども妹のいるほうへ泳いでいこうかと思いました。けれども私は悪い人間だったとみえて、こうなると自分の命が助かりたかったのです。妹のところへ行けば、二人ともいっしょに流されて命がないのは知れきっていました。私はそれがおそろしかったのです。なにしろ早く岸について漁師《りょうし》にでも助けに行ってもらうほかないと思いました。いまから思うとそれはずるい考えだったようです。

　妹の頭はいくども水の中にしずみました。ときにはしずみきりにしずんだのかと思うほど長くあらわれてきませんでした。若者《わかもの》もどうかすると水の上には見えなくなりました。そうかと思うと、□はねあがるように高く水の上にあらわれ出ました。なんだか曲泳ぎでもしているのではないかと思われるほどでした。（ア）それでもそんなことをしているうちに、二人はだんだん岸近くなってきて、とうとうその顔までがはっきり見えるくらいになりました。（イ）が、そこいらは打ち寄《よ》せる波がくずれるところなので、二人はもろともにいくども白いあわのうずまきの中にすがたをかくしました。（ウ）妹はそんな浅みにきても若者におぶさりかかっていました。私はうちょうてんになってそこまでとんでいきました。

（エ）

　とんでいってみておどろいたのは、若者のすがたでした。せわしく深く息をついて、体はつかれきったようにゆるんでへたへたになっていました。妹は私が近づいたのを見ると夢中《むちゅう》でとんできましたが、ふっと思い返したように私をよけて砂山《すなやま》のほうを向いてかけだしました。そのとき私は妹が私をうらんでいるのだなと気がついて、それは無理のないことだと思うと、このうえなくさびしい気持ちになりました。

（有島武郎《ありしまたけお》「おぼれかけた兄妹」）

(1) □に入る言葉を次から選び、記号で答えなさい。（15点）

ア ぽこんと　**イ** ぎゅっと
ウ ざぶりと　**エ** ずぶりと

〔　　〕

(2) 次の一文が入る部分を、文中の**ア**〜**エ**から選び、記号で答えなさい。（15点）

やがて若者は、はうようにして波打ち際《ぎわ》にたどり着きました。

〔　　〕

(3) ――線「妹が私をうらんでいる」とありますが、その理由を次のようにまとめました。A・Bの字数の指示《しじ》に合うように、簡潔《かんけつ》に書きなさい。（40点）一つ20

私はA（八字）ために、妹をB（五字）から。

A □□□□□□□□

B □□□□□

2 **次の各組の――線から、働きや性質《せいしつ》のことなるものを一つ選び、記号で答えなさい。**（30点）一つ15

(1)
ア ぼくは君が好きだ。
イ 母が編《あ》んだセーターを着る。
ウ おもしろい本が読みたい。
エ 雪どけの春が待たれる。

〔　　〕

(2)
ア すぐにいらっしゃいます。
イ すぐにおこしになります。
ウ すぐにおいでになります。
エ すぐにまいります。

〔　　〕

答え→216ページ

月　日

正しい漢字パズル

問題

次のうち、正しい漢字が書かれたますをぬりつぶして、できあがったかたかなを書きなさい。

目標時間

5分

義	築	営	団	略
祖	価	妻	常	夢
態	液	興	構	輸
復	序	属	貿	酸
肥	暴	職	豊	謝

どこがまちがっているのか、細かいところまでよく見よう。

なまえ
5年　組

答え→216ページ

時間 25分
合格 80点
得点　点
月　日

1 次の文章を読んで、あとの問いに答えなさい。

文字の問題と並《なら》んで語彙《ごい》も、豊かであるという長所とその反面多すぎて困《こま》るという問題を抱《かか》え込《こ》んで現在《げんざい》に至《いた》ります。日本語には、もともと使っていた［A］があります。さらに、江戸《えど》時代まで影響《えいきょう》を受けつづけた［B］があります。そのうえ、室町《むろまち》時代末期《まっき》から入り始めた［C］があります。

これらに加えて、明治《めいじ》時代に西洋文明を取り入れるために日本人が作り出した大量の漢語が加わりました。最近では、欧米《おうべい》から多量の外来語が流れ込んできています。

ですから、日本語では一つのことを言うのに、少なくとも、三系統《けいとう》の言い方があることも珍《めずら》しくありません。一つのことを言うのに、三系統の言い方があるというのは、語彙が潤沢《じゅんたく》な証拠《しょうこ》です。

でも、その反面、こんな問題も起きてきます。たとえば、①漢語を造《つく》りすぎて同音異《どうおんい》義語《ぎご》がたくさん出来てしまったのです。耳で聞いただけでは分からないことが多い。

「こうえん」と聞くと、あなたはどんな漢字を思い浮《う》かべますか？　たちどころに、「公園」「講演」「公演」「好演」「後援」「高遠」など数種類の同音異義語を思い浮かべたに違《ちが》いありません。文脈《ぶんみゃく》によって、どの「こうえん」か分かることもありますが、特定できないこともあります。

これからの社会は、あらゆる人がメディア（情報《じょうほう》を伝えるなかだちになるもの）を通じて話し言葉で説明していく機会が増《ふ》えていく時代です。話した言葉を機械に聞き取らせて、そのまま書物にすることも増えてきています。②話し言葉が主役なる時代の到来《とうらい》を考えると、同音異義語の整理は急務《きゅうむ》です。

（山口仲美《やまぐちなかみ》「日本語の歴史《れきし》」設問《せつもん》の都合上、変更《へんこう》したところがある。）

(1)［A］〜［C］に入る言葉をあとのⅠから、また、それぞれの例として適当《てきとう》なものをⅡから選び、記号で答えなさい。（60点）一つ10

Ⅰ　ア 外来語　イ 漢語　ウ 和語

Ⅱ　あ 旅館　い ホテル　う 宿屋

	Ⅰ	Ⅱ
A		
B		
C		

(2) ――線①「漢語を……出来てしまった」とありますが、次の例にならって「こうえん」以外の、同音異義語の読みと漢字の例を二つあげなさい。（20点）一つ10

例　読み［こうえん］　漢字［公園・講演］

読み［　　］
漢字［　　・　　］

(3) ――線②「話し言葉が……整理は急務です」とありますが、それはなぜですか。最も適当なものを次から選び、記号で答えなさい。（20点）

［　　］

ア 同音異義語がたくさんあると、どれが正しいのかが分かりにくいから。

イ 話し言葉ではより簡単《かんたん》な言葉の方が望ましいから。

ウ 言葉の意味を音で判断《はんだん》しなければならない場面が増えるから。

エ 同じ意味のことをいろいろな言葉で言いかえる必要がないから。

〔立命館中―改〕

漢字しりとり ②

答え→216ページ　月　日

問題

スタートからゴールまでは、二字の熟語《じゅくご》のしりとりになってならんでいます。□に入る漢字をあとの□から選び、しりとりを完成させなさい。

目標時間　5分

例　単→独→立（単独→独立）

スタート　非
↓
常
↓
□
↓
別
←
□
←
間
↑
□
↑
続
↑
□
→
集
↓
□
↓
体　ゴール

結	居	所	識	接	団	編	行

なまえ　5年　組

時間 25分　合格 80点　得点　点

答え→216ページ

月　日

1 次の文章を読んで、あとの問いに答えなさい。

　私《わたし》は自分のイライラを、まゆの中のかいこのようにひっそりと育てていた。五月の誕生日《たんじょうび》に進《すすむ》が新品の自転車を買ってもらった時、イライラは最初の爆発《ばくはつ》をおこした。私の四月のバースデー・プレゼントは、あのピアノだ。そして、私の自転車は同じ団《だん》地《ち》のB棟《とう》に住む従妹《いとこ》のお下がりだった。

　不公平だ。当時はそんな立派《りっぱ》な言葉を知らなかったから、ずるいずるいとわんわんわめいた。両親は怒《おこ》った。そして、私にピアノの値《ね》うちを理解《りかい》させようとさんざん［A］を折ったが、それはむだな努力だった。ピアノの値段《ねだん》がいくらだろうと、弾《ひ》けるようになるのがどんなにすばらしいことだろうと、私はかまいやしない。

　私はピアノは欲《ほ》しくなかった。進は一番欲しがっていた自転車を買ってもらった。これはサベツだ。私は、ずっとずっと小さい時から、弟が自分よりいい思いをしないように、気をつけて見はっていたのだ。

「［B］」

　母はなげいた。

「［C］」

　母より甘《あま》い父がとりなした。

「［D］」

　私は言った。本気だった。

　両親はとても恐《おそ》ろしい顔をした。あの顔を私は今でもよく覚えている。彼《かれ》らには、私のイライラはさっぱり理解できなかったのだ。

（佐《さ》藤《とう》多《た》佳《か》子《こ》「五月の道しるべ」）

(1) ［A］に入る言葉を次から選び、記号で答えなさい。（15点）　［　　］

ア 枝《えだ》　**イ** 手　**ウ** 骨《ほね》
エ 腰《こし》　**オ** 首

(2) ――線「これはサベツだ」について、次の問いに答えなさい。

① これと同じ内容《ないよう》の表現《ひょうげん》をさがし、文中から四字でぬき出しなさい。（20点）

［　　　　］

② 「私」はなぜ「サベツだ」と思ったのですか。最も適当《てきとう》なものを次から選び、記号で答えなさい。（20点）　［　　］

ア 私はイライラを五月の弟の誕生日までがまんしたのに、両親が私の気持ちをさっぱり理解してくれないから。

イ 誕生日に、弟は欲しがっていた自転車を買ってもらい、私は欲しくもないピアノをプレゼントされたから。

ウ ピアノが弾けるようになることのすばらしさやピアノの値うちを、両親が私にばかりわからせようとするから。

エ 弟は男の子だからとピアノの練習をしなくてもよいといわれ、私だけがピアノの練習をさせられるから。

(3) ［B］～［D］に入る会話文を次からそれぞれ選び、記号で答えなさい。（45点）一つ15

B［　　］　C［　　］　D［　　］

ア ピアノの練習を続けなさい
イ ふうん、じゃ、すぐにこわすわ
ウ なんて、わがままなんでしょう
エ 進にはピアノはさわらせないから
オ 今の自転車がこわれたら、新しいのを買ってやるから

〔相模女子大中―改〕

犯人《はんにん》さがし

答え→216ページ　月　日

問題

次のヒントと会話を手がかりに、アイスクリームを食べてしまった人をさがして、名前を答えなさい。

目標時間　5分

ヒント　アイスクリームを食べてしまった人だけが本当のことを言っています。

わたしのアイスクリームを食べたのはだれ？

食べたのはヒロシだよ。

タカシさん

ぼくが食べたよ。

ヒロシさん

食べたのはぼくだよ。

マサシさん

他の二人はうそをついているんだね。

さん

答え 5年

算数

1 整数と小数 1ページ

1 (1)三千四百五十万九千百四十五

(2)4 (3)10 万倍

2 (1)2.8 (2)3670 (3)23.85

3 (1)$100000\times1+10000\times7+1000\times5+100\times3+10\times4+1\times1$

(2)$1000000\times6+100000\times3+1000\times2+100\times7+10\times9+1\times8$

(3)$10000\times5+1000\times7+100\times4+10\times1+1\times8+0.1\times2+0.01\times9$

4 (1)奇数《きすう》 (2)偶数《ぐうすう》 (3)偶数

5 (1)10 個《こ》 (2)偶数全体の和が 10 大きい。

(3)12, 14

6 (1)B (2)A (3)B (4)A

7 5423

思考力トレーニング 算数❶ 2ページ

(1)123[+]45[−]67[+]8[−]9=100

(2)123[−]4[−]5[−]6[−]7[+]8[−]9=100

(3)12[−]3[−]4[+]5[−]6+7[+]89=100

(4)12[+]3[+]4[+]5[−]6−7[+]89=100

(5)1[+]23[−]4[+]56[+]7[+]8[+]9=100

2 小数のかけ算 3ページ

1 (1)3 (2)160 (3)3.76 (4)1.57 (5)0.08

(6)0.87

2 (1)75.2 (2)7.52 (3)7.52

> 注意 かけられる数とかける数の小数点以下のけた数の和が，積の小数点以下のけた数になります。

3 (1)43.2 (2)270.9 (3)38.76 (4)4.23

(5)2.028 (6)73.5096

4 (1)□ (2)○ (3)△

5 (1)ア 4，イ 6 (2)ウ 6，エ 2

6 (1)36 (2)12 (3)6

考え方 (1)$(3.6\times2.5)\times4=3.6\times(2.5\times4)=36$

(2)$1.2\times8.1+1.9\times1.2=1.2\times(8.1+1.9)=12$

(3)$1.5\times7.1-3.1\times1.5=1.5\times(7.1-3.1)=6$

7 44.1 kg

考え方 $48+15=63$ $63\times0.7=44.1$

8 11.2 m

考え方 $0.9\times12=10.8$ $10.8+0.4=11.2$

思考力トレーニング 算数❷ 4ページ

(1)6.5(まい分) (2)9.5(まい分) (3)14(まい分)

(4)8(まい分)

3 小数のわり算 ① 5ページ

1 (1)4.2 (2)42 (3)3060

2 (1)1.9 (2)7.3 (3)2.75 (4)15 (5)5 (6)240

3 1.2 m

考え方 $7.2\div6=1.2$

4 60 人分

考え方 $84\div1.4=60$

5 (1)1 (2)16 (3)1.7

> 注意 (1)1.0 はいけません。1.0 とすると，小数第 2 位を四捨五入《ししゃごにゅう》したことになります。

6 (1)6.4 (2)4.1

考え方 (1)$2.56\div0.4=6.4$

(2)$7.36-0.8=6.56$ $6.56\div1.6=4.1$

7 (1)450 円 (2)1440 円

考え方 (1)$810\div1.8=450$

(2)$1296\div1.8$ で，まず 1 L 分のねだんを求めて 2 倍します。

思考力トレーニング 算数❸ 6ページ

3	3	1	2	2	2	6	1	3	2
4	1	6	4	4	4	3	5	4	2
5	6	5	1	5	6	5	1	3	4
2	3	6	3	6	1	5	5	1	6
2	1	4	3	6	5	4	3	2	1
5	5	2	4	1	6	4	3	2	6

4 小数のわり算 ② 7ページ

1 (1)2.8 (2)28 (3)280

> 注意 小数のわり算では，わる数が整数になるように，小数点の位置を移して計算し，商の小数点は，わられる数の移した小数点にそろえます。

2 (1)16 (2)3 (3)7 (4)25 (5)38 (6)16

(7)2.7 (8)1.2 (9)3.2

3 (1)○ (2)△ (3)○ (4)△

4 ア，ウ，オ

5 (1)34.1 余《あま》り 0.02 (2)0.4 余り 0.32

(3)11.8 余り 0.47

> 注意 余りの小数点は，わられる数のもとの小数点の位置にあわせます。

6 **5**

考え方 4.2×2.8＋0.24＝12　12÷2.4＝5

7 **25.4**

考え方 17.78÷0.7＝25.4

思考力トレーニング　算数 4　8ページ

(1)24 [×] 3 [×] 2 [÷] 8＝18

(2)24 [÷] 3 [×] 2 [÷] 8＝2

(3)24 [÷] 3 [÷] 2 [×] 8＝32

(4)24 [×] 3 [÷] 2 [×] 8＝288

(5)24 [÷] 3 [÷] 2 [÷] 8＝0.5

(6)24 [×] 3 [×] 2 [×] 8＝1152

5 平　均　9ページ

1 (1)**6 L**　(2)**19 cm**　(3)**12.5**

考え方 (3)(12.6＋12.9＋12.5＋12.0)÷4＝12.5

2 **2，6，6，58**

3 **24 ページ，4 日**

考え方 288÷12＝24，288÷72＝4

4 **2.45 kg**

考え方 49×50＝2450　2450 g＝2.45 kg

5 **34.1 kg**

考え方 (33.8×18＋34.4×20)÷38＝34.11…

6 **450 m**

考え方 0.63×720＝453.6

思考力トレーニング　算数 5　10ページ

(1)

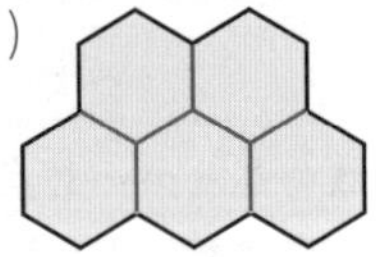

(2)

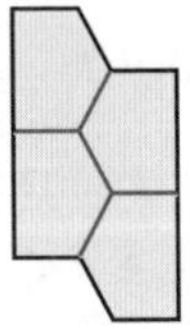

(3)

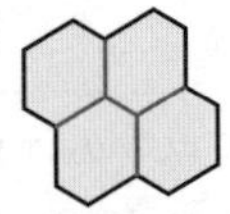

(4)

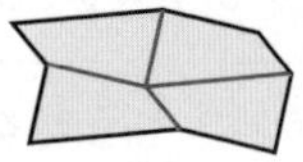

6 単位量あたりの大きさ　11ページ

1 **A**

考え方 Aは 405÷45＝9，Bは 400÷50＝8

2 (1)(ゆうとさんの学校)**約 15.9 m²**，

(あきらさんの学校)**約 12.1 m²**

(2)**ゆうとさん**(の学校が)**約 3.8 m²**(広い。)

考え方 (1)5100÷320＝15.93…

6600÷547＝12.06…

(2)15.9－12.1＝3.8

3 **1641 人**

考え方 438115÷267＝1640.8…

4 (1)**0.6 dL**　(2)**86.4 L**

考え方 (1)3 L＝30 dL　30÷50＝0.6

(2)0.6×60×24＝864　864 dL＝86.4 L

5 (1)**3600 g**　(2)**6720 円**

考え方 (1)320÷4＝80　80×45＝3600

(2)60×0.8＝48　48×140＝6720

思考力トレーニング　算数 6　12ページ

(1)**19**　(2)**37**　(3)**6，9**　(4)**5，6**　(5)**13，34**

考え方 (1)1，4，8，13，[19]，26

　+3 +4 +5 +6 +7

(2)1，2，5，10，17，26，[37]，50

　+1 +3 +5 +7 +9 +11 +13

(3)(2，1)，(4，3)，([6]，5)，(8，7)，(10，[9])

(4)1，(2，2，2)，3，(4，4，4)，[5]，(6，6，[6])，7

(5)1，1，2，3，5，8，[13]，21，[34]，55

　+1 +1 +2 +3 +5 +8 +13 +21

7 合同な図形　13ページ

1 (1)①**8 cm**　②**5 cm**　③**11 cm**　(2)**角 D**

2 点 A→**点 H**，点 B→**点 G**，角 C→**角 F**，

角 D→**角 E**，辺 AB→**辺 HG**，辺 CD→**辺 FE**，

辺 DA→**辺 EH**

3 (1)×　(2)×　(3)○　(4)○　(5)○

4 (辺の長さは半分で作図)

(例)

(1)

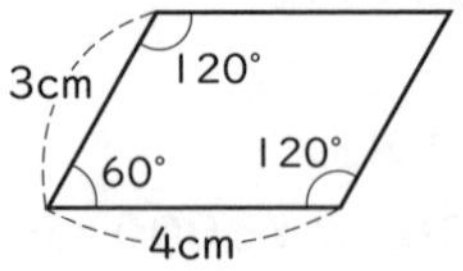

(2)

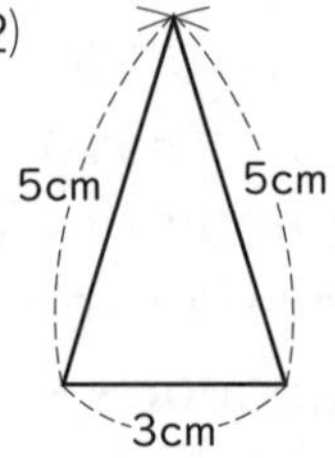

思考力トレーニング　算数 7　14ページ

(1)

　　1 0 [7]
×　　6 4
　　4 [2] 8
[6] [4] 2
6 8 [4] 8

(2)

　　3 [4] 9
×　　[5] 3
　1 0 4 7
1 [7] 4 5
1 [8] 4 [9] 7

(3)

　　2 6 5
×　　[4] [7]
　1 [8] 5 5
1 [0] 6 [0]
1 [2] 4 5 5

8 直方体や立方体の体積 ①　15ページ

1 (1)**30 個《こ》**　(2)**63 個**

考え方 (1)2×3×3＋2×3×2＝30

(2)3×3×5＋3×2×3＝63

2 (1)**1**　(2)**1**　(3)**1000**　(4)**1000，1000000**

3 (1)**7000**　(2)**4000**　(3)**2.5**　(4)**0.5**

4 (1)**175 cm^3**　(2)**64 cm^3**　(3)**343 cm^3**

考え方 (1)7×5×5＝175　(2)8×4×2＝64
(3)7×7×7＝343

5 **4 m^3，4000000 cm^3**

考え方 2×2×1＝4
2 m＝200 cm　1 m＝100 cm
200×200×100＝4000000

6 **8976 cm^3**

考え方 22×34×12＝8976

思考力トレーニング　算数 8　16ページ

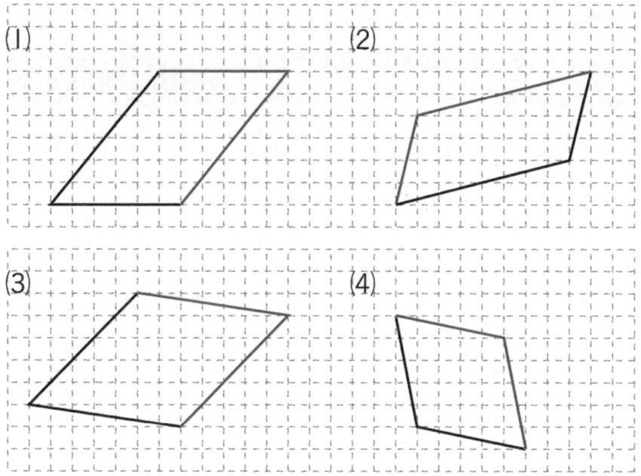

9 直方体や立方体の体積 ②　17ページ

1 (1)**176 cm^3**　(2)**110 cm^3**　(3)**74.62 cm^3**
(4)**51.891 cm^3**

考え方 (1)12×12×4−10×10×4＝176
(2)5×10×3−(4×8×1＋2×4×1)＝110
(3)4.1×5.2×3.5＝74.62
(4)8.5×2.1×(2.3＋1.2)＝62.475
(8.5−4.3)×2.1×1.2＝10.584
62.475−10.584＝51.891

2 **3 cm**

考え方 4×4×6＝96　96÷(4×8)＝3

3 **2.744 cm^3**

考え方 1.4×1.4×1.4＝2.744

4 **910 cm^3，0.91 L**

考え方 (12−1×2)×(15−1×2)×(8−1)＝910
910 cm^3＝0.91 L

5 **3000 cm^3**

考え方 30×20×18−30×20×13
＝30×20×(18−13)＝3000

思考力トレーニング　算数 9　18ページ

(1)○　(2)○　(3)×　(4)×　(5)○　(6)○

10 チャレンジテスト 1　19ページ

1 (1)**28.12**　(2)**42.92**　(3)**9.8**　(4)**1.6**　(5)**3.44**
(6)**4.902**　(7)**36.9792**　(8)**270**　(9)**14**　(10)**2.3**

2 (1)(左から順に)**5，7，4，6**
(2)(左から順に)**10，1，0.1，0.01**
(3)**0.4**　(4)**1.3**

3 **840 cm^3**

考え方 15×20×17.8−15×20×15
＝15×20×(17.8−15)＝840

4 **94 点**

考え方 84.4×5＝422
82×4＝328　422−328＝94

5 **アとエ**

6 **7.8 ℃**

考え方 (2000−1200)÷100＝8　0.6×8＝4.8
3＋4.8＝7.8

思考力トレーニング　算数 10　20ページ

6	6	4	5	5	4	6	3	2	1
1	2	1	3	6	4	3	3	5	1
5	5	2	2	2	1	2	3	4	2
3	3	3	2	4	5	1	4	4	6
4	4	1	5	3	5	6	5	5	1
1	6	6	1	2	4	6	6	3	2

11 約数と倍数 ①　21ページ

1 (1)**1，2，4，8，16**　(2)**1，2，3，6，9，18**

2 (1)**2，4，6，8，10，12，14，16，18，20**
(2)**3，6，9，12，15，18**
(3)**6，12，18；6 の倍数**

3 (1)**9，18，72，108，189**
(2)**1，4，6，12，24**　(3)**2，3，8**

4 (1)**20，40，60**　(2)**12，24，36**
(3)**21，42，63**　(4)**18，36，54**

5 (1)**40**　(2)**48**　(3)**36**

6 **1，3，9**

7 (1)**8**　(2)**7**　(3)**21**

思考力トレーニング　算数 11　22ページ

(例)

(1)

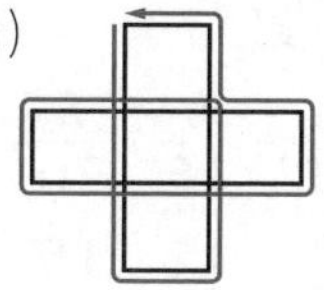

(2)

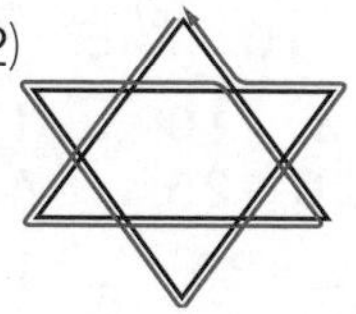

(3)

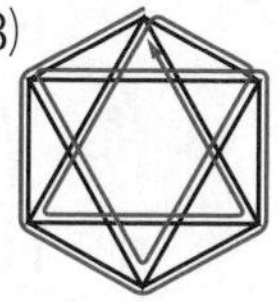

12 約数と倍数 ②　23ページ

1 (1)**公約数**　(2)**倍数**　(3)**奇数《きすう》**　(4)**偶数《ぐうすう》**

2 (1)**午前 6 時 30 分**　(2)**午前 7 時(午前 7 時 00 分)**

考え方 (2)15 と 10 の最小公倍数は 30
6 時 30 分＋30 分＝7 時

3 **5 cm**

考え方　10 と 15 の最大公約数は 5

4 **14 個《こ》, 26 個**

考え方　4 と 6 の最小公倍数は 12

12×1+2=14,　12×2+2=26

5 **147**

考え方　36 と 48 の最小公倍数は 144 である。

3 余《あま》るのだから，144+3=147

6 **12**

考え方　86−2=84,　63−3=60 より，求める数は，

84 と 60 の最大公約数の 12

思考力トレーニング　算数⑫　24 ページ

(1)① **1**　② **5**　③ **3**　(2)① **2**　② **6**　③ **4**

13 分　数　25 ページ

1 (1) $\frac{4}{\boxed{10}}=\frac{\boxed{8}}{20}$　(2) $\frac{\boxed{8}}{14}=\frac{20}{\boxed{35}}$　(3) $\frac{12}{\boxed{18}}=\frac{\boxed{4}}{6}$

(4) $\frac{\boxed{15}}{20}=\frac{9}{\boxed{12}}$

2 (1) $\frac{2}{4}, \frac{3}{6}, \frac{4}{8}, \frac{5}{10}$　(2) $\frac{2}{6}, \frac{3}{9}, \frac{4}{12}, \frac{5}{15}$

(3) $\frac{4}{10}, \frac{6}{15}, \frac{8}{20}, \frac{10}{25}$　(4) $\frac{1}{4}, \frac{3}{12}, \frac{4}{16}, \frac{5}{20}$

(5) $\frac{5}{8}, \frac{10}{16}, \frac{20}{32}, \frac{25}{40}$　(6) $\frac{3}{10}, \frac{9}{30}, \frac{12}{40}, \frac{15}{50}$

注意　「できるだけ小さい数字で」とあるので，約分できる分数は，まず約分して，その分数をもとに求めていきます。

3 (1) $\frac{2}{3}$　(2) $\frac{2}{3}$　(3) $\frac{1}{3}$　(4) $\frac{2}{7}$　(5) $\frac{7}{12}$　(6) $3\frac{3}{8}$

4 (1) **1**　(2) **9**　(3) **50**　(4) $\frac{5}{10}$ $\left(\text{または}\ \frac{1}{2}\right)$

(5) **10**　(6) **3**

5 (1) $\frac{14}{21}, \frac{9}{21}$　(2) $\frac{3}{12}, \frac{8}{12}$

(3) $\frac{10}{70}, \frac{42}{70}, \frac{35}{70}$　(4) $\frac{18}{24}, \frac{4}{24}, \frac{15}{24}$

(5) $1\frac{8}{72}, 1\frac{45}{72}, 1\frac{30}{72}$　(6) $4\frac{16}{24}, 5\frac{9}{24}, 3\frac{18}{24}$

6 (1)(左から) **1, 2, 3**　(2)(左から) **4, 1, 3, 2**

考え方　小数に直してもよいが，通分して調べる。

(1) $\left(\frac{15}{24}, \frac{14}{24}, \frac{13}{24}\right)$　(2) $\left(\frac{76}{96}, \frac{87}{96}, \frac{78}{96}, \frac{84}{96}\right)$

思考力トレーニング　算数⑬　26 ページ

(1)
```
         [5] 6
83 ) 4 [6][4] 8
     4  1  5
     ---------
       [4][9] 8
       [4][9] 8
       --------
              0
```

(2)
```
          [5][9]
47 ) 2 [7] 7 [3]
    [2] 3  5
    ------------
        4 [2] 3
        4  2 [3]
        --------
              0
```

(3)
```
           4 [9]
34 ) [1][6] 6 [6]
      1  3  6
     -----------
         3  0 [6]
         3  0 [6]
         --------
               0
```

14 分数のたし算とひき算 ①　27 ページ

1 (1) $\frac{8}{\boxed{12}}+\frac{3}{\boxed{12}}=\frac{\boxed{11}}{\boxed{12}}$

(2) $1\frac{\boxed{6}}{\boxed{14}}+2\frac{\boxed{11}}{14}=3\frac{\boxed{17}}{14}=\boxed{4}\frac{\boxed{3}}{\boxed{14}}$

2 (1) $\frac{13}{21}$　(2) $\frac{7}{24}$　(3) $\frac{7}{18}$　(4) $\frac{13}{30}$　(5) $1\frac{8}{15}$

(6) $1\frac{15}{28}$　(7) $1\frac{16}{35}$　(8) $1\frac{9}{20}$　(9) $5\frac{31}{36}$　(10) $4\frac{49}{66}$

(11) $4\frac{7}{12}$　(12) $4\frac{13}{21}$

3 (1) $\frac{\boxed{5}}{6}-\frac{\boxed{4}}{6}=\frac{\boxed{1}}{\boxed{6}}$

(2) $3\frac{\boxed{1}}{6}-2\frac{\boxed{3}}{6}=2\frac{\boxed{7}}{6}-2\frac{\boxed{3}}{6}=\frac{\boxed{4}}{6}=\frac{\boxed{2}}{3}$

4 (1) $\frac{7}{20}$　(2) $\frac{10}{63}$　(3) $\frac{2}{9}$　(4) $\frac{3}{8}$　(5) $1\frac{19}{45}$　(6) $1\frac{5}{16}$

(7) $2\frac{7}{24}$　(8) $\frac{31}{48}$　(9) $\frac{8}{15}$　(10) $\frac{3}{8}$　(11) $\frac{1}{4}$　(12) $1\frac{5}{6}$

思考力トレーニング　算数⑭　28 ページ

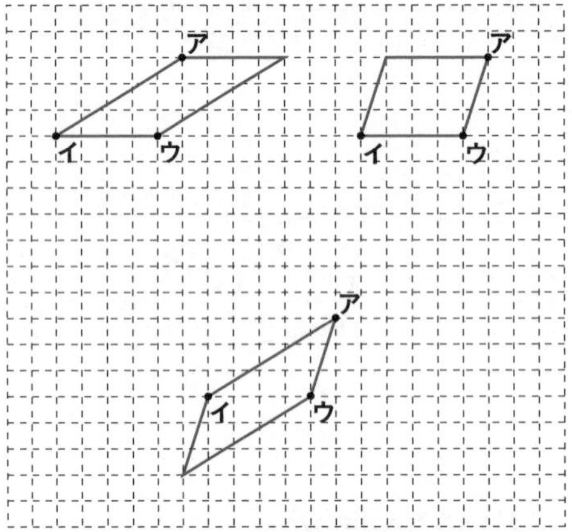

15 分数のたし算とひき算 ②　29 ページ

1 (1) $\frac{11}{12}$　(2) $\frac{29}{105}$　(3) $\frac{1}{3}$　(4) $1\frac{1}{3}$

考え方　(2) $\frac{42}{105}+\frac{15}{105}-\frac{28}{105}=\frac{29}{105}$

注意　答えが約分できるかどうか，必ず確《たし》かめましょう。

2 (1)$\frac{1}{8}$　(2)$\frac{1}{10}$　(3)$\frac{9}{40}$

考え方 (3)$\frac{1}{8}+\frac{1}{10}=\frac{5}{40}+\frac{4}{40}=\frac{9}{40}$

3 $1\frac{1}{6}$ L $\left(\frac{7}{6}\text{ L}\right)$

考え方 $\frac{2}{3}+\frac{1}{2}=\frac{4}{6}+\frac{3}{6}=\frac{7}{6}=1\frac{1}{6}$

4 $\frac{2}{3}$ kg

考え方 $2\frac{1}{9}-1\frac{4}{9}=1\frac{10}{9}-1\frac{4}{9}=\frac{6}{9}=\frac{2}{3}$

5 (1)$2\frac{1}{12}$ km $\left(\frac{25}{12}\text{ km}\right)$　(2)$1\frac{1}{12}$ km $\left(\frac{13}{12}\text{ km}\right)$

考え方 (1)$1\frac{1}{3}+\frac{3}{4}=1\frac{4}{12}+\frac{9}{12}=2\frac{1}{12}$

(2)$3\frac{1}{6}-2\frac{1}{12}=3\frac{2}{12}-2\frac{1}{12}=1\frac{1}{12}$

思考力トレーニング　算数⑮　30ページ

(1)**イ**　(2)**エ**

16 分数と小数，整数　31ページ

1 (1)$\frac{3}{5}$　(2)$\frac{6}{7}$　(3)$\frac{1}{2}$　(4)$\frac{7}{11}$　(5)$1\frac{2}{5}\left(\frac{7}{5}\right)$

(6)$3\frac{1}{3}\left(\frac{10}{3}\right)$

2 (1)**0.5**　(2)**0.6**　(3)**0.25**　(4)**0.125**　(5)**2**

(6)**3.5**

注意 $\frac{1}{4}=0.25$, $\frac{1}{8}=0.125$ は知っておきましょう。

3 (1)$\frac{2}{5}\left(\frac{4}{10}\right)$　(2)$\frac{1}{2}\left(\frac{5}{10}\right)$　(3)$\frac{1}{4}\left(\frac{25}{100}\right)$

(4)$1\frac{3}{10}\left(\frac{13}{10}\right)$　(5)$1\frac{7}{10}\left(\frac{17}{10}\right)$　(6)$6\frac{9}{10}\left(\frac{69}{10}\right)$

4 (1)$\frac{2}{1}$　(2)$\frac{5}{1}$　(3)$\frac{15}{1}$　(4)$\frac{39}{1}$

5 (1)**0.7**　(2)**0.6**　(3)**0.9**　(4)**0.5**　(5)**0.1**　(6)**0.8**

6 (1)(○$\frac{1}{4}$, 0.2)　(2)(0.3, ○$\frac{1}{3}$)

(3)($\frac{4}{7}$, ○0.6)　(4)(○1.5, $1\frac{2}{5}$)

(5)($5\frac{3}{11}$, ○5.3)　(6)(○$\frac{3}{4}$, 0.6)

7

	(1)	(2)	(3)	(4)	(5)	(6)
小数・整数	0.3	0.5	0.9	1.1	1.9	2
分　数	$\frac{3}{10}$	$\frac{1}{2}\left(\frac{5}{10}\right)$	$\frac{9}{10}$	$1\frac{1}{10}\left(\frac{11}{10}\right)$	$1\frac{9}{10}\left(\frac{19}{10}\right)$	$\frac{2}{1}$

考え方 1目もりが0.1の数直線。

8 (1)**1.35**　(2)**0.3**

9 $1\frac{7}{10}$ kg $\left(\frac{17}{10}\text{ kg}\right)$, **1.7 kg**

考え方 $1.8-\frac{1}{10}=1\frac{8}{10}-\frac{1}{10}=1\frac{7}{10}$　$1\frac{7}{10}=1.7$

思考力トレーニング　算数⑯　32ページ

(1)$\frac{2}{3}=\frac{\boxed{1}}{2}+\frac{\boxed{1}}{6}$　(2)$\frac{2}{5}=\frac{\boxed{1}}{3}+\frac{\boxed{1}}{15}$

(3)$\frac{2}{7}=\frac{\boxed{1}}{4}+\frac{\boxed{1}}{28}$　(4)$\frac{2}{9}=\frac{\boxed{1}}{6}+\frac{\boxed{1}}{18}$

17 図形の角　33ページ

1 (1)**55°**　(2)**120°**　(3)**50°**　(4)**130°**　(5)**115°**

考え方 (2)180°−(20°+40°)=120°

(4)360°−(70°+80°+80°)=130°

2 (1)**110°**　(2)**20°**　(3)**130°**

考え方 (2)60°−40°=20°

(3)(180°−80°)÷2=50°　180°−50°=130°

3 **720°**

考え方 六角形を三角形に分けます。4つの三角形に分けられるので，180°×4=720°

4 (1)**60°**　(2)**100°**　(3)**130°**

考え方 (2)台形は，向かい合う1組の辺が平行な四角形なので，この平行な線を利用して，㋐の錯角《さっかく》(または同位角)と80°の角で直線になることから，

180°−80°=100°

5 ㋐**65°**　㋑**115°**

考え方 ㋐(180°−50°)÷2=65°

㋑180°−65°=115°　または，50°+65°=115°

注意 図形の折り返しの問題では，折り返した角の大きさは等しくなります。また，平行な線が図形にあるときは，同位角や錯角が等しいことも利用します。

思考力トレーニング　算数⑰　34ページ

(1)①
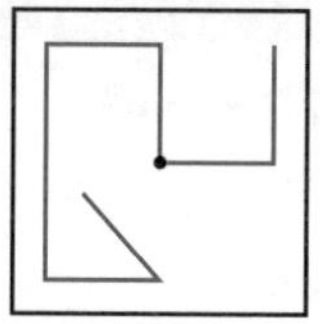
②
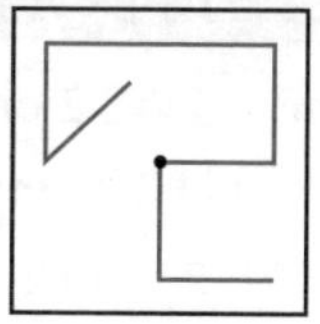

(2)①
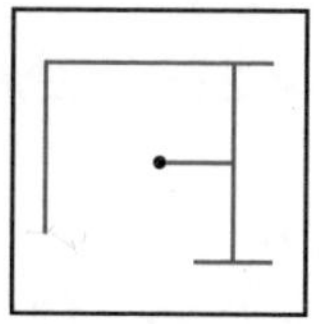
②
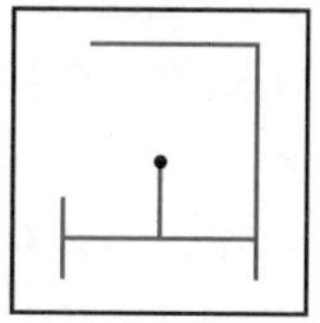

18 四角形と三角形の面積 ①　35ページ

1 (1)**216 cm²**　(2)**510 cm²**　(3)**162 cm²**

(4)**80 m²**　(5)**138 m²**　(6)**56 cm²**　(7)**54 cm²**

(8)**6.6 cm²**

考え方 (1)平行四辺形の面積も，底辺×高さ で求められるから，18×12=216

(2)15×34＝510　(3)9×18＝162

(4)ひし形の面積は，対角線×もう一方の対角線÷2 で求められる。10×16÷2＝80

(5)台形の面積は，(上底＋下底)×高さ÷2 で求められるから，(8＋15)×12÷2＝138

(6)14×8÷2＝56　(7)12×9÷2＝54

(8)3×4.4÷2＝6.6

注意　単位に気をつけましょう。

2 (1)**72 cm²**　(2)**24 cm²**　(3)**96 cm²**　(4)**36 cm²**

3 **12 cm**

考え方　24×2÷4＝12

思考力トレーニング　算数⑱　36ページ

(1)**9**(個《こ》)　(2)**12**(個)

19 四角形と三角形の面積 ②　37ページ

1 (1)**126 cm²**　(2)**432 cm²**　(3)**10.5 cm²**

(4)**46 cm²**　(5)**107 cm²**

考え方　(1)(17−8)×(18−4)＝126

(2)36×24÷2＝432

(3)底辺が 3 cm で，高さが 5 cm と 2 cm の三角形と考えて，3×(5＋2)÷2＝10.5

(4)10×12＝120，12×7÷2＝42，

10×(12−8)÷2＝20，8×(10−7)÷2＝12

120−42−20−12＝46

(5)右の図のように，1 本の線をひき，2 つの三角形として計算します。

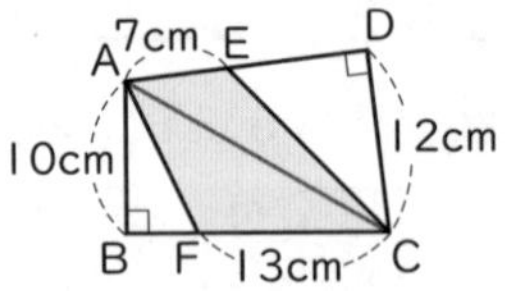

7×12÷2＋13×10÷2＝107

2 (1)**三角形イウオ**　(2)**10 cm²**

考え方　(2)5×16÷2＝40　40−30＝10

3 **6.25 cm²**

考え方　右の図のように，色がついている部分の面積は等しいので，正方形の $\frac{1}{4}$ の大きさと重なっている部分の大きさは等しくなります。

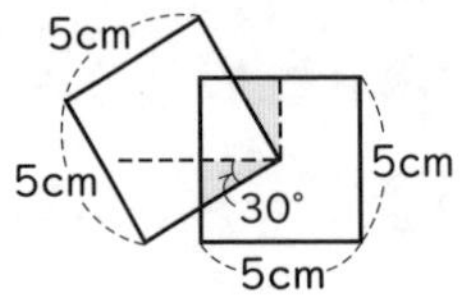

5×5÷4＝6.25

思考力トレーニング　算数⑲　38ページ

(1)12×[9]＋[3]＝111

(2)123×[9]＋[4]＝1111

(3)1234×[9]＋[5]＝11111

(4)12345×[9]＋[6]＝111111

20 チャレンジテスト 2　39ページ

1 (1)$\frac{11}{12}$　(2)$1\frac{11}{24}$　(3)$1\frac{29}{80}$　(4)$6\frac{11}{84}$　(5)$\frac{7}{15}$

(6)$\frac{15}{56}$　(7)$1\frac{38}{45}$　(8)$1\frac{23}{72}$　(9)$\frac{5}{12}$　(10)$1\frac{17}{36}$

(11)$1\frac{5}{6}$　(12)$1\frac{3}{4}$

2 (1)$\frac{3}{10}$　(2)$2\frac{1}{2}$ $\left(2\frac{5}{10},\ \frac{25}{10},\ \frac{5}{2}\right)$

(3)$4\frac{7}{10}$ $\left(\frac{47}{10}\right)$　(4)**0.5**　(5)**0.6**　(6)**4**

3 (1)**1260**　(2)**12**

4 ㋐**79°**　㋑**56°**　㋒**3 cm**　㋓**5 cm**

考え方　角㋑＝180°−(79°＋45°)＝56°

参考　平行四辺形は，向かい合う 2 組の辺が平行な四角形です。向かい合った辺の長さ，向かい合った角の大きさが等しくなっています。

5 **75 cm²**

考え方　台形 ABCD を逆《ぎゃく》にすると底辺が 10 cm，高さが 15 cm の三角形が見えます。

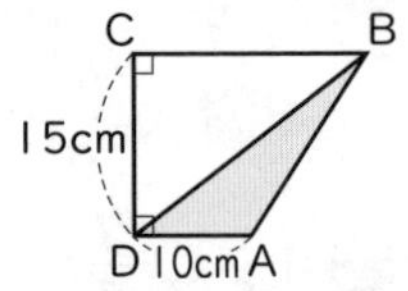

10×15÷2＝75

参考　図形をいろいろな方向から見ることが大切です。

6 **4.5 cm²**

考え方　底辺 3 cm，高さ 1.5 cm の三角形が 2 つ分なので，3×1.5÷2×2＝4.5

思考力トレーニング　算数⑳　40ページ

(1)$\frac{1}{3}$　(2)$\frac{1}{2}$　(3)$\frac{2}{3}$

21 割合 ①　41ページ

1 (1)(**もとにする量**)[×](**割合《わりあい》**)

(2)(**比《くら》べる量**)[÷](**割合**)

2 (1)**4**　(2)**2**　(3)$\frac{1}{2}$，**0.5**　(4)$\frac{1}{4}$，**0.25**

3 (1)**5 倍**　(2)$\frac{3}{10}$**倍(0.3 倍)**　(3)$\frac{3}{5}$**(0.6)**

(4)$\frac{3}{4}$**倍(0.75 倍)**　(5)$\frac{9}{10}$**倍(0.9 倍)**

考え方　(1)100÷20＝5　(2)3÷10＝$\frac{3}{10}$

(3)30÷50＝$\frac{3}{5}$　(4)45÷60＝$\frac{3}{4}$

(5)36÷40＝$\frac{9}{10}$

4 **1080 円**

考え方　2700×0.4＝1080

5 **3750**

考え方　2500×0.6＝1500　1500÷0.4＝3750

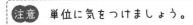

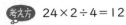

6 **165 cm**

考え方 125×1.2×1.1＝165

思考力トレーニング　算数㉑　42ページ

A

考え方
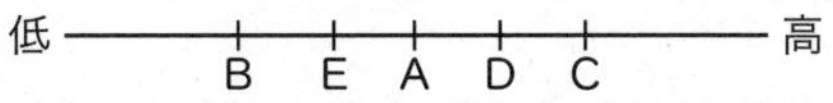

22 割　合 ②　43ページ

1 (1)**13％**　(2)**50％**　(3)**94％**　(4)**110％**
(5)**102％**　(6)**413％**

2 (1)**8割《わり》6分**　(2)**10割5分**　(3)**7割4分**

3 (1)**0.3**　(2)**1**　(3)**0.53**　(4)**0.12**　(5)**0.4**　(6)**12**

4

	(1)	(2)	(3)	(4)	(5)
小数・整数	0.58	**0.45**	**0.2**	1.25	1
分　数	$\frac{29}{50}\left(\frac{58}{100}\right)$	$\frac{9}{20}\left(\frac{45}{100}\right)$	$\frac{1}{5}\left(\frac{20}{100}\right)$	$1\frac{1}{4}\left(\frac{125}{100}\right)$	$\frac{1}{1}$(1)
百分率	**58％**	45％	**20％**	**125％**	**100％**
歩　合	5割8分	4割5分	2割	12割5分	**10割**

5 (1)**455**　(2)**5**　(3)**200**　(4)**300**　(5)**18**　(6)**15**

考え方 (3)40÷0.2＝200　(5)120×0.15＝18
(6)30÷200＝0.15　0.15 → 15％

6 **4860円**

考え方 360÷0.08＝4500
4500×1.08＝4860 または，4500＋360＝4860

注意 360÷0.08 で求められるものは 100％(商品)のねだんです。お店にはらったお金は，4500円を 1.08倍した金額《きんがく》になります。

7 **2400円**

考え方 100－15＝85(％)　2040÷0.85＝2400

思考力トレーニング　算数㉒　44ページ

(1)15 ☒ 3 ➗ 5＝9

(1)15 [×] 3 [÷] 5＝9
(2)15 [÷] 3 [＋] 5＝10
(3)15 [＋] 3 [－] 5＝13
(4)15 [＋] 3 [×] 5＝30
(5)15 [－] 3 [×] 5＝0
(6)15 [÷] 3 [×] 5＝25

23 割合のグラフ　45ページ

1 (1)(米)**55**，(野菜)**15**，(果物《くだもの》)**25**

考え方 「その他」の 10万円が 5％ですから，あとはかんたんに記入できます。

(2)(右のグラフ)

注意 円グラフに記入するときは，多い順に，時計回りですが，「その他」は必ずいちばんあとに記入します。

2 (1)①**42％**　②**18％**　③**12％**　④**8％**
(2)**3.5倍**　(3)**275000円**

考え方 (2)42÷12＝3.5
(3)33000÷0.12＝275000

3

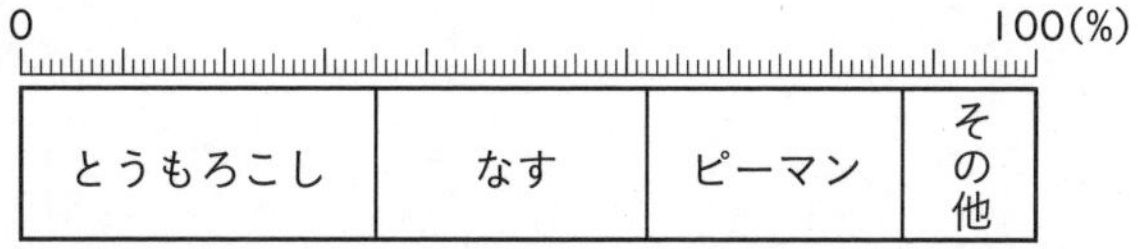

注意 帯グラフは，左より多い順に記入し，「その他」はいちばん最後にします。

4 (1)**151.2°**　(2)**129.6°**　(3)**90°**

考え方 円の中心のまわりの角の大きさ(360°)がもとにする(1にあたる)量となります。
(1)360°×0.42＝151.2°　(2)360°×0.36＝129.6°
(3)360°×0.25＝90°

参考 右の図のしゃ線部分(円を2つの半径で切り取った形)をおうぎ形といいます。また，㋐の角(おうぎ形の2つの半径の間の角)を中心角といいます。

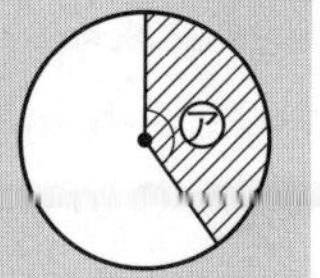

思考力トレーニング　算数㉓　46ページ

(1)
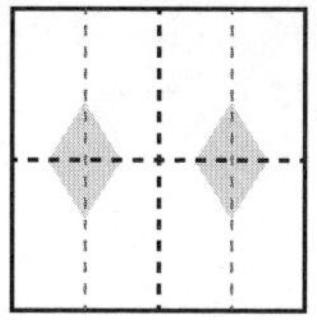

(2)
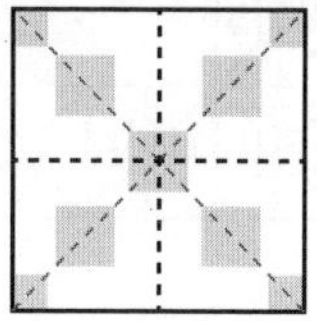

24 速　さ ①　47ページ

1 (1)**分速 600 m**　(2)**時速 54 km**　(3)**秒速 15 m**
(4)**分速 450 m**

考え方 (1)1800÷3＝600
(2)270÷5＝54　(3)120÷8＝15
(4)67.5÷9＝7.5(秒速)　7.5×60＝450

2 (1)**225 km**　(2)**15分**　(3)**24秒**

考え方 (1)45×5＝225　(2)975÷65＝15
(3)2.25 km＝2250 m，15分＝900秒
2250÷900＝2.5(秒速)
時間＝道のり÷速さ より，60÷2.5＝24

3 (1)**80**　(2)**1200**　(3)**25**

考え方 (3)600 m＝0.6 km　15÷0.6＝25

4 (1)**分速 80 m**　(2)**125分**　(3)**2時間5分**

考え方 (1)800÷10＝80
(2)80 m＝0.08 km　10÷0.08＝125
(3)125分＝2時間5分

5 **4分**

考え方 時速 60 km＝分速 1 km　4÷1＝4

思考力トレーニング　算数㉔　48ページ

(1)**1**　(2)**6**　(3)**1**

考え方　次の図は，さいころを上から見た図で，まわりの面が見えるようにかいてあります。

(1)

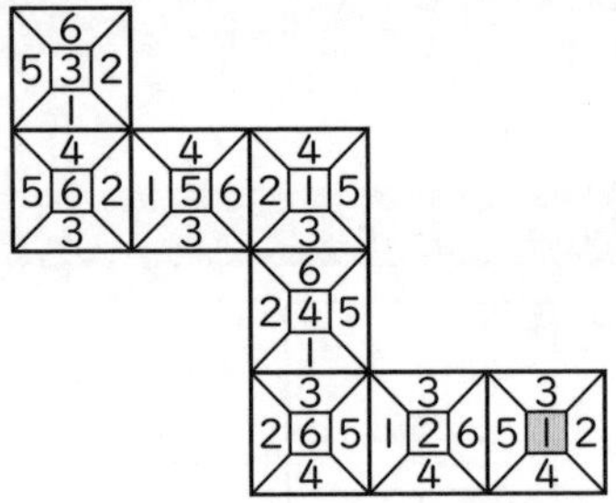

25 速　さ②　49ページ

1 (1)**時速 9 km**　(2)**時速 8 km**　(3)**時速 8.4 km**

考え方　(1)分速は 3÷20＝0.15(km)　0.15×60＝9
(2)30 分は 0.5 時間　4÷0.5＝8
(3)分速は 7÷50＝0.14(km)　0.14×60＝8.4

2 **0.72，12**

考え方　分速A…64.8÷60＝1.08(km)
分速B…108÷60＝1.8(km)，1.8−1.08＝0.72
秒速A…1080÷60＝18(m)
秒速B…1800÷60＝30(m)，30−18＝12

3 **10 m**

考え方　50×60×2＝6000
1 時間 40 分＝100 分　6000÷100＝60
60−50＝10

4 **6.25 m**

考え方　弟の秒速は 100÷16＝6.25(m)
弟は 15 秒間に 6.25×15＝93.75(m) 進む。
100−93.75＝6.25
別解　弟の秒速は 6.25 m
兄がゴールに着いたとき，弟はあと 1 秒でゴールするから，6.25 m うしろにいます。

5 (1)**13 分 20 秒**　(2)**8 分後**　(3)**48 分後**

考え方　(1)秒速は 90÷60＝1.5(m)
1200÷1.5＝800　800 秒＝13 分 20 秒
(2) 2 人で 1 分間に進む道のりは 90＋60＝150(m) だから，1200÷150＝8
(3)1200÷90＝$\frac{40}{3}$　1200÷60＝20＝$\frac{60}{3}$
40 と 60 の最小公倍数は 120 より，
$\frac{120}{3}$＝40 より，40 分
8 分後に出会い，それから 40 分後に同じ場所で出会うから，8＋40＝48

思考力トレーニング　算数㉕　50ページ

(1)
```
   [3] 7
 ×  1  6
 2 [2] 2
 3 [7]
[5] 9  2
```

(2)
```
      4 [5]
 ×   [2] 7
   3  1  5
   9 [0]
[1][2][1] 5
```

(3)
```
     [6] 5
  ×  [3] 8
   5 [2][0]
 1 [9] 5
[2] 4  7 [0]
```

26 変わり方　51ページ

1 (1)**60×□＝○**
(2)**□×△÷2＝○**
(3)**(□＋△)×2＝○**

2 (1)**50×□＋30×△＝○**
(2)**470 円**
(3)**4 倍**

3 (1)

㋐の目もり	0	1	2	3	4	5	6
㋑の目もり	5	6	7	8	9	10	11

(2)

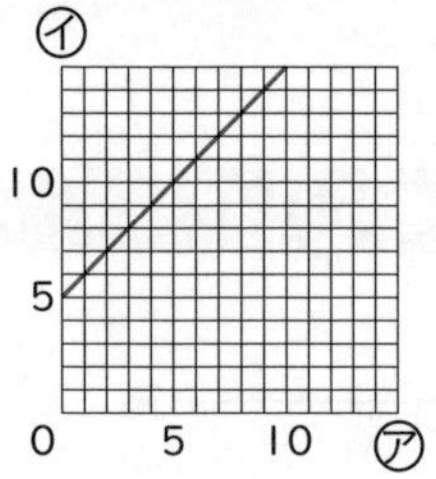

(3)**(35，40)**　(4)**㋑の目もり＝㋐の目もり＋5**

4 **㋐40**　**㋑115**

考え方　㋐10÷(32−30)＝5
5 g で 1 cm のびるので，50÷5＝10　30＋10＝40
㋑53−30＝23　5×23＝115

思考力トレーニング　算数㉖　52ページ

(1)$\frac{1}{2}$　(2)$\frac{1}{2}$　(3)$\frac{3}{4}$

27 多角形と円　53ページ

1 (1)**正多角形**　(2)**円周率《えんしゅうりつ》**

2 **157 m**

考え方　50×3.14＝157

3 **63.4 cm**

考え方　10×3.14＋16×2＝63.4

4 (1)**120°**　(2)**20°**

考え方　(1)360°÷3＝120°　(2)360°÷18＝20°

5 (1)**94.2 cm**　(2)**47.1 cm**

考え方　(1)10×3.14＋20×3.14＝(10＋20)×3.14＝94.2
(2)直径 10 cm の円の円周と半径 10 cm の円の円周の $\frac{1}{4}$ をあわせた長さになる。
10×3.14＋20×3.14÷4＝(10＋5)×3.14＝47.1

6 **6.28 m**

考え方 直径が 2 m 長くなるだけなので，長さはその 3.14 倍に増《ふ》えるだけである。2×3.14＝6.28

7 (1)**80 cm**　(2)**60 cm**

考え方 (1)10×2×4＝80

(2)正六角形は，円のまわりの角を 360°÷6＝60° に等分してかくことができるので，正六角形は正三角形を 6 つ組み合わせた形となることがわかります。したがって，円の半径と 1 辺の長さは等しくなるので，10×6＝60

思考力トレーニング　算数㉗　54 ページ

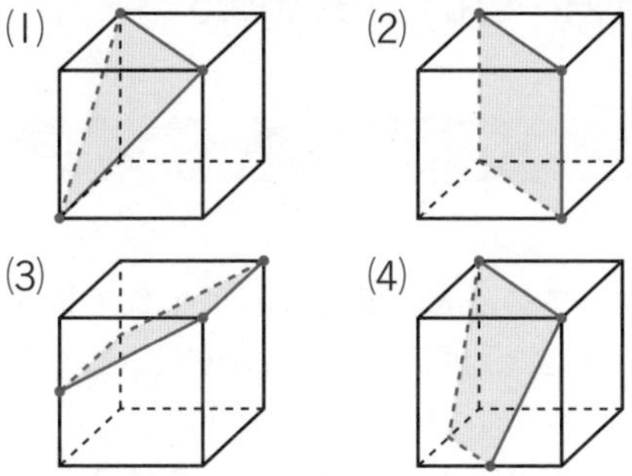

28 角柱と円柱　55 ページ

1 (1)**ア　三角柱　イ　円柱　ウ　直方体(四角柱)**
エ　円柱　オ　六角柱　カ　球

(2)①**ア，ウ，オ**　②**ア，イ，ウ，エ，オ**　③**カ**

2

	底面の形	側面の形	面の数	辺の数
三角柱	三角形	長方形	5	9
四角柱	四角形	長方形	6	12

3 (1)**三角柱**　(2)**エとオ**

(3)(辺 AB) **5 cm**，(辺 BC) **3 cm**

4 (1)**円柱**　(2)**三角柱**　(3)**球**

参考 立体を真正面から見た図と真上から見た図を組み合わせて表したものを投影図《とうえいず》といいます。

思考力トレーニング　算数㉘　56 ページ

(1)
```
       4 3
2[3])[9][8]9
     9 2
      [6][9]
      [6][9]
         0
```

(2)
```
       2[8]
3[1])8[6]8
     6 2
     2[4]8
     2[4]8
         0
```

(3)
```
        1[6]
[4]5)7 2[0]
    [4]5
     2[7][0]
     2 7[0]
          0
```

29 いろいろな問題　57 ページ

1 (70 円) **9 さつ**，(120 円) **6 さつ**

考え方 15 さつ全部 120 円だとすると，実際《じっさい》の代金との差は，120×15－1350＝450(円) だから，
70 円のノートは 450÷(120－70)＝9(さつ)
120 円のノートは 15－9＝6(さつ)

2 **24 m おき**

考え方 288÷(13－1)＝24

3 **16 年後**

考え方 差が 40－12＝28 だから，子どもが 28 才になったとき，父は子どもの 2 倍になる。
28－12＝16 より，16 年後

4 **156**

考え方 ある数は (204－24)÷36＝5
正しい答えは 5×24＋36＝156

5 **240 人**

考え方 男子の割合《わりあい》は 1－0.55＝0.45
0.55－0.45＝0.1　24÷0.1＝240

6 (1)**11 まい**　(2)**8 まい**

考え方 (1) 1 まいのとき，4×4＝16(cm²)，1 まい増《ふ》えるごとに 16－2×2＝12(cm²) ずつ増える。
よって，(136－16)÷12＋1＝11
(2) 1 まいのとき，4×4＝16(cm)，1 まい増えるごとに 2×4＝8(cm) ずつ増える。
よって，(72－16)÷8＋1＝8

7 **420 g**

考え方 食塩水 A にふくまれる食塩の量は
300×0.12＝36(g)　水を加えて 5 %になった食塩水の量は 36÷0.05＝720(g)
よって，720－300＝420

思考力トレーニング　算数㉙　58 ページ

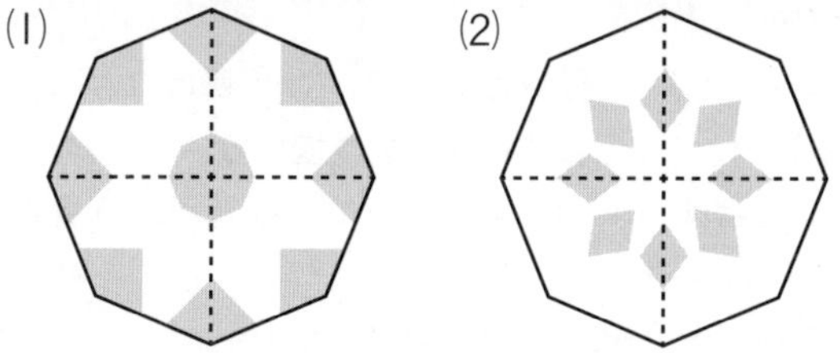

30 チャレンジテスト 3　59 ページ

1 (1)**10**　(2)**120**　(3)**2**　(4)**441**

考え方 (1)5.6÷56＝0.1 → 10 %
(2)400×0.3＝120　(3)40÷0.2＝200 → 2 m
(4)630×(1－0.3)＝441

2 **162.8 cm**

考え方 右の図のように考えると，式がたてやすくなります。
20×3＋40＋20×3.14＝162.8

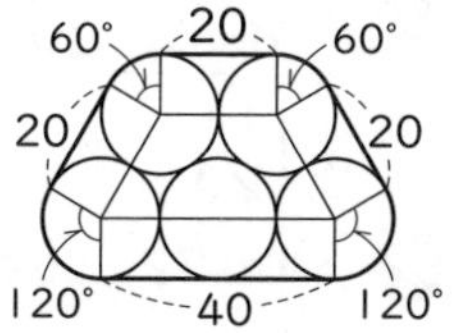

3 (1)**二等辺三角形**

(2)**36°**

考え方 正五角形の 1 つの角の大きさは，
180°×(5－2)÷5＝108°
(180°－108°)÷2＝36°

4 **78°**

考え方　社会の中心角は $144° \div 96 \times 32 = 48°$
$360° - (144° + 48° + 90°) = 78°$

5 **2.4 cm**

考え方　$12 \times (7 \div 35) = 2.4$

6 **時速 4.5 km**

考え方　分速は $3.75 \div 50 = 0.075$(km)
$0.075 \times 60 = 4.5$

思考力トレーニング　算数㉚　60ページ

(1)**96**　(2)**230**

考え方　(1)10 行目，1 列目が $10 \times 10 = 100$ なので，
$100 - 4 = 96$
(2) 1 行目は 1 ずつ，2 行目は 2 ずつ，3 行目は 3 ずつ，増《ふ》えているので，10 行目では 10 ずつ増える。
5 行目，1 列目は $44 + 1 = 45$ なので，5 行目，5 列目は $45 + (5 \times 4) = 65$
6 行目，5 列目は $(65 + 1) + (6 \times 4) = 90$
7 行目，5 列目は $(90 + 1) + (7 \times 4) = 119$
8 行目，5 列目は $(119 + 1) + (8 \times 4) = 152$
9 行目，5 列目は $(152 + 1) + (9 \times 4) = 189$
10 行目，5 列目は $(189 + 1) + (10 \times 4) = 230$

31 仕上げテスト①　61ページ

1 (1)$\frac{1}{8}$　(2)$1\frac{7}{30}$　(3)$\frac{1}{3}$　(4)$1\frac{7}{8}$　(5)$1\frac{1}{9}$　(6)$3\frac{47}{56}$
(7)$1\frac{11}{20}$

2 (1)**14.72**　(2)**211.68**　(3)**46.107**　(4)**26**
(5)**3.5**　(6)**2.35**

3 (1)**3600**　(2)**300**

4 (1)**3.4 余《あま》り 0.04**　(2)**7.4 余り 0.12**
(3)**0.5 余り 0.3**

5 (1)**0.75**　(2)**1.2**　(3)**0.625**　(4)$\frac{3}{10}$
(5)$\frac{39}{50}$(または $\frac{78}{100}$)
(6)$1\frac{1}{4}$($\frac{5}{4}$, $\frac{125}{100}$, $1\frac{25}{100}$)

6 **1920 円**

考え方　$2400 \times (1 - 0.2) = 1920$

7 **12 cm**

考え方　$84 \times 2 \div 14 = 12$

思考力トレーニング　算数㉛　62ページ

(1)$36\boxed{\times}4\boxed{-}3\boxed{+}6 = 147$
(2)$36\boxed{\div}4\boxed{+}3\boxed{-}6 = 6$
(3)$36\boxed{+}4\boxed{\times}3\boxed{\div}6 = 38$
(4)$36\boxed{-}4\boxed{+}3\boxed{\times}6 = 50$
(5)$36\boxed{-}4\boxed{\times}3\boxed{\div}6 = 34$
(6)$36\boxed{\div}4\boxed{+}3\boxed{\times}6 = 27$

32 仕上げテスト②　63ページ

1 (1)**1, 0, 3, 8**　(2)$\frac{1}{100}$　(3)**40**　(4)**20**　(5)**12**
(6)**14**　(7)**60**　(8)**26.69**　(9)**6**　(10)**12**　(11)**8**

考え方　(9)$12 \times 2 \div 4 = 6$

2 (1)**30°**　(2)**145°**

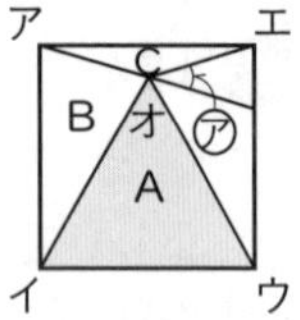

考え方　(1)四角形アイウエは正方形，
Aの三角形は正三角形なので，Bの三角形は二等辺三角形。
角アイオ $= 90° - 60° = 30°$
角イアオ $= (180° - 30°) \div 2 = 75°$
Cの三角形も二等辺三角形なので，
角オアエ $= 90° - 75° = 15°$ より，三角形の内角と外角の関係から，㋐ $= 15° + 15° = 30°$

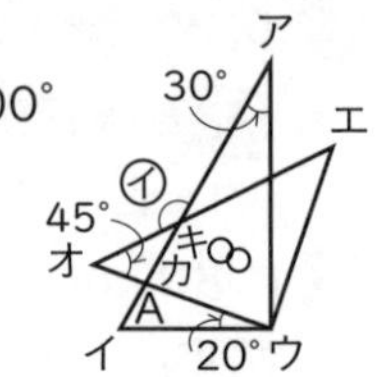

(2)Aの三角形で，
角イカウ $= 180° - (20° + 60°) = 100°$
対頂角は等しいので，
角オカキ $= 100°$
三角形の内角と外角の関係より，
㋑ $= 45° + 100° = 145°$

3 (1)**160 m²**　(2)**126 cm²**

考え方　(1)$(12 - 2) \times (18 - 2) = 160$
(2)$12 \times 16 - (16 - 14) \times 12 \div 2$
$- (16 - 4) \times (12 - 3) \div 2$
$= 192 - 12 - 54 = 126$

4 **70 m**

考え方　$400 - 95 \times 2 = 210$　$210 \div 3 = 70$

思考力トレーニング　算数㉜　64ページ

Bチーム

考え方　Aがうそを言っているとすると，Aは 1 位ではなく，Bは 2 位，Cも 1 位ではないので，1 位がいなくなり成立しません。
Bがうそを言っているとすると，Aが 1 位，Bは 2 位ではなく，Cは 1 位ではないので成立します。
Cがうそを言っているとすると，Aが 1 位，Bが 2 位，Cも 1 位となり，1 位が 2 チームあり成立しません。
正しい順位は，1 位Aチーム，2 位Cチーム，3 位Bチームとなります。

理科

1 種子の発芽と植物の成長 ①　65ページ

1 (1)ア　(2)ウ
(3)インゲンマメがよく育つには，子葉が必要である。（子葉には成長に必要な養分がたくわえられている。）
(4)しだいに小さくなってしぼんでしまう。
(5)でんぷん　(6)ヨウ素液《そえき》

2 (1)①B　②C　③A
(2)①A…ア　B…ウ　C…カ
②A…イ　B…エ　C…オ

3 (1)記号…B　なまえ…はいにゅう　(2)子葉
考え方 はいにゅうも子葉も，発芽のための養分をたくわえています。

4 (1)×　(2)○　(3)○　(4)×　(5)×　(6)○

思考力トレーニング　理科 1　66ページ

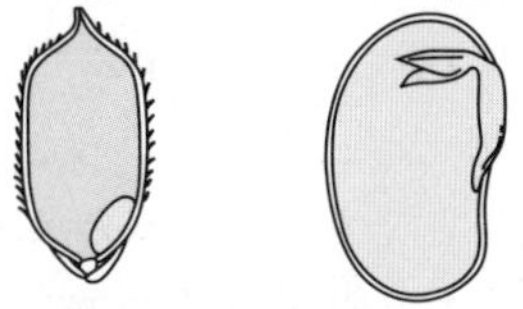

2 種子の発芽と植物の成長 ②　67ページ

1 (1)エ，カ　(2)水　(3)適当《てきとう》な温度　(4)イ，エ
(5)エのだっし綿《めん》を，肥料《ひりょう》を混《ま》ぜた水をしみこませただっし綿にかえたもの。
(6)①エ，カ　②エ
考え方 (2)～(4)種子が発芽するためには，水と空気が適切な量あることと，その種子の発芽に適した温度が必要です。
(6)レタスの種子が発芽するには光が必要なので，水と空気，適当な温度のほか，光があるエは発芽します。

2 (1)①D　②B　(2)①ウ　②カ

思考力トレーニング　理科 2　68ページ

- 水を適量《てきりょう》あたえる。
- 葉が数まい出たものを使う。
- 肥料《ひりょう》をふくまない土を使う。

3 メダカの育ち方　69ページ

1 (1)A…せびれ　B…しりびれ
(2)①おす　②めす
(3)せびれの切れこみ。しりびれの形。はらの大きさ。などから２つ。
(4)25(℃)　(5)場所…水草　いつ…朝
考え方 メダカのおすとめすはひれの形で見分けます。メダカのめすは水温が 25 ℃ぐらいの春から夏にかけてたまごを産むことが多いです。

2 (1)ウ→オ→エ→ア→イ→カ
(2)①ア　②エ　③ア
(3)子メダカの成長のための養分をたくわえている。
(4)①受精卵《じゅせいらん》　②水草などにからみつくため。
(5)親のメダカが，たまごを食べないようにするため。

3 (1)①イ　②イ　(2)おすがいないから。

参考 メダカに産卵させるには，めすとおすをいっしょに飼《か》う必要があります。また，おすとめすを同じ数ずつ飼うとよいです。

思考力トレーニング　理科 3　70ページ

たかし，りか

4 人のたん生　71ページ

1 (1)受精《じゅせい》　(2)受精卵《じゅせいらん》　(3)たい児

2 ア→ウ→オ→イ→エ

3 (1)精子　(2)受精卵　(3)38　(4)ウ

4 (1)A…たいばん　B…へそのお　C…羊水
D…子宮
(2)母親のからだから養分をもらう。母親のからだから酸素《さんそ》をもらう。赤ちゃんのからだの中でいらなくなったものを母親に返す。などから２つ。
(3)養分や酸素を赤ちゃんに運ぶ。
（赤ちゃんのからだの中でいらなくなったものをたいばんへ運ぶ。）
(4)ウ　(5)ウ
(6)①人　②母親から養分をもらって育つから。

参考 (6)子メダカが受精卵から成長するときは，たまごの中にはじめからある養分を使いますが，人の場合は，母親からいつも養分をもらうことができるので，母親の体内である程度まで大きくなることができます。

思考力トレーニング　理科 4　72ページ

最も大きい…エ　２番目…ウ　３番目…イ
最も小さい…ア
考え方 ニワトリの受精卵《じゅせいらん》の大きさは，わたしたちがふだん食べているたまごの大きさと同じです。サケのたまごはイクラです。メダカのたまごの大きさは 1 mm くらいで，人の受精卵の大きさは 0.14 mm くらいです。

5 花から実へ　73ページ

1 アサガオ…①ア　②エ　③ウ　④イ　⑤オ
タンポポ…①エ　②ウ　③ア　④イ　⑤オ

2 (1)**A**

(2)**花がさく前に花粉《かふん》がめしべの先(柱頭)につくのを防《ふせ》ぐため。**

(3)**ほかのアサガオの花粉がめしべの先につくのを防ぐため。**

(4)**めしべの先におしべの花粉がつかないと実ができないことがわかる。**

(5)**受粉**

参考 受粉すると，めしべのもとが大きくなり，やがて実になります。受粉のしかたには，自家(自花)受粉と他家(他花)受粉があります。自家受粉は，同じ花のおしべの花粉によって受粉することをいい，他家受粉は，ほかの花のおしべの花粉によって受粉することをいいます。アサガオは，自家受粉も他家受粉も行います。よって，１つのつぼみからおしべをとりさっても，花がさいたあと，ほかのアサガオのおしべの花粉によって受粉するかもしれません。そのため，実験では，おしべをとりさったつぼみにふくろをかぶせています。

3 (1)**A，D，E**　(2)**おしべ**　(3)**べとべとしている。**

(4)①**E**　②**A**　③**D**　④**B**　⑤**C**　⑥**F**

(5)①**ウ**　②**ア**　③**ア**　④**ア**　⑤**ア**　⑥**イ**

(6)**風ばい花**

考え方 風ばい花(風で花粉が運ばれる花)のマツの花粉には空気ぶくろがついていて，花粉が風で運ばれやすくなっています。また，虫ばい花(虫に花粉が運ばれる花)のアサガオやカボチャの花粉には，虫のからだにつきやすいように，とげのようなものが多くあります。

思考力トレーニング　理科⑤　74ページ

①**エ**　②

考え方 「**ウ**」と書いた紙を 180° 回転させたものが，上下左右が逆《ぎゃく》になった状態《じょうたい》です。

6 天気の変化　75ページ

1 (1)４月９日…**雨**　４月 10 日…**晴れ**

４月 11 日…**雨**

(2)**少なくなる。**

2 (1)**夏，秋**　(2)**台風の目**　(3)**南**　(4)**北(北東)**　(5)**東**

考え方 (5)台風では，周囲から台風の中心に向かって反時計回りに風がふきこんでいます。台風の目よりも東側では，台風が進む方向と風がふきこむ方向が同じため，風が弱まることはありませんが，台風の目よりも西側では，台風が進む方向と風がふきこむ方向が逆になりやすいため，風が弱まりやすくなります。

3 (1)**イに○**　(2)**西，東**　(3)**へん西風**

4 **(2)，(4)，(5)，(6)に○**

思考力トレーニング　理科⑥　76ページ

晴れの日…**ア**　雨の日…**ウ**

7 流れる水のはたらき　77ページ

1 (1)**D**　(2)**ウ**　(3)**ウ**

(4)**しん食(けずる)，運ぱん(運ぶ)，たい積(積もらせる)**

2 (1)①**速い**　②**おそく(ゆるやかに)**

(2)①**しん食**　②**速い(急な)**

(3)①**上流**　②**中流**　③**下流**

(①，②，③は順がちがってもよい)

3 (1)A…**Z**　B…**X**　C…**Y**

(2)**水で運ばれる間にわれたり，けずられたりするから。**

(3)**ア**

(4)**大雨がふったとき，大量の水が下流に流れるのを防《ふせ》ぐ。**

考え方 (1)この地図では，向かって右側に細い川が多いため，右側が上流，左側に細い川が集まったあとの太い川があるので，左側が下流になります。Aのような大きな角ばった石は上流，Bのような小さな丸い石は下流の石となります。

(3)曲がって流れる川では，外側の流れのほうが速く，しん食，運ぱんのはたらきが大きくなります。こうして川の流れの外側だけがしん食を受け続けると，**ア**のように大きく曲がった流れとなります。

(4)上流で大雨がふった場合，その水がいっきに中流へ向かって流れます。中流ではいくつかの川が合流するので，大量の水がいくつもの川から同時に流れこむと，はんらんのきっかけとなります。

思考力トレーニング　理科⑦　78ページ

こうじ

8 もののとけ方　79ページ

1 (1)**水よう液《えき》**　(2)**110**　(3)①**やすく**　②**こい**

(4)①**決まっている**　②**とけない**　(5)**120**

考え方 (5)半分のこさにするということは，２倍にうすめるということです。100 g の水に 20 g の食塩をとかしてつくった 120 g の食塩水に 120 g の水を加えると，20 g の食塩がとけた 120 g の食塩水が，20 g の食塩がとけた 240 g の食塩水になり，２倍にうすめたことになります。

2 (1)**イ**　(2)**ア**

(3)**イはとけきれなくなったホウ酸《さん》のつぶが出てきているが，アはホウ酸がほとんどとけたままだから。**

(4)**ゆっくり冷やしたから。**　(5)**ろ過《か》**

3 (1)A…**ミョウバン**　B…**食塩**

(2)① **9 g のつぶが出る。**　②**つぶは出ない。**

(3)**13**(g)　(4)①**ミョウバン**　②**食塩**

考え方 (1)ミョウバンは，水の温度によってとける量が大きく変わりますが，食塩は，水の温度が変化してもとける量があまり変わりません。

(2)20 ℃の水 50 mL に食塩は 19 g までとけるので，15 g すべてとけたままですが，20 ℃の水 50 mL にミョウバンは 6 g しかとけないので，15−6=9 g がとけきれなくなり，つぶとなって出てきます。

(3)50 g の水に 15 g の食塩をとかしたので，水よう液全体の重さは，50+15=65 g になります。また，15÷3=5 より，3 g の食塩は，15 g の食塩を 5 等分したうちの 1 つといえるので，65 g の食塩水を 5 等分すれば，そのうちの 1 つに 3 g 分の食塩がふくまれていることになります。

思考力トレーニング　理科 ⑧

80 ページ

記号…**イ，エ**　重さ…**3.2**(g)

9 ふりこの性質

81 ページ

1 (1)**C**　(2)**E**　(3)**B→C→D→E→D→C→B→A**

2 (1)**1 往復《おうふく》の時間を正確《せいかく》にはかるのはむずかしいため。**

(2)**ア**　(3)**ウ**

(4)**ふりこの長さが長くなると，ふりこが 1 往復する時間は長くなる。**

（ふりこの長さが短くなると，ふりこが 1 往復する時間は短くなる。）

(5)**変わらない。**　(6)**速くなる。**

考え方 (5)(6)おもりの速さは，おもりがふれ始める高さによって変わり，おもりの重さによっては変わりません。おもりをはなす高さが高いほど，支点の真下を通るときのおもりの速さは速くなります。

3 (1)記号…**ウ**

直したこと…**4 個《こ》のおもりをすべて同じ点からつるした。**

(2)①**A，E**　②**A，B**　(3)**1.0**

考え方 (2)①おもりの重さがことなり，ほかの条件《じょうけん》はすべて同じ 2 つのふりこを比《くら》べます。②ふれはばがことなり，ほかの条件はすべて同じ 2 つのふりこを比べます。

(3)ふりこが 1 往復する時間はふりこの長さによって決まり，おもりの重さやふれはばは関係しません。A と F を比べると，ふりこの長さが 50 cm の 4 倍の 200 cm になると，1 往復する時間が 1.4 秒の 2 倍の 2.8 秒になっています。この関係を利用すると，25 cm の 4 倍が 100 cm なので，2.0 秒の半分の 1.0 秒で長さ 25 cm のふりこは 1 往復すると考えられます。

思考力トレーニング　理科 ⑨

82 ページ

イのほうが，支点からおもりの中心までの長さが長いので，1 往復する時間が長くなる。

10 電流のはたらき ①

83 ページ

1 (1)**エナメル線の長さを等しくしておく。**

(2)①**=**　②**=**　③**<**

(3)①**B，ウ**　②**E，ア**　③**D，イ**

参考 (1)エナメル線の長さが長くなるほど，電流が流れにくくなり，流れる電流の大きさは小さくなります。

2 (1)(右図)

(2)**ウ→ア→エ→イ→オ**

(3)**ブザー，せん風機，電流計，電圧計，ブレーカー，モーター**（を使うそう置）などから 4 つ。

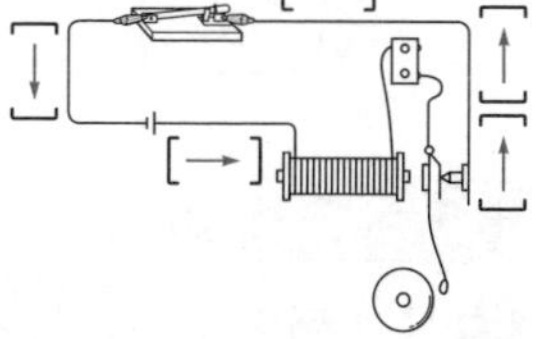

3 (1)**イ**　(2)**N**

思考力トレーニング　理科 ⑩

84 ページ

①**24**　②**12**

考え方 **ア**と**イ**から，かん電池を 2 個《こ》に増《ふ》やし，直列つなぎにすると，電磁石《でんじしゃく》が引きつけるゼムクリップの数も 2 倍になることがわかります。**ウ**の回路では，コイルのまき数が**オ**と同じで，かん電池 2 個が直列つなぎになっているので，電磁石は 12 個の 2 倍の 24 個のゼムクリップを引きつけます。また，かん電池のへい列つなぎでは，回路に流れる電流の大きさは，かん電池 1 個のときとほぼ同じになるので，**エ**の電磁石につくゼムクリップの数は，**オ**とほぼ同じになります。

11 電流のはたらき ②

85 ページ

1 (1)①**−たんし**　②**+たんし**　(2)①**電流**　②**直列**

2 (1)**イ，ウ**　(2)**イ**

(3)**より大きい電流を流す。コイルのまき数を増《ふ》やす。より強い磁石《じしゃく》にかえる。**などから 2 つ。

3 (1)**磁石**　(2)**ウ**　(3)(右図)

(4)**より大きい電流を流す。コイルのまき数を増やす。コイルの中に鉄しんを入れる。**などから 2 つ。

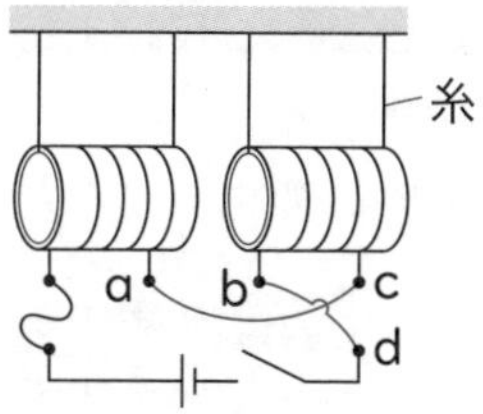

考え方 (2)図 1 の 2 つの電磁石は，左側どうし，右側どうしがそれぞれ同じ極になります。

思考力トレーニング　理科 ⑪

86 ページ

①**N**　②**S**　③**S**　④**N**　⑤**S**　⑥**N**
⑦**N**　⑧**S**　⑨**N**　⑩**S**

12 仕上げテスト　87ページ

1 (1)**ウ**　(2)**オ**　(3)**イ**

2 (1)**イ**　(2)**イ**

3 (1)①**雨**　②**雨**　③**くもり(雨)**

(2)**図 1 →図 2**　(3)**晴れる。**

考え方　日本付近では，雲が西から東へ移動《いどう》するので，天気も西から東へ移《うつ》り変わります。

4 (1)**ア**…**2**　**イ**…**3**　**ウ**…**1**

(2)**水の温度が高いとき。水の量が多いとき。**

(3)①**結しょう**　②Ⓐ**イ**　Ⓑ**ア，ウ**

考え方　(1)(2)水の量が多いほど，また，水の温度が高いほど，ミョウバンはよくとけます。水の量が多く温度が高いのは**ウ**，水の量が多いけれど温度が低いのが**ア**，水の量が少なく温度も低いのが**イ**です。

(3)②温度が低くなると，水に一度とけたものがつぶとなって出てきやすくなりますが，水の量が多いとつぶは出てきません。よって，温度が低く，水の量も少ない**イ**が，最もつぶが出やすいです。**ア**と**ウ**は，同じ量の水に同じ量のものがとけているので，温度が同じときにつぶが出てきます。

思考力トレーニング　理科 ⑫　88ページ

記号…**イ**

天気の変化…**だんだん，雨や風が強くなっていく。**

> 参考　台風は日本に近づくと，上空のへん西風のえいきょうを受けて，東寄《よ》りの進路をとるようになります。

社会

1 日本の国土のようす　89ページ

1 (1)**地球儀《ぎ》**　(2)

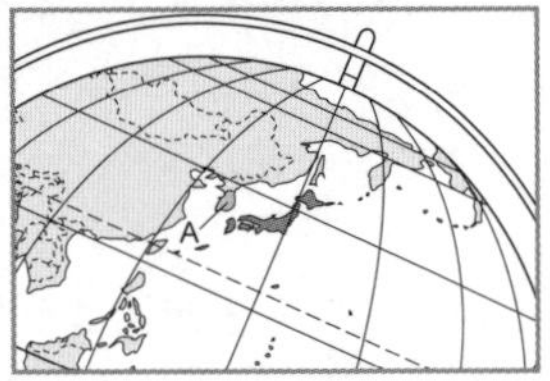

(3)**エ**

2 (1)**ケ，エ，オ**

(2)**キ，コ**

(3)**ウ，ア**

3 (1)A…**ウ**，B…**オ**，C…**ア**

(2)①○　②**東**　③**4**　④**短くて流れが急**

思考力トレーニング　社会 ①　90ページ

ウ

考え方　東京《とうきょう》から真東に進んだ場合，最初に到着《とうちゃく》するのは南アメリカ大陸です。

2 気候とくらし　91ページ

1 (1)**オ**　(2)**ア**　(3)**ウ**　(4)**エ**　(5)**カ**　(6)**イ**

2 (1)**梅雨《つゆ》，B**　(2)**台風，A**

3 (1)**ア**…**降水量《ばいうこうすい》**，**イ**…**気温**

(2)**ウ**　(3)①△　②△　③○　④○

思考力トレーニング　社会 ②　92ページ

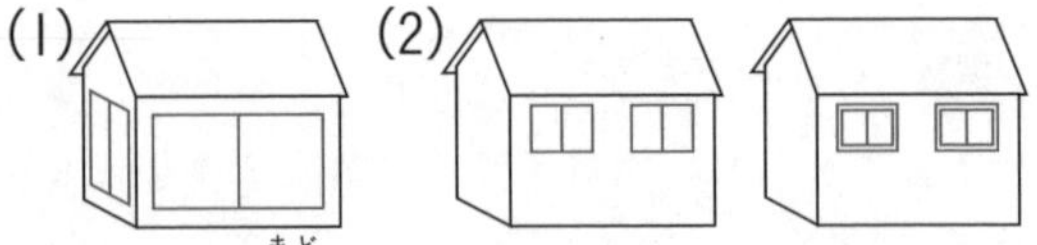

(大きい窓《まど》)　(小さい窓)　(二重窓)

※(1)は暑さ，(2)は寒さを考えた窓になっていれば正解《せいかい》とします。

3 米づくり　93ページ

1 (1)①**新潟県《にいがた》**　②**北海道《ほっかいどう》**　③**秋田県《あきた》**

(2)**東北《とうほく》**

2 (1)○　(2)×　(3)×　(4)×

3 (1)①**田おこし**　②**田植え**

③**いねかり**

(2)**ア**　(3)**コンバイン**

(4)①**あいがも**　②**品種改良**

思考力トレーニング　社会 ③　94ページ

ウ

考え方　米づくりの作業は，トラクターで田を耕《たがや》した後，田植え機で田植えをし，コンバインでいねかり・だっこくという順で行います。

4 野菜・果物づくり，ちく産　95ページ

1 (1)**イ**　(2)**ウ**　(3)**エ**

2 (1)①**青森《あおもり》**　②**静岡《しずおか》**

(2)①**すずしい**　②**あたたかい**

3 (1)①**6**　②**鹿児島《かごしま》(県)，宮崎《みやざき》(県)**　③**エ**

(2)**らく農**

思考力トレーニング　社会 ④　96ページ

トウホクデハ　クダモノガ

オオク　ツクラレテイマス

(東北では果物《くだもの》が多くつくられています)

(1)**リンゴ**　(2)**ナシ**　(3)**さくら**　(4)**もも**

考え方　指示《しじ》の(1)リンゴ，(2)ナシの文字をすべて消せば，解読《かいどく》できます。

5 水産業　97ページ

1 (1)A…**ウ**　C…**エ**　(2)**B，C**

(3)**東シナ海**　(4)**さけ，かれい**

2 (1)**プランクトン**　(2)**大陸だな**

3 (1)①おき合漁業　②遠洋漁業　③沿岸《えんがん》漁業
(2)おき合漁業　(3)200

4 (1)A　(2)B　(3)C　(4)C

思考力トレーニング　社会⑤　98ページ

(1)かれい　(2)いわし　(3)かつお
(4)あじ

考え方　寒流《かんりゅう》にのってくる魚は，かれい，いわしのほか，たらやさけなどです。一方，暖流《だんりゅう》にのってくる魚は，あじ，かつおのほか，ぶりやさばなどです。

6 これからの食料生産　99ページ

1 (1)①ウ　②イ　(2)日本
(3)フランス，アメリカ

2 (1)地産地消　(2)トレーサビリティ

3 (1)米　(2)野菜
(3)①だいず　②小麦

4 (1)○　(2)×　(3)×　(4)○　(5)×

思考力トレーニング　社会⑥　100ページ

①小麦　②だいず　③果物
④牛肉　⑤卵《たまご》

7 自動車工業　101ページ

1 (1)Aようせつ　B検査《けんさ》　C組み立て
Dプレス　E出荷《しゅっか》　Fとそう
(2)D→A→F→C→B→E
(3)エ

2 (1)関連工場　(2)①流れ　②ロボット

3 (1)燃料電池車
(2)①電気　②ガソリン

思考力トレーニング　社会⑦　102ページ

(1)ア，ウ　(2)エ　(3)イ

考え方　第1次関連工場では，親会社から注文を受けたシートやハンドルなどをつくり，第2次関連工場では，シートやハンドルなどに使う部品をつくります。さらに，ねじなどの細かい部品は，第3次関連工場でつくられます。

8 工業のさかんな地いき　103ページ

1 (1)A…京浜《けいひん》　B…中京《ちゅうきょう》
C…阪神《はんしん》　D…瀬戸内《せとうち》
(2)B　(3)太平洋《たいへいよう》ベルト　(4)イ，ウ

2 (1)①機械　②化学
(2)①×　②○　③○　④×

3 (1)工業団地　(2)高速道路

思考力トレーニング　社会⑧　104ページ

ねんど，紙，綿花《めんか》

考え方　羊の毛ーセーター，タイヤーゴム，プラスチックー石油，鉄鉱石《てっこうせき》ー鉄が2枚組になっています。残っている「焼き物」の原材料は「ねんど」，「木」からできるのは「紙」，「シャツ」の原材料は「綿花」です。

9 日本の貿易と運輸　105ページ

1 (1)輸入額《ゆにゅうがく》
(2)①カ　②エ　③イ
(3)加工貿易《ぼうえき》

2 (1)○　(2)×　(3)×　(4)○

3 (1)①鉄道　②自動車　③船
(2)①B　②A　③C

4 (1)中国《ちゅうごく》　(2)アメリカ合衆国《がっしゅうこく》

思考力トレーニング　社会⑨　106ページ

ア

考え方　アの「日本一大きい湖」は滋賀《しが》県にある琵琶湖《びわこ》，「日本一長い川」は長野《ながの》県や新潟《にいがた》県を流れる信濃《しなの》川，「日本一高い山」は静岡《しずおか》県や山梨《やまなし》県にある富士山《ふじさん》です。滋賀県，長野県，新潟県，静岡県には新幹線《しんかんせん》が通っています。

10 情報とわたしたちのくらし　107ページ

1 (1)マスメディア
(2)①ウ　②イ　③エ

2 (1)取材
(2)アナウンサー（ニュースキャスター，キャスター）

3 (1)情報《じょうほう》ネットワーク
(2)①遠かく　②電子カルテ

4 (1)①○　②○　③×　④○
(2)メディアリテラシー

思考力トレーニング　社会⑩　108ページ

(1)エ　(2)オ　(3)ア　(4)イ　(5)ウ

11 わたしたちのくらしとかん境　109ページ

1 (1)A…新潟水俣《みなまた》病　B…イタイイタイ病
C…四日市《よっかいち》ぜんそく　D…水俣病
(2)A…ア　B…イ　C…ウ　D…ア
(3)①公害対策《たいさく》基本法　②かん境《きょう》基本法

2 (1)①エ　②ア　③イ　④ウ
(2)緑のダム

3 (1)×　(2)×　(3)○　(4)○

思考力トレーニング　社会⑪　110ページ

①オ	ン	④ダ	ン	⑤カ
ト		ム		ド
	⑥フ		②カ	ミ
③キ	ン	キ	ユ	ウ
	カ			ム

12 仕上げテスト　111ページ

1 ①ユーラシア　②北アメリカ　③南アメリカ　④アフリカ　⑤オーストラリア　⑥南極　⑦地中《ちちゅう》　⑧大西《たいせい》　⑨インド　⑩太平《たいへい》　⑪韓国《かんこく》(大韓民国《だいかんみんこく》)　⑫中国　⑬インド　⑭サウジアラビア　⑮アメリカ合衆国　⑯ブラジル　⑰エジプト　⑱イギリス　⑲フランス　⑳ロシア

2 (1)第１次産業－**自然からものをつくり出す産業**，第２次産業－**ものを加工する産業**，第３次産業－**つくられたものを提供《ていきょう》する産業**

(2)第１次産業－**米づくり，養しょく業**

第２次産業－**自動車工場，建設《けんせつ》業，製鉄《せいてつ》業**

第３次産業－**米屋，学校の先生，旅行会社**

思考力トレーニング　社会⑫　112ページ

①カ	コ	⑥ウ		⑦イ
ル		②ミ	カ	ン
③テ	ン			ド
	④ク	ロ		ヨ
⑤ジ	ヨ	ウ	ホ	ウ

英語

1 アルファベットの復習　113ページ

2

J　Q　B　R　D

q　r　j　b　d

3 (1) RSTUV　(2) jklmn

(3) efghi

思考力トレーニング　英語①　114ページ

1 (1) G , y　または　y , G

(2) H , e　または　e , H

考え方　(1)A-a，D-d，J-j，N-nのペアができます。gとYが残るので，うら返しのカードはGとyだと分かります。(2)F-f，L-l，Q-q，R-rのペアができます。hとEが残るので，うら返しのカードは，Hとeだと分かります。

2 自己しょうかい　115ページ

1 (1) **ア**　(2) **ウ**　(3) **イ**　(4) **イ**

2 (1) is　(2) meet

(3) like　(4) want

3 Yes , do

考え方　Do you ～？「あなたは～しますか。」にはYes, I do.またはNo, I don't.を使って答えます。「あなたはテニスが好きですか。」という質問《しつもん》です。

思考力トレーニング　英語②　116ページ

1

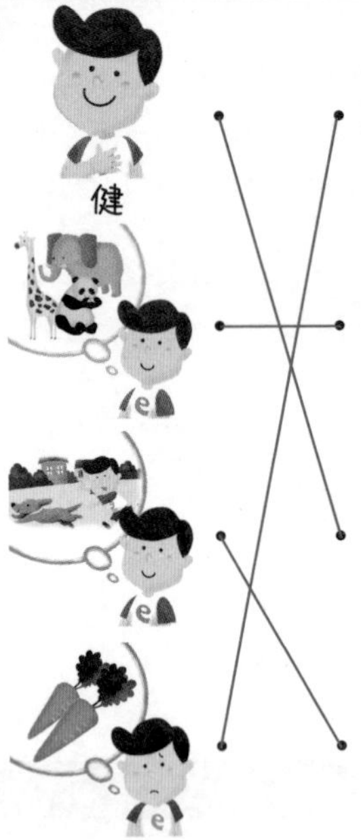

I don't like carrots.

I like animals.

My name is Ken.

I want a dog.

2 (1) **ア**　(2) **イ**

考え方　「こんにちは。わたしは香奈《かな》です。はじめまして。わたしのたん生日は4月15日です。わたしはバスケットボールが好きです。わたしは新しいくつがほしいです。」という意味です。

3 学校生活や授業　117ページ

1 (1)　(2)　(3)

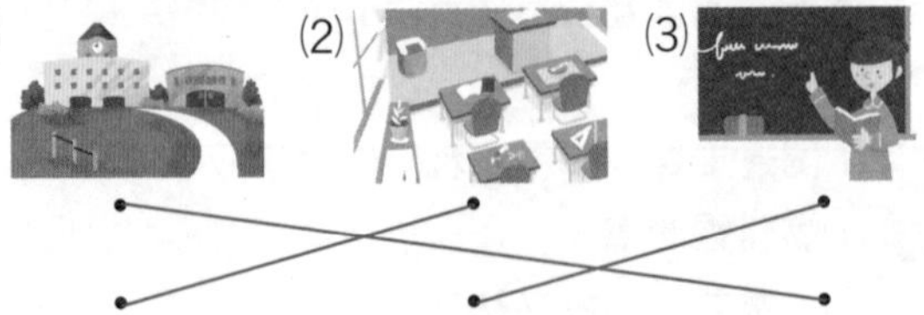

classroom　teacher　school

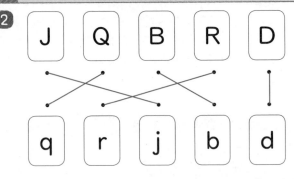

2 (1) math　(2) English

(3) social studies

(4) Japanese

3 (1) What do　(2) I have

(3) I study

4 No , don't

考え方 「金曜日に体育がありますか。」という質問《しつもん》です。

思考力トレーニング　英語 3　118ページ

1 ① math　② music

③ Japanese　④ P.E.

4 わたしの１日　119ページ

1 (1)　(2)　(3)　(4)

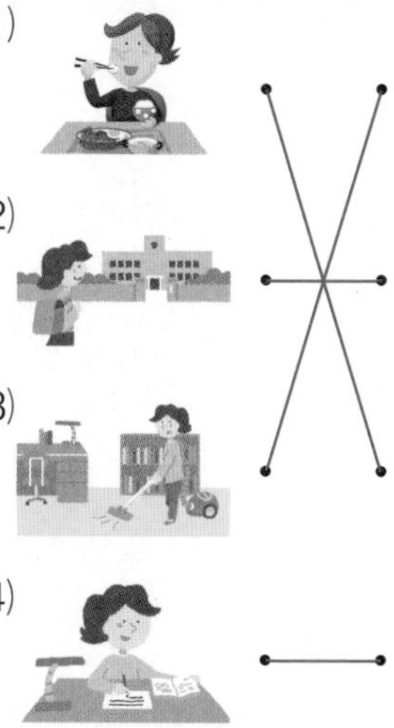

clean my room

go to school

eat breakfast

do my homework

2 (1) five　(2) ten thirty

(3) seven fifteen

考え方 英語で時こくを表すときは〈時＋分〉の順番にします。

3 (1) get , six

(2) go , four

(3) at , eight

考え方 What time do you ～?は「あなたは何時に～しますか。」とたずねる言い方です。「～時に」は〈at＋時こく〉で表します。

4 go , at

思考力トレーニング　英語 4　120ページ

1 (1) get　up

(2) at　seven

(3) go

(4) do , five

(5) wash

(6) go , bed

考え方 意味は次の通りです。(1)「わたしは6時30分に起きます。」(2)「わたしは７時に朝食を食べます。」(3)「わたしはバスで学校へ行きます。」(4)「わたしは５時に宿題をします。」(5)「わたしは時どき皿をあらいます。」(6)「わたしはふつう10時にねます。」

5 動しの復習と「できること」　121ページ

1 (1) cook　(2) swim

(3) dance　(4) ski

(5) run　(6) sing

(7) play

2 (1) イ　(2) イ

考え方 (1)「～できます」はcanを使います。(2)「～できません」はcan'tを使います。

3 (1) swim

(2) can　play

(3) can't[cannot]　play

考え方 can「～できます」やcan't[cannot]「～できません」は動作を表す単語の前に置きます。

思考力トレーニング　英語 5　122ページ

1 (1) エ　(2) イ　(3) オ

6 国名と行きたい国　123ページ

1 (1)　(2)　(3)

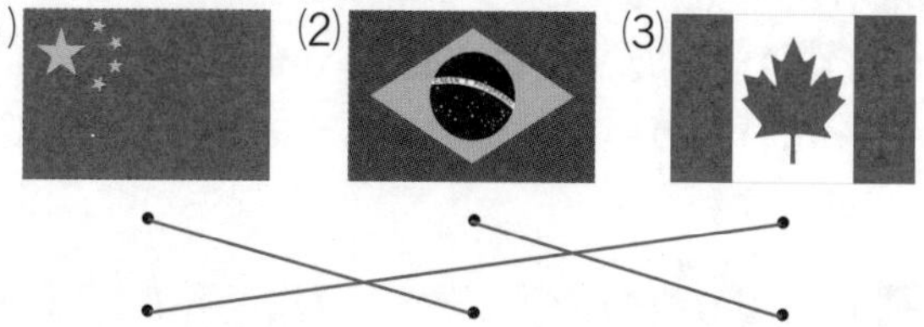

Canada　China　Brazil

2 (1) America　(2) Australia

(3) Korea　(4) Italy

3 (1) Where　(2) want

考え方 (1)「どこに」と場所をたずねるときはWhereを文の最初に置きます。(2)「行きたい」はwant to goで表します。

4 (1) want　to ，Japan

(2) eat[have]

考え方 (2)「食べる」はeat[have]で表します。「食べたい」はwant to eat[have]となります。

思考力トレーニング　英語 6　124ページ

1 (1) **ウ**　(2) **イ**　(3) **オ**　(4) **カ**　(5) **ア**

考え方 意味は次の通りです。(1)「わたしはフランスへ行きたいです。」(2)「わたしはパリでエッフェルとうを見たいです。それは美しいとうです。」(3)「わたしは美《び》術《じゅつ》館《かん》にも行きたいです。有名な絵を見ることができます！」(4)「あっ，わたしはチーズが大好きです。チーズを買いたいです。」(5)「もちろん，すてきなレストランでとてもおいしい食べ物を食べたいです。」

7 ものの位置を表すことば　125ページ

1 (1) **ア**　(2) **ウ**　(3) **ウ**　(4) **ア**

考え方 on は「～の上に」，under は「～の下に」，inは「～の中に」，by は「～のそばに」という意味です。

2 (1) Where　(2) in　(3) on

3 (1) Where is[Where's]

(2) It is[It's] in

思考力トレーニング　英語 7　126ページ

1 (1) on　(2) under

(3) on　(4) by

(5) in　(6) on

(7) under

考え方 (3)「かべにかかっている」ときもonを使います。

8 仕上げテスト　127ページ

1 (1) **イ**　(2) **ウ**　(3) **イ**　(4) **ア**

考え方 (1) Do you ～？に答えるときはdoを使います。(2)「金曜日に何がありますか。」という質《しつ》問《もん》です。何があるかを具体的に答えます。(3) What time「何時に」と聞かれているので，時こくを答えます。(4) Where「どこに」と聞かれているので，場所を答えます。

2 (1) is　(2) study

(3) wash　(4) can

3 want to go to America

考え方 「あなたはどこへ行きたいですか。」という質問です。

思考力トレーニング　英語 8　128ページ

1 (1) ×　(2) ○　(3) ×　(4) ○

考え方 「里《さと》美《み》：あなたはカナダ出身ですか。／トム：はい，そうです。ぼくはスキーがじょうずにできます。里美，あなたは何のスポーツが好きですか。／里美：わたしはテニスが好きです。わたしには姉[妹]がいます。わたしたちは，時どきいっしょにテニスをします。／トム：里美，あなたは英語をじょうずに話すことができますね。／里美：わたしは水曜日に英語を勉強します。わたしはオーストラリアに行きたいです。／トム：ぼくはオーストラリアでコアラが見たいです。動物が好きなのです。」という意味です。

国語

1 漢字の読み書き ①　129ページ

1 (1)りょうし　(2)べ　(3)ほうこく　(4)ふさい　(5)こ
(6)けわ　(7)ぬし　(8)ぼうふうう　(9)しんりん
(10)れんぞく　(11)しゅうせん　(12)ゆた　(13)るす
(14)はつ　(15)たい　(16)した

考え方　(5)「肥」には「こえる」「こやし」の意味があり，「肥満《ひまん》」「肥料」などの熟語《じゅくご》がある。

2 (1)興味　(2)準備　(3)義務　(4)基本　(5)夕刊
(6)税金　(7)解　(8)液体　(9)通過　(10)採用　(11)表現
(12)効　(13)構成

注意　(7)「解」の音読みは「カイ」で，「解散」などの熟語がある。(13)「いくつかの要素《ようそ》を組み立てること。「校正」とまちがえないように注意する。

思考力トレーニング　国語❶　130ページ

(1)能　(2)謝　(3)防

2 漢字の読み書き ②　131ページ

1 (1)かん・官　(2)ぎょ・魚　(3)そう・相
(4)ひょう・票　(5)もん・門　(6)せい・生
(7)こう・交　(8)しゅう・周　(9)ちょう・丁
(10)ちょう・長

考え方　いずれも形声文字（意味を表す部分と，音を表す部分との組み合わせ）である。

2 (1)げんしょう・イ　(2)そんとく・ウ
(3)さいこう・エ　(4)りゅうい・ア

参考　ほかに，上の字が下の字の主語になるもの，上の字が下の字を打ち消すもの，下に意味をそえる字のくるものなどがある。

3 (1)下・ア　(2)本・ウ　(3)元・イ　(4)暑・カ
(5)熱・ク　(6)厚・オ

注意　エの場合は「基」と書く。

4 (1)同感・イ　(2)出色・ウ

注意　類義語《るいぎご》は意味が似《に》ているが，前後にくる言葉の関係で，全く同じ意味で使われるというわけではない。

思考力トレーニング　国語❷　132ページ

温故知新

3 漢字の読み書き ③　133ページ

1 (1)オ　(2)イ　(3)ク　(4)エ　(5)キ

注意　ア「心機一転」とは，あることをきっかけにして，気持ちを入れかえること。

2 (1)非・ひじょうしき　(2)無・むいみ
(3)未・みかんせい　(4)非・ひこうしき
(5)非・ひばいひん　(6)不・ふしまつ
(7)未・みかいけつ　(8)無・むせきにん

考え方　それぞれの熟語の意味を考える。
(3)はまだ「完成」していないことだから，「未」がふさわしい。

3 (1)はぶ　(2)さか　(3)けしき　(4)りえき

注意　(3)は特別な読み方(熟字訓)。

4 (1)㋐現す　㋑表す　(2)㋐支持　㋑指示
(3)㋐感心　㋑関心　(4)㋐修める　㋑治める

考え方　(1)㋐「出現」，㋑「表情《ひょうじょう》」，(4)㋐「修学」，㋑「政治《せいじ》」などの熟語で考えるとよい。

5 (1)講義　(2)無造作　(3)制止　(4)質素　(5)対象
(6)営む　(7)再び　(8)断る　(9)志望　(10)機会

注意　(4)生活などがぜいたくではなく，つつましいこと。かざり気がないこと。

思考力トレーニング　国語❸　134ページ

(1)⺮・等　(2)扌・持　(3)日・時　(4)言・詩

4 熟字訓　135ページ

1 (1)ねえ　(2)ともだち　(3)とけい　(4)へた
(5)やおや　(6)まじめ　(7)おとな　(8)はつか
(9)てつだ　(10)かわら　(11)くだもの　(12)ふたり
(13)まいご

考え方　(4)「下手」には「したて」「しもて」という読み方もある。「弟は字が」とあるので，ここでは「へた」と読む。(10)「河原」も熟字訓で「かわら」と読む。

2 (1)今朝　(2)昨日　(3)今年　(4)明日

3 (1)七夕　(2)博士　(3)清水　(4)部屋　(5)眼鏡
(6)上手　(7)兄

思考力トレーニング　国語❹　136ページ

(順に) 報・地・技・能・作

5 同音異義語・同訓異字　137ページ

1 (1)ウ　(2)イ　(3)イ　(4)ア　(5)ウ　(6)ア

注意　(3)「週間」は「一週の間の七日間」，「週刊」は「新聞・雑誌《ざっし》などを一週間ごとに発行すること」という意味。

2 (1)㋐意外　㋑以外　(2)㋐対象　㋑対照
(3)㋐自身　㋑自信　(4)㋐辞退　㋑事態

3 (1)イ　(2)ア　(3)イ　(4)ウ　(5)ア　(6)イ

考え方　(3)は「ある役わりを別のものにさせる」という意味なので，「変える」ではなく「代える」。

4 (1)造る　(2)着いた　(3)混ぜる　(4)周り

思考力トレーニング　国語❺　138ページ

オ

6 複合語　139ページ

1 (1)**力強い**　(2)**練習試合**　(3)**始業式**　(4)**帰り道**
(5)**見送る**　(6)**書き加える**

2 (1)**音楽・会**　(2)**体育・委員**　(3)**新(新しい)・記録**
(4)**ごみ・拾い(拾う)**　(5)**起きる・上がる**
(6)**引く・ちぎる**

3 (1)**社**　(2)**ジュース**　(3)**定規**　(4)**電気**

4 (1)**夜空・よぞら**　(2)**犬小屋・いぬごや**
(3)**雨雲・あまぐも**　(4)**風下・かざしも(かざした)**

> 注意　複合語《ふくごうご》には，もとの言葉から形や発音が変わるものがあるので注意する。

5 **貯金箱・カレーパン・健康しん断・金メダル**
(順不同)

思考力トレーニング　国語❻　140ページ

(1)例**品・語・過・進・自・景など**
(2)例**田・器・魚・員・果・護など**
(3)例**横・期・唱・課など**　(4)例**増・構・間など**

7 和語・漢語・外来語　141ページ

1 (1)**ウ・エ・キ**　(2)**ア・カ・ク**　(3)**イ・オ**
(それぞれ順不同)

2 (1)△　(2)×　(3)○　(4)△　(5)△　(6)×　(7)×
(8)○　(9)○　(10)△　(11)×　(12)○　(13)△　(14)○

> 考え方　(4)「円」は音読みなので漢語，(8)「鼻」は訓読みなので和語。

3 (1)**オ**　(2)**エ**　(3)**イ**　(4)**ア**　(5)**ウ**

4 (1)**いろがみ・しきし**　(2)**としつき・ねんげつ**
(3)**いちば・しじょう**

5 (1)**つくえ**　(2)**登山**　(3)**生き物**　(4)**ボール**

> 考え方　(3)「生物《せいぶつ》」は「生きているもの」という意味なので，和語では「生き物」となる。

思考力トレーニング　国語❼　142ページ

栄光

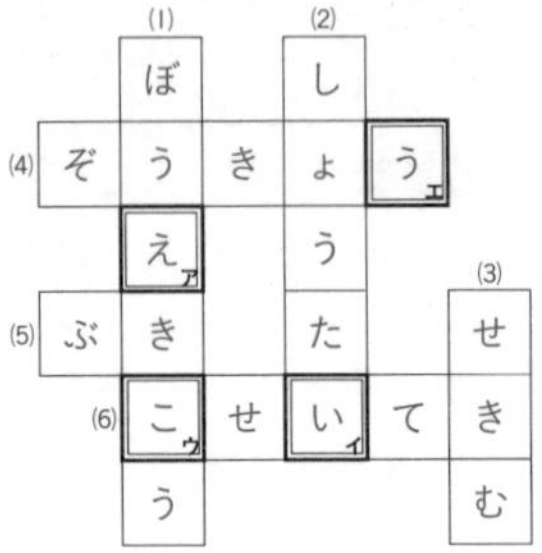

8 漢字の成り立ち　143ページ

1 (1)**イ**　(2)**エ**　(3)**ア**　(4)**ウ**

2 (1)**イ**　(2)**ウ**　(3)**ウ**　(4)**ア**　(5)**ア**　(6)**エ**　(7)**エ**
(8)**イ**　(9)**イ**　(10)**ア**　(11)**ウ**　(12)**エ**

> 参考　(8)「末」は「木」の上部に横線を加えて「木の先」を表す。(9)「本」は「木」の下部に横線を加えて「木の根もと」を表す。ともに指事文字。

3 (1)**火**　(2)**車**　(3)**下**　(4)**魚**

4 (1)**男**　(2)**証**　(3)**館**　(4)**息**

> 注意　(3)「食」は「しょくへん」になると形が変わることに注意する。

5 (1)**米・分・フン**　(2)**貝・化・カ**
(3)**衣・制・セイ**　(4)**亻・固・コ**
(5)**辶・束・ソク**　(6)**心・士・シ**

思考力トレーニング　国語❽　144ページ

(1)**解**　(2)**構**　(3)**境**

9 敬語　145ページ

1 (1)**ウ**　(2)**ア**　(3)**イ**　(4)**ア**　(5)**イ**　(6)**ウ**　(7)**ア**
(8)**イ**

> 参考　「尊敬語《そんけいご》」は，相手の動作を高めて敬意を表すもの。「けんじょう語」は，自分の動作についてへりくだった言い方をして敬意を表すもの。「ていねい語」は，相手に敬意を表して言ったり，上品に言ったりするもの。

2 (1)**お話しになる**　(2)**ご利用になる**
(3)**お食べになる**

3 (1)**読まれる**　(2)**入られる**　(3)**される**

4 (1)**ご説明する**　(2)**お知らせする**　(3)**お持ちする**

5 (1)**ウ・カ**　(2)**エ・ア**　(3)**イ・オ**

> 注意　「尊敬語」や「けんじょう語」には，もとの言葉とはちがう特別な言葉を使った言い方がある。例食べる→めしあがる(尊敬語)，行く→参る(けんじょう語)

6 (1)**いらっしゃって（来られて）**
(2)**くださいました**　(3)○

思考力トレーニング　国語❾　146ページ

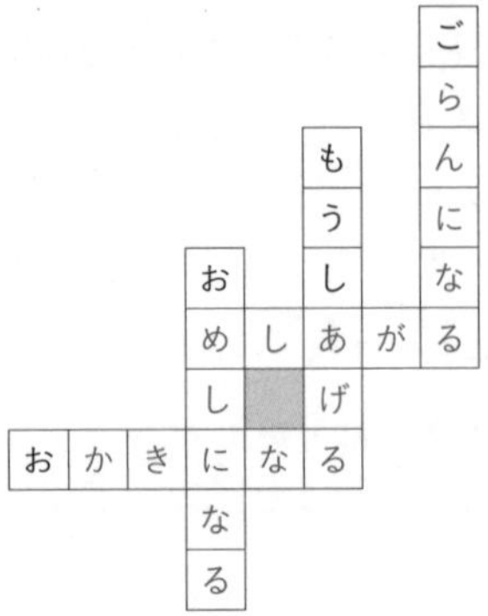

10 チャレンジテスト 1　147ページ

1 (1)**ごぞんじ**　(2)**エ**　(3)**ア**

2 (1)**複雑**　(2)**要領**　(3)**配布**　(4)**協調**　(5)**平等**
(6)**測定**

注意　(4)たがいに協力しあうこと。「強調」とまちがえないように注意する。

3 (1)**あまど**　(2)**あんらく**　(3)**しいく**

注意　(1)「雨宿り」「雨具」と同じ読み。

思考力トレーニング　国語 10　148ページ

K

比	移	破	燃
増	織	設	断
貸	老	減	寄
保	限	確	似
備	採	余	構

11 説明文を読む ①　149ページ

1 (1)**1**(の前)
(2)A**世界**　B**ぐうぜん**　C**空想**　D**しかし**
E**そして**
(3)例**アフリカ大陸と南アメリカ大陸がぴったりとくっ付くこと。**
(4)①**もともと世(～)っていった**(という説。)
②例**どんな力が大陸を動かしているのか，はっきりしなかったから。**
③例**現代になって，地球の観測や研究がさかんになるにつれて。**
(5)**広大な大西(～)るかに高い**(。)

考え方　何の説明をしているのか，作者が述《の》べようとしていることを考えながら，内容《ないよう》を読みとる。

思考力トレーニング　国語 11　150ページ

ウ（**混→務→常→貧→移**）

12 説明文を読む ②　151ページ

1 (1)**エ**　(2)**三**(つ)
(3)①例**(囲いの中に落ちた)子供を(ビンティという)ゴリラが助けたこと。**
②**ビンティに(～)ていたから**
(4)例**利用しつくした末に絶めつの危機に追いつめ，さらに都合の良いように改造しようという姿勢。**
(5)**エ**

注意　説明文の場合，筆者は具体的な例を示《しめ》しながら，自分の主張《しゅちょう》を展開《てんかい》する。だから，何を主張するための具体例なのかに注意すること。

思考力トレーニング　国語 12　152ページ

豊富・過去・家屋・寒冷（順不同）

13 説明文を読む ③　153ページ

1 (1)A例**おはようございます**　B例**おかえりなさい**
C例**どういたしまして**
(2)**顔見知り**
(3)例**あいさつをされてだまっていることは常識に反するという文化がある**(から。)

考え方　(2)「他人」と反対の意味の言葉を見つける。
(3)後ろの部分に具体的に書かれている。「留学生《りゅうがくせい》がしばしば経験《けいけん》すること」は何かを見つけること。

思考力トレーニング　国語 13　154ページ

(1)**教**　(2)**手**　(3)**任**

14 説明文を読む ④　155ページ

1 (1)**ウ**　(2)**られ**　(3)A**想像**　B**優しさ**
(4)例(僕たちが)**名優の後ろ姿から，想像力によってその人物の心を感じ取っている**(ということ。)

考え方　(1)地球のことではなく，人間を主体に考える。
(4)すぐ後ろの部分に「後ろ姿《すがた》からはその人物の心を感じることができる」とある。

思考力トレーニング　国語 14　156ページ

(1)**二**　(2)**千**　(3)**百**　(4)**一**

参考　(1)「二階から目薬」は，もどかしいこと，回りくどくて効果《こうか》が得《え》られないこと。(4)「一寸《すん》の虫にも五分《ごぶ》の魂《たましい》」は，小さな者，弱い者でも意地や根性《こんじょう》をもっていること。

15 説明文を読む ⑤　157ページ

1 (1)A**エ**　B**イ**　(2)**から**　(3)**製塩**
(4)①例**食べられないから。**
②例**短時間で効率よく多くの塩がとれる点。**
③ⓐ**海水**(の中)　ⓑ**天日**　ⓒ**蒸発する面積**
ⓓ**塩水の濃度**　ⓔ**煮る**

考え方　(2)「病気になる」理由を表している。(4)「藻塩《もしお》焼きというのは，」とある段落《だんらく》の要点をつかむ。作業の手順が書いてあるので，順に言葉をおさえていく。「藻塩刈《が》り－海水にひたす－天日で干《ほ》す－くり返す－煮《に》る」という順である。

思考力トレーニング　国語 15　158ページ

守備

大	正	明	公
義	務	教	育
名	主	児	体
分	休	護	健
業	備	守	保

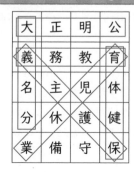

16 チャレンジテスト ② 159ページ

1 (1)(第二段落) **しかし**
(第三段落) **表記法**
(2)**日本語の特質**　(3)**イ**
(4)例**日本語以外の世界の言語と比べること。**
(5)①**世界に例がない・類がない**
②ⓐ**ちがった体系**　ⓑ**音読みと訓読み**
ⓒ**二つのオト**

思考力トレーニング　国語⑯ 160ページ

(1)護　(2)略　(3)罪　(4)粉

17 物語を読む ① 161ページ

1 (1)**オ**　(2)A**エ**　B**ア**　C**ウ**　(3)**イ**　(4)**ウ**
考え方 (2)Aは「暑くない？　と訊《たず》ねると」，Bは「続けて言う」，Cは「などと，細かく気を配ってくれる」に注目する。

思考力トレーニング　国語⑰ 162ページ

神仏・夫妻・天地・子孫・損得・南北（順不同）

18 物語を読む ② 163ページ

1 (1)A**黒い木**　B**写真**　C**女**
(2)**何色ものガラスが渦を巻いている小ビン**
(3)**エ**
考え方 (1)すぐ前の部分に，「この人」の写真の様子が書かれている。
(3)写真についての描写《びょうしゃ》をきちんと読みとること。また，「聞きたかったのは……つけたのかってこと」という部分から，新子《しんこ》が聞きたくても聞けないことの内容《ないよう》がわかる。新子自身が気がついたことは何だったのかを，「香水《こうすい》」というキーワードをたよりに読みとること。

思考力トレーニング　国語⑱ 164ページ

(1)氵・さんずい　(2)宀・うかんむり
(3)扌・てへん　(4)广・まだれ

19 物語を読む ③ 165ページ

1 (1)**でも，ケン**　(2)**そう，どん**
(3)例**日本人になろうと努力しつづけたから。**
(4)**アメリカへ帰りたい（日本人にはなれない）**
考え方 (1)次の段落《だんらく》。「ふつうなら，ケンは笑いとばす」のであったが，ここではちがったのである。　(3)「ママは日本人の～日本人になろうと努力しつづけてた。」とある。

思考力トレーニング　国語⑲ 166ページ

（順に）級・情・動・談・材・理・質・答

20 物語を読む ④ 167ページ

1 (1)**ばあちゃん，またひとりになるんだ。**
(2)例**（あっという間に）気持ちをばあちゃんから岡山の生活へシフトさせた自分が恥ずかしくなったから。**
(3)**ウ**

思考力トレーニング　国語⑳ 168ページ

(1)例発　(2)例現　(3)例最　(4)例演・堂　(5)例師
(6)例験

21 物語を読む ⑤ 169ページ

1 (1)**イ**　(2)**イ**　(3)**ア**　(4)**ア**
(5)**だれひとりしるべのない都**
(6)**これではな・どこかに宿・だれひとり**（順不同）
(7)**女の人は，**

思考力トレーニング　国語㉑ 170ページ

(1)台　(2)右　(3)伝　(4)労　(5)名　(6)功　(7)佐　(8)営

22 脚本を読む 171ページ

1 (1)**エ**
(2)例**のこぎりで木を切る音。**
(3)例**自分ののこぎりで切った枝は，自分で運ぶのがあたりまえだという，権八の考えになっとくしたから。**
(4)例**よく切れるのこぎりを持っている者が枝を切ったほうがよいという，権八のずるい考えを受け入れたから。**
(5)**ト《と》書《が》き・**例**脚本の中で，演じる人の動作などを説明するため。**
(6)**イ**
(7)例**自分の仕事でも，いやなことは人におしつけて，楽をしようとするなまけ者でずるい人。**
考え方 ト書きやせりふのやりとりから場面を想像《そうぞう》したり，登場人物の動作や気持ちをとらえたりしよう。

思考力トレーニング　国語㉒ 172ページ

イエロー

(3) サイ

妻	**際**	**再**
帯	**祭**	参
酸	**災**	材
採	**西**	**菜**

(1) イ

永	印	**衣**
測	**位**	迷
胃	**移**	似
留	**易**	辞

(4) セイ

製	**政**	**整**
勢	証	**精**
西	築	**性**
静	**制**	**青**

(2) コ

効	**去**	子
過	**戸**	耕
護	**個**	功
航	**故**	粉

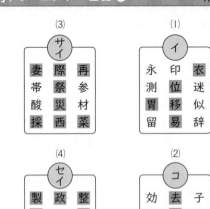

23 古典を読む　173ページ

1 (1)**をかし**　(2)**いと**　(3)**ア**

(4)**風の音・虫の音**（順不同）

(5)例**雪が降っていたり，霜がとても白かったり，寒くて急いで火をおこし，炭を持ってまわるのが，冬の早朝にふさわしい。**

(6)例**昼になってあたたかくなると，火桶の火に白い灰が多くなること。**

参考　(1)「を《(お)》かし」は「おもむきがある」「ふぜいがある」という意味。「あは《(わ)》れなり」の「あはれ」も，しみじみとわきあがってくる気持ちを表す言葉。今の「おかしい」「あわれ」とはちがう意味で使われている。

思考力トレーニング　国語㉓　174ページ

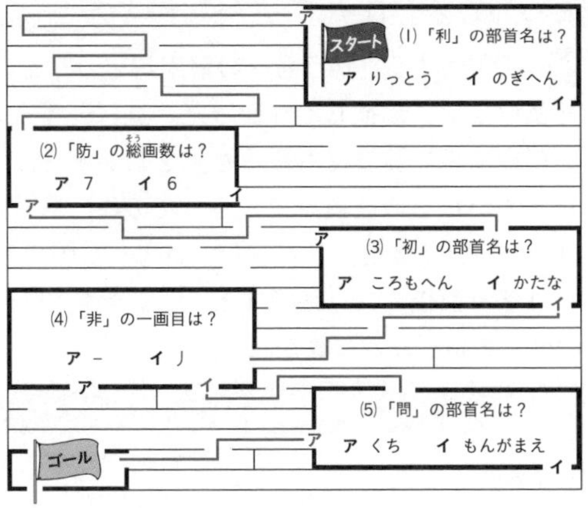

24 詩を読む ①　175ページ

1 (1)**山頂**　(2)例**山頂から見える風景(天まであがっている海)**　(3)**ウ**

考え方　作者の気持ちの中心にある「叫《さけ》びたくなる」広角的な視野《しや》の風景を想像《そうぞう》すること。

2 (1)**空**　(2)**イ**　(3)**ウ**　(4)**ウ**

(5)例**雲ひとつなく晴れわたり，空がどこまでも青くすみきっている様子。**

思考力トレーニング　国語㉔　176ページ

加減・因果・新旧・往復（順不同）

25 詩を読む ②　177ページ

1 (1)**エ**　(2)**2・5・7・9・13**

(3)**散りかかり・来てとまる**（順不同）

(4)①**9**　②**ウ**　(5)**ウ**

2 (1)**秋**　(2)**イ**

(3)例**ふん水の水や落葉さえ喜びにおどっているように見えるとき。**

(4)**何かしらいいことがありそうな気のする**

注意　黒田三郎《くろださぶろう》は，日常《にちじょう》のなかの「なんでもなさ」に美しさや喜《よろこ》びを見つけだす詩人である。

思考力トレーニング　国語㉕　178ページ

管	理	人		
楽		気	体	
器	具		重	責
	体	積		任
標	的		勇	者

26 作文の書き方 ①　179ページ

1 (1)**「でき~~ないので，~~そのときに先生が来て」→「できません。そのときに先生が来て」**

(2)**次の日も練習が**

考え方　(2)段落《だんらく》分けの問題は，場面が移り変わるところを見つけ，そこに区切りを入れること。この文章では，「今日」→「次の日」に変わるところからが二段落目となる。

2 （右から順に）**4，6，3，2，1，5，7**

考え方　おじさんを家にむかえたときの経過《けいか》をたどってゆけばよい。

3 (1)例**あらしになるだろう。**

(2)例**気をしずめてください。**

(3)例**じゃれあっている小犬のようだ。**

(4)例**たよりにできる人はいないのです。**

考え方　(1)「たぶん～だろう」と続く。

4 （上から順に）**イ，ア，エ，ウ**

注意　話題の中心は「父」。

思考力トレーニング　国語㉖　180ページ

(1)**ウ**　(2)**イ**　(3)**イ**　(4)**ア**

考え方　(2)ア・ウ・エは形容詞。イは動詞＋助動詞。(4)アだけが「…することができる」という可能《かのう》の意味を表す。

27 作文の書き方 ②　181ページ

1 (1)例（ぼくの弟は，）**真広という名前ですが，小さいころから<u>ぼくも父母も</u> <u>「まこちん」</u>とよんでいます。**

(2)例（けさは六時に起き，）**わたしは学校のしたくを<u>急いで</u>しました。<u>外</u>は寒かったけれど，バスの停留所まで<u>走ったら</u>，あたたかくなりました。**

2 **ア・イ・エ・オ**（順不同）

3 (1)例**ある日の放課後**

(2)例**友達の林君や池田君と**

(3)例**きれいな黄緑色のバッタが，しずかにとまっていた。**

(4)例**虫取りにも少しあきて，今度は水遊びがしたくなったから。**

考え方　事実やできごとをただたくさんならべるだけでは，読み手の心をひきつける作文にはならない。書き手が最も書きたいと思う内容《ないよう》や，その原因《げんいん》となった場面，できごとなどをくわしく書いてこそ，よい文章になる。

4 例**落とした皿がわれていなくて，むねをなでおろした。**

思考力トレーニング　国語 27　182ページ

12（2→1→2→2→1→1→1→2）

28 作文の書き方 ③　183ページ

1 (1)例**そこで**

(2)(第二段落)**何気なくそ**　(第三段落)**「本は人を**

(3)例**友だちを追いぬいたが，全部読んでいないのに，グラフに色をぬったことにうしろめたさを感じていたから。**

(4)例**たくさんの本を読むことは，大切です。しかし，「見え」で読むと，最後までしっかり読まなくなってしまいます。しっかり読むことで本に書かれていることが心に残り，自分の生活にいかしていけると思います。**

考え方 文章の骨《ほね》組《ぐ》みを考えて，いくつもの材料をもとにして書くこと。

思考力トレーニング　国語 28　184ページ

		不	思	議
殺	風	景		
		気		

29 チャレンジテスト 3　185ページ

1 (1)**ウ**　(2)**ア**　(3)例**太陽がしずむこと。**　(4)**エ**

考え方 (2)「海に書きます」の主語は何かを考える。「海は　太陽の日記帳」とある。

(3)たとえだから，「『今日』のページを閉じ」るとは，太陽がどんな様子になることなのかを考える。

2 (1)**不思議に思って**　(2)**三寸ばかりなる人**

思考力トレーニング　国語 29　186ページ

(1)

永		大	
遠	洋	漁	業
	品		績
商	店	街	
		角	

(2)

	次		人
	回	遊	魚
発		歩	
言	語	道	断
	学		念

30 仕上げテスト ①　187ページ

1 (1)**ア**　(2)**ウ**

(3)A例**自分が助かりたい**　B例**置いてきた**

考え方 (3)「私はそれがおそろしかったのです」「いまから思うとそれはずるい考えだったようです」とある。「私」が妹の行動から「妹が私をうらんでいる」と判断《はんだん》したのは，自分のしたことにやましい気持ちがあったからである。

2 (1)**イ**　(2)**エ**

考え方 (2)ア・ウは「来る・行く・いる」の，イは「来る・行く」の尊敬語《そんけいご》。エは「来る・行く」のけんじょう語。敬語にはほかに，ていねい語もあり，相手をうやまう気持ちを表す。

思考力トレーニング　国語 30　188ページ

モ

義	築	営	団	略
祖	価	妻	常	夢
態	液	興	構	輸
復	序	属	貿	酸
肥	暴	職	豊	謝

31 仕上げテスト ②　189ページ

1 (1)(Ⅰ・Ⅱの順に) A**ウ・う**　B**イ・あ**　C**ア・い**

(2)例(読み)**きこう**　(漢字)**気候・紀行**　(3)**ウ**

考え方 引用文の題に「日本語の歴史《れきし》」とあるように，話し言葉と書き言葉，文字と語彙《ごい》についての文章。

(3)「耳で聞いただけでは分からないことが多い」「特定できない」とある。

思考力トレーニング　国語 31　190ページ

(順に) **識・居・接・編・団**

32 仕上げテスト ③　191ページ

1 (1)**ウ**　(2)①**不公平だ**　②**イ**

(3)B**ウ**　C**オ**　D**イ**

考え方 (1)苦労するという意味の慣用句《かんようく》をつくる。

(2)「私《わたし》はピアノは欲《ほ》しくなかった。進《すすむ》は一番欲しがっていた自転車を買ってもらった」とあるから，弟は欲しがっていたものを買ってもらったのに，自分はそうではなかったことを「サベツだ」と思ったのである。

(3)それぞれ直後の文に注意すること。発言があって，その発言の様子が次に書かれている。

思考力トレーニング　国語 32　192ページ

マサシ(さん)

考え方 アイスクリームを食べた人だけが本当のことを言っているので，もしタカシさんが正解なら，自分が食べたと言っているヒロシさんはうそをついていることになる。また，もしヒロシさんが正解なら，タカシさんも本当のことを言っていることになり，ヒントに合わない。２人がうそをついているということなので，本当のことを言っているのはマサシさんである。